품질과 수익성 향상을 위한 돌파구
QUALITY CHAIN
경영

품질과 수익성 향상을 위한 돌파구

QUALITY CHAIN 경영

고두균 지음

> "
> 품질은 단지 제품에 국한된 개념이 아니다.
> 품질 향상은 기업의 프로세스와 시스템, 그리고 조직 문화 전반에 걸쳐 실현되어야 한다.
> 품질경영의 핵심은 고객의 요구를 정확히 파악하고,
> 그 요구를 충족시키기 위한 지속적인 개선을 추구하는 것이다.
> "

KMAC

들어가며

기업의 경쟁력은
Quality Chain 경영에서 시작된다

　Quality Chain 경영은 조직의 전반적인 품질경영 활동을 효과적으로 연결하고 최적화하는 중요한 개념이다. 이 접근 방식은 전통적인 품질경영에 기반을 두면서도, 공급망, 생산 과정, 고객의 요구 사항을 모두 아우르며, 제품과 서비스의 품질을 지속적으로 향상시키기 위한 전략적이고 체계적인 방법이다. 특히 각 단계에서 발생할 수 있는 품질 문제를 사전에 예방하고, 발생한 문제를 빠르게 해결하여 최종 제품이 고객의 기대를 충족할 수 있도록 하는 데 중점을 둔다. 이를 위해 조직은 품질 목표를 명확히 설정하고, 품질 데이터 분석을 통해 개선점을 찾아내며, 모든 이해관계자가 품질 향상에 적극 참여할 수 있는 환경을 만들어야 한다. Quality Chain 경영은 이제 단순한 관리 기법을 넘어서, 기업 경쟁력을 결정짓는 핵심요소가 되었다.

　최근 들어 품질 문제로 수익성이 저하되는 기업들이 증가하고 있다. 품질 문제는 제품 불량률 증가, 고객 신뢰도 하락, 추가 리콜 비용 등을 초래하여 기업의 경제적 성과에 악영향을 끼친다. 이 문제를 해

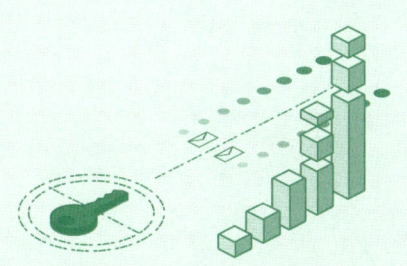

결하기 위해서는 품질 관리 시스템을 강화하고, 예방적 품질 개선 활동을 지속적으로 추진해야 한다. 또한, 품질 데이터를 실시간으로 분석하여 문제 발생 가능성을 사전에 파악하고, 품질 향상을 위한 전사적인 노력이 필요하다.

품질은 단지 제품에 국한된 개념이 아니다. 품질 향상은 기업의 프로세스와 시스템, 그리고 조직 문화 전반에 걸쳐 실현되어야 한다. 품질경영의 핵심은 고객의 요구를 정확히 파악하고, 그 요구를 충족시키기 위한 지속적인 개선을 추구하는 것이다.

품질문제가 발생하는 이유는 업무 흐름에서 단절과 분절이 발생하는 것이 커지고 있다. 단절은 각 업무 프로세스나 부서 간에 연결 고리가 약하거나 끊어져 있어 정보의 흐름과 협력이 원활하게 이루어지지 않는 상황으로, 이는 업무의 효율성을 저하시키고, 문제 해결 속도나 의사결정에 큰 지장을 초래한다. 분절은 업무나 과정이 과도하게 세분화되어 통합적 관점이 부족해지는 문제로, 각 부서나 팀간 협업을 약화시키고, 전체적인 목표 달성을 어렵게 만든다.

업무와 프로세스의 단절과 분절은 여러 복잡한 요인으로 연결 고리가 제대로 형성되지 않았기 때문에 발생한 문제이기 때문이다. 그러나 이제는 디지털화와 스마트화를 통해 이 문제를 해결하고, 업무 프로세스를 더욱 긴밀히 연결시켜 효율적인 시스템을 구축할 수 있게 되었다. 그동안 보이지 않았던 문제들이 드러나기 시작하면서, 이제는 품질 문제를 보다 정확히 식별하고 해결할 수 있는 시대가 된 것이다.

지난 30년 동안 삼성, LG, 현대기아자동차, 포스코 그룹 등 국내 굴지의 대기업들을 대상으로 컨설팅과 교육을 수행해왔다. 오늘에 이르기까지 부족한 점이 많았지만, 항상 최선을 다해 컨설턴트로서의 길을 걸어왔다. 함께 일하는 후배들이 오래전부터 그동안의 경험을 책으로 출간해달라는 요청을 해왔지만, 아직 더 많은 경험이 필요하다는 생각에 그 요청을 고사해왔다. 그러던 차에 인도네시아에서 스마트 팩토리 구축 컨설팅을 하게 되면서 생각을 다시 하게 되었다. 급격히 성장하고 있는 글로벌 시장에서 일본, 중국 등과 치열한 경쟁을 벌이고 있는 상황을 보며, 국내 기업의 품질 경쟁력을 높이는 데 작은 힘이나마 보태야겠다고 생각했기 때문이다.

 글로벌 비즈니스 현장에서 경쟁은 다양한 측면에서 이루어지지만, 가장 중요한 건 뭐니뭐니해도 품질 경쟁이다. 전통적 품질 강국으로 꼽히는 일본, 최근 들어 무섭게 품질 혁신을 추구하는 중국 등과의 경쟁이 치열해지고 있는 상황에서, 품질을 통해 우위를 점하지 못하는 기업은 성공의 길로 나아갈 수 없다.

 나는 품질 선도기업 사례를 연구하면서 다음과 같은 주요 특징을 도출했다.

1. 품질을 End To End 프로세스의 관점에서 시스템적 접근
2. 복잡한 단절·분절되는 프로세스 모니터링 및 조치
3. 스마트기술(AI, 빅데이터, IoT등)에 의한 품질 프로세스 운영
4. 품질관리 활동·단계를 연결하여 가치·품질·성과가 연계되는 총체적 흐름 관리

5. 프로세스 운영에서 체인으로 확대 운영

품질 선도기업의 프로세스는 공정 하나하나가 톱니바퀴라 하면, 체인은 톱니바퀴가 모두 맞물려 전체 자전거가 움직이는 것과 같이 톱니 하나가 잘못되면 전체 품질과 성과에 영향을 미치는 부문까지 관리하고 있다.

이 책은 위와 같은 특징을 바탕으로 Quality Chain 경영이 기업 경쟁력의 핵심이 되는 이유와 품질 향상을 위한 실질적 방법론을 현장의 구체적 사례를 통해 보여준다. 또한, 품질을 중심으로 한 프로세스 혁신과 디지털화가 어떻게 기업의 경쟁력을 강화하는지, 인도네시아 등의 새로운 시장에서 어떻게 우위를 점할 수 있는지에 대한 실질적인 전략을 제시한다.

이제 품질은 더 이상 선택이 아니라, 기업의 생존을 위한 필수 요소다. 이 책이 품질 중심의 혁신을 바라는 모든 기업과 조직에 실용적인 정보를 제공하고, 품질경영의 새로운 가능성을 여는 데 조금이나마 도움이 되기를 바란다.

  이 책의 출간은 많은 분들의 도움이 있었기에 가능했다. 특히 26년 간 한국능률협회컨설팅에서 근무하며 격려를 아껴주시지 않는 한수희 사장님, 책의 기획 단계부터 용기를 북돋아주고 큰 도움을 주신 스마트PI본부 이민웅 본부장, 김경욱 위원, 그리고 컨설팅 그룹 백승미 위원 등 임직원 여러분께 깊은 감사를 드린다. 마지막으로 출판의 전 과정에서 도움을 주신 모든 분들께 진심으로 감사를 드린다.

2025. 9
여의도 KMAC에서

차례

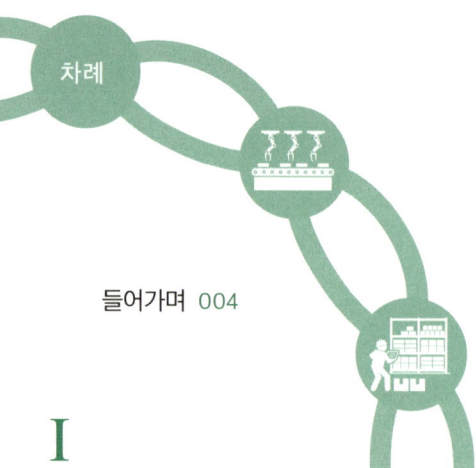

들어가며 004

I 품질은 기업 최고의 가치

01 매출은 늘지만 수익은 떨어진다 016
02 품질을 떨어뜨리는 악마의 사슬 020
03 문제가 발생해도 원인을 모른다 027
04 우리 공장은 블랙박스 030
05 품질은 품질 부서에만 책임이 있다 033

II Quality Chain 경영 개요

01 왜 품질이 연결되지 않는가? 038
02 Quality Chain 경영이란 무엇인가? 040
03 Quality Chain 경영의 품질 정의 048
04 품질 관리의 흐름, 어디에서 끊기고 있는 걸까? 053
05 Quality Chain 경영 단계별 단절 해결 도구 및 시스템 056

III 선도기업의 Quality Chain 경영 프로세스

01 Quality Chain 경영 프로세스란? 066
02 도요타에서 배우는 기획 품질 068
03 다이슨에서 배우는 설계 품질 072
04 보잉에서 배우는 구매 품질 076
05 지멘스에서 배우는 생산 품질 080
06 세븐 일레븐에서 배우는 물류·유통 품질 084
07 현대자동차에서 배우는 고객 품질 088
08 시사점: 선도기업의 Quality Chain 경쟁력 092

IV Quality Chain 경영 실행 체계

01 Quality Chain 경영의 5가지 핵심 실행 요소 096
02 업무 흐름의 표준화 및 최적화: Process 099
03 일관된 기준과 절차 수립: Rule & Policy 105
04 조직 구조와 역할·책임 명확화: 조직 및 R&R 123
05 정보 연계 및 자동화를 통한 품질 관리·추적: System 139
06 성과 지표 기반의 모니터링과 개선: Performance Measure 152

V   Quality Chain 경영 개선 도구

01 기획 품질 개선 도구 170
02 설계 품질 개선 도구 175
03 구매 품질 개선 도구 185
04 생산 품질 개선 도구 190
05 물류 및 유통 품질 개선 도구 199
06 고객 품질 개선 도구 206

VI   Quality Chain 경영 성숙도 평가 모델

01 품질 성숙도 평가모델 216
02 현대자동차 품질 인증 제도 219
03 볼보건설기계 VPS 성숙도 평가 223
04 AB인베브 VPO 성숙도 평가 227

VII 스마트팩토리와 Quality Chain 경영

01 스마트팩토리의 개념과 구성 요소 234
02 제조 데이터 수집 및 활용 245
03 인공지능 및 데이터 기반 품질 예측 258
04 QMS기반 실시간 품질 모니터링 270
05 지속 가능한 스마트팩토리와 친환경 품질 경영 276
06 스마트팩토리 도입을 위한 실행 전략 280

VIII 성숙한 성장을 위한 Quality Chain 경영

01 건전한 품질 문화 확산 286
02 품질 마케팅으로의 전환 290
03 품질 최우선 전략 추진 294
04 품질 리더에서 벗어나 파이오니어 되기 298

참고문헌 302

매출은 늘지만 수익은 떨어진다

품질을 떨어뜨리는 악마의 사슬

문제가 발생해도 원인을 모른다

우리 공장은 블랙박스

품질은 품질 부서에만 책임이 있다

I

품질은 기업 최고의 가치

01
매출은 늘지만 수익은 떨어진다

기업의 매출이 증가함에도 수익성은 오히려 저하되는 경우가 늘어나고 있다. 이는 비용 구조나 전략 문제일 수도 있지만, 그 이면에는 품질 문제가 자리하고 있다. 품질이 확보되지 않으면 비용 증가, 고객 불만, 재작업 등 다양한 부정적 요소가 발생하여 전체적인 수익성에 영향을 미친다. 따라서 이러한 문제를 해결하려면, 품질 저하의 원인을 정확히 파악하고 개선하기 위한 종합적인 관점으로 접근해야 한다.

5가지 주요 요인

첫 번째 요인은 비용 구조 악화이다.

품질 문제가 발생하면서 고정비와 변동비가 모두 증가하여 매출 증가에도 불구하고 수익성은 오히려 떨어지는 것이다. 특히 기업이 매출 증가를 목표로 설비 투자, 인력 고용, 마케팅 강화 등 고정비 비중을 늘렸으나 증가한 고정비가 매출 증가를 상쇄하지 못하는 경우가 많다. 증설한 생산 설비나 새로 개점한 매장이 효율적으로 운영되지 못할 때도 비용 증가가 발생한다. 비효율적인 운영으로 인해 불량률이 높아지고, 재고가 과도하게 쌓이며, 유지 비용이 늘어나는 등 여러 형태의 낭비가 발생한다. 결국 고정비와 변동비가 함께 올라가면서 수익성을 크게 저해하게 된다.

이러한 문제를 해결하기 위해서는 비효율적인 운영을 개선하고 고정비를 관리하려는 전략적인 접근이 필요하다. 효율적인 운영을 통한 비용 최적화와 매출 증가에 맞춘 구조적 변화를 함께 이루어야만 수익성을 개선할 수 있다.

두 번째 요인은 품질 인식 저하로 인한 가격 경쟁력 약화이다.

시장 경쟁이 치열해지면서 가격 할인을 단행하거나 저수익 상품의 판매 비중이 늘어나는 현상이 나타나고 있다. 이러한 전략은 단기적으로 고객을 유치하는 데는 효과가 있을 수 있으나 수익성을 떨어뜨리는 결과를 초래한다.

특히 고수익 상품의 판매가 줄고 저수익 상품 위주로 판매가 이루어지면, 전체 이익률이 낮아질 뿐만 아니라 제품의 본래 가치가 충분히 전달되지 않아 고객의 기대 수준도 함께 낮아지게 된다. 이는 제품에 대한 품질 인식 저하로 이어지며, 브랜드 신뢰도에 부정적인 영향을 미친다.

더욱이 경쟁사와의 가격 경쟁에서 이윤을 희생하며 매출을 확보하는 전략은 장기적으로 제품의 품질 유지 및 향상을 위한 투자 여력의 감소와 품질 악화의 요인이 될 수 있다. 결국 적정 가격을 제대로 받지 못하는 것은 가격 정책의 실패에 그치지 않고, 품질 관리 및 가치 전달의 실패로 확대될 수 있다.

세 번째 요인은 품질 관리 부실로 인한 고객 서비스 비용 증가이다.

매출이 증가할 때 품질 관리가 부실하면 제품에서 품질 문제가 발생하고, 이에 따라 반품·교환·리콜 등의 비용이 증가하게 된다. 또한 품질이 떨어지면 기존 고객이 이탈하거나 신규 고객을 확보하기 어려워진다. 이를 해결하겠다고 과도한 보상 정책이나 무료 서비스 확대 등 무리한 대응을 하면 마케팅 및 서비스 비용이 올라가 고객 유지를 위한 추가 비용 부담이 커지게 된다.

네 번째 요인은 판매 채널에서 발생하는 품질 통제력 약화이다.
기업이 매출 확대를 위해 다양한 유통 채널을 활용할 때, 유통 과정의 관리 사각지대가 생기기 쉽다. 중간 물류, 유통업체나 재판매업체를 활용하면 제품의 이동 경로가 길어지고 복잡해진다. 이 과정에서 제품이 부적절하게 보관 및 취급되면 제품이 손상되거나 품질이 저하되는 경우가 발생할 수 있다.

유통업체가 제품을 대량으로 취급하는 경우에도 개별 제품의 품질 관리가 어려워질 수 있다. 이는 반품·교환·리콜 등으로 이어져 품질 보증 및 서비스 비용 증가를 초래한다. 즉 유통 채널을 통해 판매되는 제품의 품질이 제조사의 통제를 벗어나면서 고객 불만이 증가하고, 제품 인지도에 부정적인 영향을 미칠 수 있는 것이다.

다섯 번째 요인은 품질 문제를 해결하기 위한 무리한 조직 확대가 오히려 운영 효율성을 떨어뜨리는 경우다.
 조직을 확장할 때 단순히 인력만 늘리는 양적 확대에 치중하면 직원들의 역할이 분명히 정의되지 않거나 관리 체계가 제대로 갖추어지지 않아 도리어 품질 관리 및 보증 프로세스에 혼란을 야기할 수 있다. 또한 경쟁력 강화를 위한 과도한 연구 개발(R&D) 투자가 역효과를 낳기도 한다. 단기적인 비용이 증가하면서 품질 향상에 필요한 예산이 부족해진다. 그러다 충분한 테스트 없이 제품을 출시하게 되고, 결국 미완성 상태의 제품이 시장에 나가 품질 문제를 일으킨다.

결국 무리한 조직 확장과 과도한 연구 개발 투자는 품질 관리와 운영 효율성에 악영향을 미치며, 장기적으로는 고객 불만과 브랜드 신뢰도 하락을 초래할 수 있다.

이러한 악순환이 반복되면 기업은 수익성을 회복하기 위해 비용 구조를 개선하고, 고수익 제품에 집중하며, 운영 효율성을 높이는 등의 다양한 전략을 시도하기 마련이다. 그러나 품질 문제가 병존한다면 이러한 시도들은 실질적인 효과를 거두기 어렵다.

매출 확대에만 초점을 맞춘 전략은 품질 관리 체계를 약화할 수 있고, 이는 곧 반품, 불량, 고객 불만 등의 형태로 나타나기에 추가 비용 발생 및 고객 신뢰도 하락으로 수익성은 더욱 악화한다. 따라서 매출 중심이 아니라 품질 중심의 전사적 접근이 필요하다. 비용 효율화나 시장 확대 전략도 결국은 품질 확보와 연계되어야만 지속 가능한 성과로 이어질 수 있다. 이러한 관점에서 우리는 현 문제를 어떻게 해결할 것인가를 진지하게 검토해야 한다.

02
품질을 떨어뜨리는 악마의 사슬

수익성 저하의 원인 중 하나는 기업의 가치 사슬(Value Chain)이 원활하게 작동하지 못하게 만드는 '악마의 사슬(Devil's Chain)' 현상이다.

이 개념은 품질 문제가 단일 원인이 아니라 여러 요인이 서로 맞물려 만들어내는 악순환 구조에서 비롯된다는 점을 강조한다. 즉 기업이나 개인이 문제를 근시안적으로 해결하려는 과정에서 오히려 더 큰 문제를 유발하거나, 복합적인 문제들이 맞물려 상황을 더욱 악화시키는 현상을 비유적으로 묘사한 것이다.

악마의 사슬은 비용 절감과 생산성 향상을 우선시하며 품질 관리를 경시할 때 자주 나타난다. 조직이나 시스템이 단기적인 목표를 무리하게 달성하려다 보면, 품질 관리 활동이 약화하고 장기적인 전략 수립과 실행이 소홀해질 수 있다. 이로 인해 결국 품질 문제, 비용 증가, 고객 신뢰 저하 등이 반복적으로 나타나는 악순환에 빠지게 된다.

품질의 석학인 윌리엄 에드워즈 데밍(W. Edwards Deming) 박사도 그의 품질 경영 철학에서 이와 같은 '악마의 사슬' 개념을 강조하며 이렇게 경고한 바 있다. "비용 절감만을 지나치게 강조하면 품질 저하로 이어지고, 이는 다시 기업 성과 악화로 이어지는 악순환을 초래한다." 데밍 박사는 또한 이러한 상황이 "정상적인 사고방식의 한계"라며, 품질 관리와 지속적인 개선 활동이 장기적으로는 오히려 비용을 줄이고 기업 성과를 높이는 핵심 요소라고 강조했다.

악마 사슬 구조

악마 사슬 구조에서는 단기 목표를 우선시하느라 동일한 문제가 반복되고, 품질 및 성과가 악화하는 악순환에 빠져 장기적 손실이 초래된다. 즉 원인은 장기적 성장보다는 비용 절감, 생산성 향상, 매출 증대 등 단기적 성과에만 힘을 쏟는 운영 방침에 있다.

매출이 감소하면 기업은 이를 회복하기 위해 가격 인하 조치를 취하게 된다. 기업이 매출 감소에 대응하기 위해 가격을 인하하거나 할인 프로모션을 강화하면, 단기적으로 판매량은 늘 수 있지만 제품의 가치 인식이 하락한다. 고객은 낮은 가격을 '낮은 품질'의 징표로 인식할 수 있기 때문이다. 이에 따라 품질에 대한 기대치가 흔들리고, 품질 신뢰 기반이 약화한다.

이로 인해 이익이 줄어들면 기업은 다시 이를 보전하기 위한 비용 절감을 단행하게 된다. 인건비 축소, 원자재 비용 절감, R&D 축소 등 비용 절감 조치는 필연적으로 품질 관리 활동의 축소로 이어지고, 품질 개선 및 유지에 필요한 자원이 부족해지면서 제품 불량률이 올라가고, 사후 서비스가 미흡해지는 등 전반적인 품질이 저하된다.

비용 절감으로 인한 제품 및 서비스 품질 저하는 결과적으로 고객 이탈 증가로 이어진다. 고객 충성도가 낮아져 자꾸 이탈하면 고객 유지 비용이 늘어나고 신규 고객 확보를 위한 마케팅 비용도 올라간다. 품질 저하로 인해 추가 비용을 부담해야 하는 악순환이다.

여기서 끝나지 않고 자금 조달 비용 또한 올라간다. 지속적인 품질 이슈와 고객 이탈로 인해 기업에 대한 시장의 신뢰도가 하락하면, 외부 투자자나 금융기관의 신뢰도 역시 떨어지기 때문이다. 이에 따라 자금 조달 비용이 증가해 품질 개선을 위한 투자 여력이 줄어들면, 품질 회복을 위한 선순환 구조로의 전환은 더욱 먼 길이 된다.

이 모든 과정이 반복되면, 기업은 생존을 위해 단기적 비용 절감이나 판매 촉진에만 의존하게 된다. 그러다 보면 근본적인 품질 개선의 기회를 놓치고, 제품의 경쟁력과 차별 우위를 잃어버리게 된다. 결과적으로 기업은 지속 가능한 품질 기반의 경쟁력 확보에 실패하며, 장기적으로는 시장에서 도태되거나 구조적 위기에 봉착할 수 있다.

일본 리코 사의 악마 사슬

일본 복사기 기업인 리코는 1990년대 버블 붕괴 당시, 제품 가격은 떨어진 데 비해 비용을 성공적으로 절감하지 못해 이익률이 감소했다. 특히 개발비, 매출비, 일반관리비가 증가하는 바람에 리코는 한때 순이익이 전년 대비 85% 감소하고 영업이익이 적자로 돌아서는 최악의 상황에 빠졌다. 이러한 위기의 주요 원인은 신제품 개발에 과도하게 비용을 투입한 데 있었다. 제품 개발은 당초 계획보다 몇 개월이나 늦어졌고, 투입된 인력과 예산도 두 배에 달했다. 리코는 부랴부랴 제품을 출시했으나 불만이 속출했다. 리코는 제품 검증에 충분한 시간을 투입하지 않아 생산 과정에서 품질을 보장할 수 없었다. 또한 경쟁사에 뒤처지면서 제품의 매력도 함께 떨어졌다. 이와 같은 문제로 인해 제품 판매와 수익 계획, 다른 신제품 개발 및 설계 인력 운영 계획에 차질이 생겼다. 즉 악마의 사슬에 빠져 품질 리스크가 커진 것이다.

품질 리스크의 주요 원인은 리코의 글로벌화와 함께 진행된 제품의 복잡화·다기능화였다. 기술 혁신이 오히려 리스크의 확대로 연결된 것이다. 특히 전자화 기술 수준은 급속도로 발전했지만 품질 검증 기술이 이를 따라잡지 못했다. 제품이 복잡해지고 다양한 기능을 갖출수록 분업화가 심화되어 제품 전체를 이해하는 일이 더욱 어려워졌다. 게다가 기술 수명이 짧아져 미성숙한 새로운 기술이 연이어 도입되었다. 이것에 대한 검증은 충분히 이루어지지 않은 채로 진행되었다.

제품의 디지털화는 전자제어 기술의 확산을 가속화해 기업은 점점 더 제품을 복잡하게 만든다. 정보 가전이나 자동차 등 많은 분야의 제품은 임베디드 소프트 웨어◎를 활용한 전자제어 시스템을 도입하고 있다. 실제로 조립 제품의 개발비 가운데 제어 소프트웨어가 차지하는 비중이 절반에 육박하기에 이르렀다.

전자제어 기술은 제품 설계의 유연성을 높였지만, 동시에 제품을 더 복잡하게 만들어 전체 구조를 파악하기 어렵게 했다. 이로 인해 품질 검증의 난이도가 크게 높아졌다. 점점 짧아지는 개발 기간에다 비용 절감 압박까지 겹쳐 품질 검증이 소홀해지니, 품질 문제가 발생할 가능성도 커졌다.

실제로 리코의 2004년 개발 기종 수는 2000년보다 약 1.4배 증가했고, 2008년 리먼 쇼크 직전에는 2.5배에서 최대 3배까지 늘어났다. 이처럼 기술의 복잡화와 다기능화는 개발 범위를 급격히 확장했고, 품질 관리 구조를 한층 더 복잡하게 만들었다.

리코는 초기 아날로그 단일 기능 복사기를 발전시켜 다양한 기능을 탑재한 디지털 복합기를 출시했다. 하지만 기술 개발이 충분히 이루어

◎ 임베디드 소프트웨어(Embedded Software)란 특정한 하드웨어에 내장되어 해당 장치의 작동 및 제어를 수행하는 소프트웨어를 의미한다. 일반적으로 범용 컴퓨터에서 구동되는 응용 프로그램과는 달리, 임베디드 소프트웨어는 특정 기능이나 작업을 위해 특별히 설계된 시스템에서 작동한다.

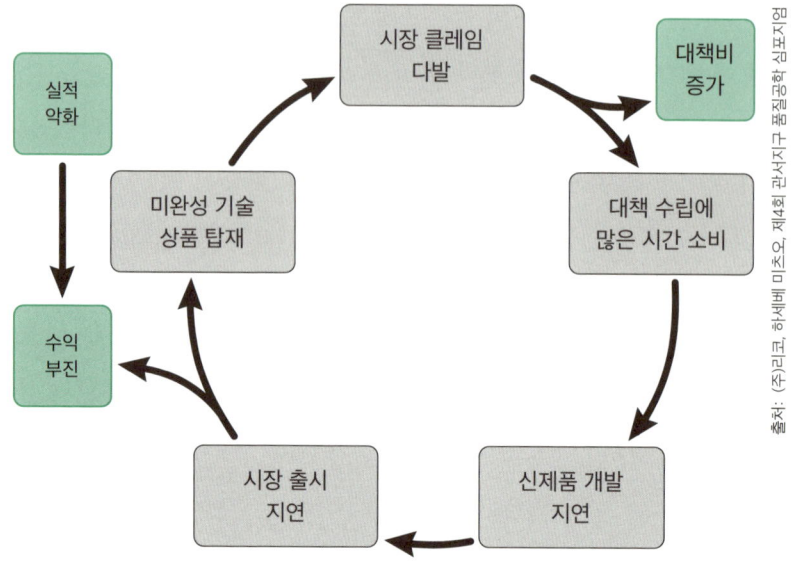

리코의 악마 사이클 구조 ① 기술 측면

지지 않은 상태에서 성급하게 신제품을 출시한 탓에 고객 클레임이 자주 발생하고, 투입 자원 대비 개발이 지연되는 악순환에 빠졌다. 리코 사에서는 이 현상을 '악마의 사이클'이라고 정의했다.

즉 당시 상황을 보면, '제품 시장 출시 → 고객 불만 제기 → 개발자가 대응에 매달림 → 신제품 개발 지연 → 경쟁사에 뒤처짐 → 무리한 추격으로 품질 불안정'이라는 순환이 반복되고 있었다.

리코는 악마의 악순환에 빠진 것이 단순히 설계 부서의 문제가 아니라 전사적 프로세스가 약화되었기 때문으로 보고, 이 악순환의 고리를 끊는 것이 경영 정상화의 핵심 과제임을 인식했다. 이에 따라 고객 요구 파악부터 출하까지 모든 업무를 혁신하는 전사적 개혁을 추진했다. 그 결과 기술력, 품질, 고객 대응력에서 경쟁 우위를 확보

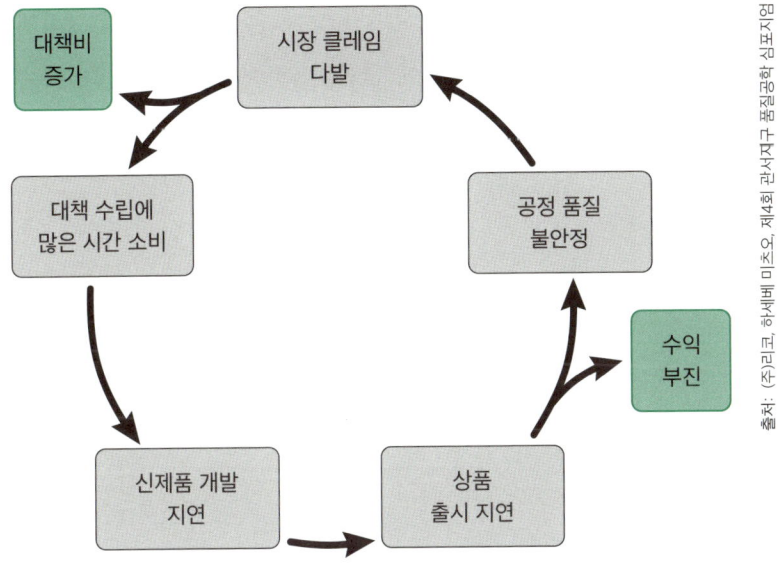

리코의 악마 사이클 구조 ② 조직 측면

하며 복사기 및 디지털 출력 분야의 글로벌 선도 기업으로 도약할 수 있었다.

리코의 사례는 단기 처방보다 조직 전체의 근본적인 혁신이 중요함을 보여준다. 특히 문제 대응 방식이 또 다른 문제를 낳는 악순환에 빠지지 않으려면 명확한 원인 분석과 전사적 해결책이 필수적이다. 이는 장기적 시각에서 전체 프로세스를 재정비하고 개선해야만 지속 가능성과 경쟁력을 확보할 수 있음을 시사한다.

또한, 전 미쓰비시종합연구소 아오키 부이사장도 악마의 사슬의 위험성을 강조했다. "저수익 악순환에서 벗어나려면 매출 지상주의를 넘어 고객 중심의 수익 우선 전략으로 전환해야 하며, 기술 자체보다 현실적인 생산성과 수익성 개선이 중요하다."

'악마의 사슬'은 누구나 인지하지만 쉽게 끊기 어렵다. 복잡하게 얽힌 원인을 정확히 파악하고, 그에 맞는 사전 차단 전략을 수립하는 것이 해결의 열쇠다.

03

문제가 발생해도 원인을 모른다

많은 기업들이 품질 문제를 겪고 있음에도 이를 해결하거나 개선하지 못하는 사례가 빈번하다. 왜 그럴까? 그 이유를 조사했더니, 대부분의 기업이 "고객으로부터 클레임을 접수했지만 문제의 근본 원인을 알 수 없다"고 응답했다. 문제 개선을 위해서는 정확한 원인 파악이 필수적임에도 바로 그 원인을 모른다는 것이 큰 걸림돌로 작용하고 있다.

예를 들어 자동차 시동이 안 걸리는 현상이 발생했을 때, 그 원인이 배터리 방전 때문인지 아니면 다른 이유 때문인지를 알아야 이 문제를 해결할 수 있다. 원인을 모르면 수리 등 아무런 조치도 취할 수 없다.

최근 많은 기업들이 고객으로부터 고장이나 불량 신고를 받았을 때 그 원인을 파악하지 못하는 경우가 늘고 있다. 이를 '원인불명(NTF, Not To Find)' 문제라고 부르며, NTF 발생 비율을 성과 지표로 관리하기도 한다. 예를 들어, 'NTF율'을 목표로 설정하여 20%에서 10%로 줄이는 식으로 관리하면서 진행 상황을 정기적으로 보고한다. 그러나 원인을 알 수 없으면 개선할 수 없고, 일시적인 불량이 만성적인 불량으로 이어지며, 품질 관리의 범위가 넓어져 비용이 증가하게 된다.

원인불명 문제는 제품의 복잡화와 다기능화뿐만 아니라, 여러 부서와 단계를 거치면서 복잡해진 업무 프로세스에 의해서도 발생한다. 각 단계에서 발생한 작은 문제가 복합적으로 작용하여 최종적인 결함이 어디서 발생했는지 알 수 없는 경우가 늘고 있다.

NTF는 여러가지 유형으로 발생한다.

첫째, 불량 증상이 간헐적으로 나타나거나 특정 조건에서만 발생하는 경우다. 예를 들어 특정 온도나 습도, 주행 조건 등 제한된 상황에서만 문제가 나타났다가 사라지면, 서비스센터에서는 동일한 조건을 재현하기 어려워 진단에 한계가 생긴다.

둘째, 제품의 복잡화와 다기능화로 인해 디지털 진단 장비로도 고장을 감지하지 못하는 경우다. 이 경우 성능 저하, 연료 효율 감소, 배출가스 문제, 안전 시스템 오류 등 심각한 문제를 초래할 수 있지만, 고장 코드가 기록되지 않아 진단이 어렵다.

셋째, 전자 시스템과 기계 시스템이 복잡하게 연동되어 있어 단일 원인을 식별하기 어려운 경우다. 센서, 배선, 콘트롤 유닛 간의 상호작용에서 오류가 발생하면 진단 과정이 복잡해진다.

넷째, 부품이나 소모품의 품질 문제, 외부 환경 요인, 또는 잘못된 부품 교체 등도 NTF 발생의 원인이 될 수 있다. 물류, 유통, 서비스 과정에서 발생하는 비정상적인 요인이 문제를 유발하기도 한다.

무엇보다 중요한 것은 제품이 설계, 부품 조달, 조립, 품질 검사 등 여러 단계를 거쳐 제조되며, 특정 결함이 발생했을 때 그 출처나 루트를 추적하기 어려운 경우가 많다. 특히 여러 협력업체에서 부품을 생산·가공·조립하여 조달하는 경우에는 부품 자체의 결함인지 조립 과정에서 발생한 문제인지 구별하기 어려울 수 있다.

이와 같이 다단계로, 다중 생산처에서 제조되면 생산 공정 중 데이터가 제대로 기록되지 않거나 일관성이 떨어지는 경우가 많다. 이로 인해 문제가 어디서 발생했는지 추적하기 어려워지고, 각 부서나 협력업체 간에 책임 전가가 발생하면 문제의 출처가 더욱 불분명해질 수 있다.

2009년에 발생한 도요타의 가속 페달 결함이 그 대표적 사례다. 당시 가속 페달이 고착되는 문제로 대규모 리콜 사태가 발생했는데, 설계/제조 공정/품질 검사 부서 간의 협업 부족으로 결함을 제대로 발견하지 못한 것이 주요 원인이었다.

2014년에 발생한 GM의 점화 스위치 결함 사례도 있다. 점화 스위치 결함으로 차량의 시동이 갑자기 꺼져 사고가 발생했지만, 여러 부서를 거치는 과정에서 문제가 묻혀버렸다. 이후 이 문제가 설계 단계에서 이미 발견되었음에도 적절한 조치가 되지 않았다는 사실이 밝혀졌다.

이러한 사례들은 제조 프로세스의 복잡성을 드러낸다. 여러 생산처와 부서를 거치느라 문제가 발생한 지점을 추적하기 어려운 상황이 빈번히 발생하는 것이다. 이를 해결하려면 기술적 해결과 조직적 구조 개선이 동시에 이루어져야 한다. 여기서 핵심은 투명한 프로세스 관리와 명확한 책임 체계 확립이다.

문제가 발생했을 때 원인을 정확히 파악하지 못하는 상황을 방지하기 위해, 체계적인 데이터 수집 및 분석 시스템을 구축하고, 실시간 모니터링을 강화하여 문제의 원인과 위치를 신속하게 식별할 수 있도록 해야 한다.

04

우리 공장은 블랙박스

"우리 공장은 현재 생산 현황을 실시간으로 파악하기 어려워, 문제의 원인과 발생 위치를 명확히 알기 힘들다"는 고민을 토로하는 공장장들을 종종 만난다. 마치 블랙박스(Black Box)처럼 작업 상태를 알 수 없고, 어느 공정에서 문제가 생겼는지 파악하기 어려운 상황이라는 것이다. 문제 발생 시 미리 조치를 취할 수 없었던 점이 아쉽다고 한다. 이러한 불투명성은 문제 해결 속도를 늦추고, 결국 전체 생산성과 효율성을 떨어뜨리는 요인으로 작용한다.

'블랙박스'는 내부 동작이나 과정이 보이지 않거나 이해되지 않는 상태를 비유적으로 표현한 용어로, 공장 운영에서는 프로세스의 내부 흐름이나 문제 발생 위치, 원인 등을 명확히 알 수 없는 상황을 뜻한다. 결과는 확인할 수 있지만, 그 결과를 도출하는 과정이 숨겨져 있거나 추적할 수 없다.

공장이 블랙박스처럼 작동하는 주요 원인에는 여러가지가 있다. 우선 실시간 작업 상태를 추적할 수 있는 데이터 수집·분석 시스템이 불완전하거나 데이터의 정확성이 떨어지면 문제의 원인과 위치를 파악하기 어렵다. 또한 각 공정이 이루어지는 현장과 담당 부서 간 정보 공유가 원활하지 않아 문제가 발생한 지점을 신속히 확인하고 조치하기 어려운 경우도 있다. 공정 자동화 수준이 낮아서 작업이 수동으로 이루어지는 경우에는 실시간 모니터링이 힘들어 문제 발생 지점이 빠르게 파악되지 않는다. 더욱이 공정이 복잡하고 다단계로 진행될 때는 작은 문제들이 얽혀 원인 분석이 더욱 어렵다. 마지막으로, 품질 관리 시스템이 제대로 구축되지 않거나 운영이 미흡하면 문제를 신속히 식별하고 해결하는 데 한계가 생긴다.

정리하면 문제의 원인과 발생 지점을 밝히기 어려운 경우와, 프로세스 운영이 단절·분절된 방식으로 이루어지는 경우에 블랙박스 현상이 자주 발생한다.

프로세스 단절은 작업이나 절차가 중간에 끊겨 이어지지 않는 상태를 말하며, 분절은 전체 과정이 여러 조각으로 나뉘어 서로 연결되지 않고 따로 움직이는 상태를 의미한다. 쉽게 말해, 일이 매끄럽게 흐르지 않고 중간에 끊기거나 따로따로 진행되는 상황이다.

이러한 요인들이 복합적으로 작용하여 공장의 프로세스가 불투명하게 운영되고, 문제를 식별하거나 해결하기 어려운 '블랙박스' 상태를 초래하게 된다. 이는 회사의 규모가 커지거나 생산 제품이 다양화될 때 더 심각한 문제로 번진다.

블랙박스 문제를 해결하기 위해서는 생산 과정을 실시간으로 모니터링할 수 있는 시스템을 도입하고, 각 공정의 데이터를 투명하게 공유하여 문제 발생 시 신속하게 원인을 파악하고 대응할 수 있도록 해야 한다.

블랙박스 제거의 활동인 도요타 생산방식(Toyota Production System, TPS)의 3정5S는 작업 현장을 정리·정돈하고 표준화함으로써 이상 발생 시 문제를 조기에 발견하고 신속히 대응할 수 있게 하며, 정품·정량·정위치의 유지로 오사용·과잉·부족 등의 오류를 예방해 일관된 작업 품질을 보장한다. 3정 관리는 작업자 간 품질 편차를 줄이는 표준 작업의 기반이 되며, 5S 활동의 정리, 정돈된 환경은 개선이 필요한 지점을 명확히 드러내기 때문에 지속적인 품질 개선의 출발점이 된다. 3정5S가 제대로 이루어지지 않으면 현장에 어지럽고 불필요한 요소가 방치되어 문제를 제때 발견하기 어렵고, 작업 흐름이 끊기거나 혼선이 생겨 생산성과 품질에 심각한 차질이 발생할 수 있다.

선도기업이 TPS의 일종인 린(Lean) 생산방식을 도입하는 것은 단순한 비용 절감을 넘어 블랙박스를 제거하려는 품질 향상 측면에서 매우 중요한 전략적 의미를 갖는다. 린 생산방식은 낭비를 제거하고 공정의 흐름을 최적화함으로써 불필요한 작업이나 오류 발생 가능성을 줄이고, 이를 통해 제품의 일관성과 신뢰성을 높인다. 또한 문제를 조기에 발견하고 즉각적으로 대응할 수 있는 체계를 구축함으로써 품질 이슈가 확산되기 전에 원인을 제거한다. 이는 지속적인 개선과 혁신의 기반으로, 고품질 제품을 안정적으로 제공하려는 선도기업의 방향성과도 부합하며, 시장 신뢰와 경쟁력 확보에 핵심적인 역할을 한다.

05
품질은 품질 부서에만 책임이 있다

"품질은 품질 부서에만 책임이 있다"는 생각은 많은 기업에서 여전히 접할 수 있다. 하지만 특정 부서에 한정하지 않고 모든 구성원이 품질을 함께 책임져야 한다고 강조하는 것이 현대적 품질 관리 및 경영 철학이다. 품질이란 단순히 제품이나 서비스의 특성에 국한되는 것이 아니라 기업의 경쟁력, 고객 만족, 지속 가능한 성장과 직결되는 요소이기 때문이다. 그럼에도 불구하고 많은 기업이 품질을 품질 부서의 책임으로만 여겨, 인식 오류와 비효율적인 업무 처리로 이어지는 경우가 많다.

종종 각 부서들은 자신의 업무가 품질에 미치는 영향을 간과하거나 문제가 발생했을 때 품질 부서에 책임을 전가하려는 태도를 보이기도 한다. 제품 개발부터 설계, 생산, 공급망에 이르기까지 모든 과정에서 품질이 고려되어야 하며, 특정 부서에만 품질 책임이 집중되면 각 과정 간의 연계가 약화될 수 있다.

"품질은 품질 부서에만 책임이 있다"는 생각은 앞에서 언급했던 프로세스 단절과 분절로 설명할 수 있다. 이 경우 프로세스 단절은 품질 관리가 특정 부서에만 맡겨진 탓에 부서 간 협력이나 정보 공유 체계가 끊어져 전체적인 품질 관리 시스템에 장애가 생기는 경우이다. 프로세스 분절은 각 부서가 품질 관리를 개별적으로 진행하면서 부서 간 협력이 부족해 비효율성이나 품질 저하가 발생하는 상황을 말한다. 이 두 가지 문제는 품질을 조직 전체의 책임으로 다루지 않을 때 발생하기 쉽다.

품질 관리 활동에서 프로세스 단절이 발생하는 이유는 여기에서 비롯된 것이 많다. 첫째, 부서 간 커뮤니케이션이 단절되어 설계 부서가 생산 부서와 협의 없이 작업을 진행할 경우, 이상적인 설계더라도 실제 생산 과정에서 품질 문제가 발생할 수 있다. 둘째, 품질 관리가 최종 검사 단계에서만 이루어지는 경우, 문제 발견이 늦어져 추가로 시간과 비용이 들며 각 공정별로 품질 관리를 완결하기 어렵다. 셋째, 고객 중심적 관점이 부족한 경우, 마케팅 부서가 고객 요구를 반영하더라도 생산 부서와 소통이 부족해 고객 만족을 실현하지 못하는 제품이 만들어질 수 있다. 넷째, 조직 내 사일로(Silo) 현상으로 각 부서가 자신의 업무에만 집중하고 다른 부서와 협력하지 않아 프로세스 단절이 심화된다.

품질 프로세스 분절화의 근본 문제는 업무나 시스템이 여러 부서나 팀 단위로 쪼개져 통합되지 않는 데 있다. 이는 각 단위 간 상호작용을 방해해 다음과 같은 문제를 일으킨다.

고객 불만 프로세스를 예로 들어보자. '고객센터에서 불만 접수 → A 부서로 전달 → B 부서에서 기술 검토 → 다시 A 부서에서 응답'으로 이어지는 프로세스가 부서별로 나뉘어 있어, 고객 응대가 늦어지고 책임 소재도 불분명해지며, 고객은 매번 상황을 다시 설명해야 하는 불편을 겪는다.

더욱 심각한 것은 부서 간 운영 프로세스 단절화이다. 이는 제품이나 서비스의 품질 관리가 조직 내 다른 프로세스(예: 설계, 생산, 물류, 마케팅 등)와 연계되지 못하고 개별적으로 처리되는 상황을 의미한다. 조직의 업무 흐름에서 품질 관리가 고립되거나 단절되면 프로세스 전반에서 품질의 일관성을 유지하지 못한다.

프로세스 단절화는 조직이 품질 관리를 효과적으로 수행하지 못하게 하는 주요 장애물이다. 이를 해결하기 위해서는 전사적 품질 관리, 데이터 연계 시스템, 협업 문화 등을 적극적으로 도입하고, 품질 관리와 조직 내 프로세스를 통합적으로 운영해야 한다.

품질은 단지 생산 부서나 품질 관리 부서만의 문제가 아니라, 조직 전체가 함께 책임지고 관리해야 하는 중요한 요소다. 품질은 각 부서가 독립적으로 처리하는 문제가 아니라, 모든 구성원이 협력하고 노력해야만 제대로 달성할 수 있는 목표다. 이를 위해서는 각 부서가 품질 개선을 위한 활동에 적극적으로 참여하고, 품질에 대한 책임감을 가지는 것이 필수적이다. 품질에 대한 집단적인 책임 의식이 뒷받침될 때에야 기업은 고객의 기대를 만족시키고, 이를 통해 경쟁력을 높일 수 있다. 즉 품질 관리와 그 성공은 모든 조직원이 함께 협력하여 이루어야 할 공동의 목표임을 인식해야 한다.

왜 품질이 연결되지 않는가?

Quality Chain 경영이란 무엇인가?

Quality Chain 경영의 품질 정의

품질 관리의 흐름, 어디에서 끊기고 있는 걸까?

Quality Chain 경영 단계별 단절 해결 도구 및 시스템

II

Quality Chain 경영 개요

01

왜 품질이 연결되지 않는가?

조직 전반에 품질이 유기적으로 연결되지 않는 가장 큰 원인은 부서 간 단절, 부서 내 분절과 책임 전가 문화에 있다. 각 부서는 자신에게 주어진 역할과 핵심 성과 지표(KPI)에만 집중한 나머지 전체 품질 흐름에 대한 관심이나 책임 의식은 부족한 경우가 많다. 이로 인해 문제가 발생하면 서로 책임을 떠넘기게 되고, 결국 품질 이슈의 근본 원인은 흐려지며 개선 방향 역시 모호해진다.

이러한 현상은 사일로(Silo) 조직 구조◎에서 자주 나타난다. 부서 간 정보 공유가 원활하지 않고, 의사결정이 수직적으로 이뤄지다 보니 품질 관련 정보가 조직 내부에 고립된다. 특히 기획, 설계, 생산, 물류 등 단계별로 연결되어야 할 품질 정보가 부서별 경계에서 끊기면서 전체 연결고리인 Quality Chain(품질 체인)이 붕괴한다.

더불어 전사적으로 품질을 관리한다는 인식이 부족한 것도 연결 실패의 주요 원인 중 하나다. 품질은 QA 또는 QC 부서 등 품질 관련 부서의 업무로만 여겨지기 쉽지만, 실제로는 기획부터 고객 서비스까지 전 부서가 함께 책임져야 하는 영역이다. 이러한 공동 책임 의식이 조

◎ 사일로(Silo): 원래 농업에서 곡물 등을 보관하는 큰 저장소를 의미하는 단어로, 부서 간의 정보나 자원의 공유가 부족해 제각각 운영되는 구조를 비유적으로 표현하는 용어.

직에 뿌리내리지 못하면, 일부 부서만 품질을 관리하는 구조로 고착되며 체계적인 품질 관리가 어렵게 된다.

또한 부서 간 커뮤니케이션 부족은 품질 정보를 제때 공유하지 못하게 만들어, 품질 문제를 사전에 식별하거나 즉각 대응하는 데 큰 장애가 된다. 중간 품질 점검이 생략되거나 피드백 루프가 약한 경우, 작은 문제가 전체 제품이나 서비스의 품질 저하로 이어지며 고객 불만족으로 확산하기 쉽다.

즉 품질이 연결되지 않는다는 것은 단지 프로세스상의 문제만이 아니라 조직 문화와 구조, 인식 문제까지 포괄하는 복합적인 이슈다.

품질 관리 활동은 프로세스를 개별적으로 관리하는 방식보다 전사적으로 통합해 접근할 때 더 효과적이다. 품질이 단일 부서나 공정에서만 결정되는 것이 아니라 조직 전체의 프로세스와 상호작용 속에서 형성되기 때문이다. 품질 관리 활동에서 개별 프로세스 중심의 접근은 여러 문제점을 야기할 수 있다.

첫째, 부서 간 협력이 부족해진다. 각 부서가 서로 다른 품질 목표와 운영 방식을 따를 경우, 조직 전체의 통합적인 품질 향상보다 부서 이기주의가 앞서 협업이 저해된다.

둘째, 정보가 제대로 공유되지 않는다. 품질 관련 정보가 부서 간에 원활하게 전달되지 않으면, 문제 해결과 예방을 위한 조치가 지연되거나 누락될 수 있다.

셋째, 프로세스 간의 일관성이 결여된다. 부서별로 품질 기준과 절차가 다르면 조직 전체에서 일관된 품질 수준을 유지하기 어렵다.

넷째, 자원이 비효율적으로 사용된다. 각 부서가 개별적으로 품질 관리 활동을 수행하면 자원이 중복돼 투입되는 등 비효율적인 운영으로 이어질 수 있다.

02
Quality Chain 경영이란 무엇인가?

Quality Chain(품질 체인)은 제품·서비스가 생산 및 제공되는 전 과정에서 품질이 어떻게 관리되고 유지되는지를 나타내는 개념이다. 이 Quality Chain은 기획, 설계, 원자재 공급부터 생산, 가공, 조립, 유통, 고객 서비스까지 다양한 단계를 포괄하며, 각 단계에서 품질을 확보하기 위한 활동이 수행된다. 제품·서비스의 설계, 생산, 유통, 고객 피드백 등 모든 과정에서 프로세스 단절이나 분절 없이 흐름이 지속되는 것이 핵심이다.

'Quality Chain 경영'은 Quality Chain을 효과적으로 관리하고 최적화하는 운영 방식이다. 즉 조직의 품질 목표 달성을 위해 각 단계별 활동을 조직적·체계적으로 관리하는 것이다. 품질 경영 시스템을 통해 각 공정과 활동을 계획하고 실행하고 검토하여 품질을 개선하는 일련의 과정에는 품질 계획, 품질 보증, 품질 개선 등의 활동이 포함된다.

즉, Quality Chain 경영은 단순한 내부 공정의 품질 관리를 넘어 공급자, 생산, 유통, 판매, A/S 등 공급망 전반의 품질 책임을 공유하고 협력하여 고객 만족을 극대화하는 것을 목표로 한다.

Quality Chain 경영의 목표는 수익성 확보를 위해 품질 경쟁력을 강화하는 데 있다. 이를 위해 Quality Chain 통합 관점에서 가시성을 확보하고 목표를 관리한다. 수익성이 저하되는 이유는 업무 흐름이 연결

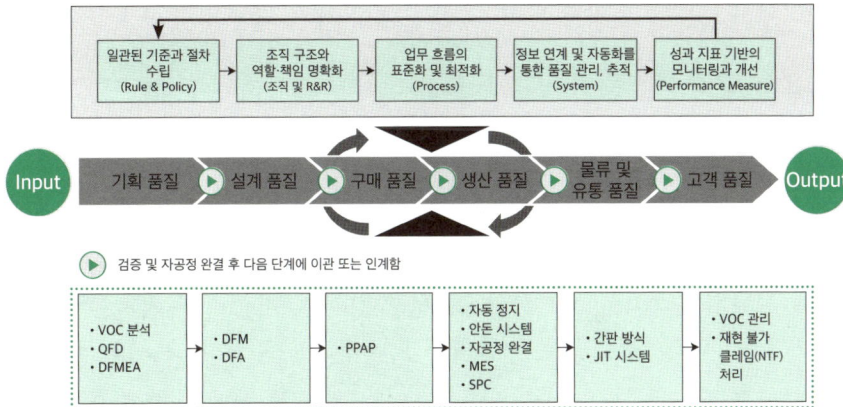

Quality Chain 경영 체계

되지 않거나 각 단계가 따로 움직여 정보와 책임이 명확히 이어지지 않기 때문이다. 이를 해결하기 위해 기획부터 고객 대응까지 모든 품질 영역에 기준, 제도, 조직, 역할, 프로세스, 시스템, 성과 관리를 전사적으로 적용한다. 또한 Quality Chain별 핵심 도구를 활용해 Quality Chain 경영의 효율성을 높인다.

Quality Chain 경영과 TQM의 차이

전사적 품질 경영인 TQM(Total Quality Management)은 조직 전반에 걸쳐 품질을 관리하고 지속적으로 개선하는 경영 철학 및 방법론이다. TQM과 Quality Chain 경영은 모두 조직의 품질 향상과 고객 만족을 목표로 하지만, 접근 방식과 적용 범위에서 차이를 보인다.

TQM은 조직 내부의 모든 부서와 직원들이 참여하여 전사적으로 품질을 관리하고 지속적으로 개선하는 경영 철학이다. 즉 제품이나 서비스의 품질을 높이기 위해 내부 프로세스 전반에 걸친 체계적인 관리와 개선 활동에 초점을 두며, 품질 문제의 사전 예방과 고객 요구를 충족하는 것을 중요하게 여긴다.

반면 Quality Chain 경영은 품질 관리의 범위를 조직 내부에 국한하지 않고 공급자, 생산, 유통, 판매, A/S 등 제품·서비스가 고객에게 전달되는 가치 사슬(Value Chain) 전체에 걸쳐 확장한다. 즉 품질을 하나의 연결된 사슬(Chain)로 보고, 공급망 전체의 각 단계가 품질 책임을 분담하여 상호 협력함으로써 최종 고객에게 고품질의 제품과 서비스를 제공하는 데 주력하는 것이다. 따라서 Quality Chain 경영은 외부 협력업체와의 긴밀한 관계 구축과 공급망 관리가 핵심 요소이다.

요약하자면, TQM은 내부 프로세스 중심의 전사적 품질 관리이며, Quality Chain 경영은 TQM을 근간으로 한 가치 사슬 전체를 아우르는 품질 경영 전략이자 방법론이다. 두 개념은 상호 보완적이며, Quality Chain 경영은 TQM의 원칙을 공급망 전체에 적용하는 확장된 형태로 볼 수 있다. 조직이 경쟁력을 강화하고 고객 만족을 극대화하기 위해서는 내부 품질 관리와 함께 공급망 전체의 품질 관리가 함께 이루어져야 한다는 점에서 두 개념은 긴밀히 연관된다.

먼저 TQM 활동을 충실히 수행하여 품질 관리의 기반을 강화하고, 이후 Quality Chain 활동을 통해 전 공정의 품질 연계성과 일관성을 확보한다.

Quality Chain 경영은 제품과 서비스의 품질 유지와 개선에 초점을 맞추며, 설계·생산·유통·서비스 등 품질에 영향을 미치는 모든 단계를 포괄한다.

일반적으로 기업들은 'Quality Chain 경영'이라는 용어를 품질 관리와 공급망 관리를 통합해 제품·서비스의 품질을 전체 프로세스에서 일관되게 관리하는 개념으로 본다. 이러한 경영 방식은 개별 업무 단

구분	TQM	Quality Chain 경영
초점	조직 내 전사적 품질 관리 및 개선	공급망 전체(가치 사슬)의 품질 관리
범위	내부 프로세스 및 전 직원 참여	공급자부터 고객까지 전 과정 연결
품질 책임 주체	조직 내 모든 부서와 직원	공급망 내 모든 관련자(공급자 포함)
주요 목표	지속적 품질 개선과 고객 만족	가치 사슬 전체에서 품질 최적화 및 고객 만족
접근 방법	내부 프로세스 중심, 전사적 참여	가치 사슬 전체 관리, 협력 강화
특징	지속적 개선(CI), 전사적 참여, 내부 고객 만족	연속성, 책임성, 협력성(공급망 내 파트너 간 유기적 연결)
프로세스 연결 방식	부서 간 협업 중심(사내 중심 연결)	단계 간 유기적 연결(공급자-제조-유통-고객까지 전체 흐름)
문제 발생 시 대응 방식	내부 원인 분석 및 개선(예: 품질관리팀 주도 개선)	공급망 전체의 협력을 통한 공동 개선(공급자와의 원인 분석 포함)
품질 정보 흐름	내부 부서 간 공유	공급자-고객 간 실시간 공유 및 피드백 루프 구축
품질 관리 도구	PDCA, QC 7가지 도구, 통계적 공정 관리(SPC) 등	5가지 운영 도구(프로세스 관리, 조직 및 R&R, 정책 및 제도, 시스템 관리, 성과 관리 등 통합적 품질 관리 툴 활용), 개선 도구

TQM과 Quality Chain 경영 비교

계나 프로세스가 연결된다는 의미의 '연속성'에 '책임성'과 '협력성'이 포함된다는 것이 특징이다. 달리 말해, 프로세스의 연속성은 책임성과 협력성이 뒷받침될 때 비로소 실현될 수 있다.

Quality Chain 경영의 구성 요소

품질은 단지 제품의 최종 결과로만 평가하는 것이 아니라, 그 제품이 만들어지고 전달되는 전 과정을 통틀어 관리되어야 한다. 이러한 관점에서 'Quality Chain'은 단절 없는 전 과정의 품질 흐름을 의미하며, 이를 효과적으로 운영하기 위해서는 네 가지 핵심 요소인 연속성·책임성·협력성·예측성이 반드시 확보되어야 한다.

먼저 연속성(Continuity)은 품질이 설계부터 원재료 조달, 생산, 검사, 배송, 고객 피드백에 이르기까지 모든 과정에서 지속적으로 관리되어야 한다는 것을 의미한다. 품질은 특정 부서나 한 단계에서 책임지는 것이 아니라 전 과정에서 일관되게 유지되어야만 고객이 실제로 체감할 수 있는 수준으로 전달된다. 예컨대 설계 단계에서 정밀하게 설정된 기준이 생산 단계로 정확히 전달되고, 이후 검사와 배송 단계에서도 그 기준이 유지되어야만 고객이 기대하는 품질로 제공된다.

책임성(Accountability)은 각 부서와 담당자가 품질에 대해 명확한 역할과 책임을 맡는 것을 의미한다. 품질 문제가 발생했을 때 어느 단계의 어떤 원인으로 문제가 생겼는지를 정확히 파악하고 개선하기 위해서는 각 단계별로 책임 소재가 분명해야 한다. 예를 들어 생산 부서는 제조 품질을, 물류 부서는 제품의 포장 및 운송 품질을 책임지고, 고객 응대 부서는 피드백을 수집하고 조치할 책임을 갖는다. 이러한 책임 분담은 단순히 책임을 묻기 위한 것만이 아니라, 모든 구성원이 각자의 품질 목표를 인식하고 자율적으로 개선 활동에 참여하도록 유도하는 장치이기도 하다.

협력성(Collaboration)은 조직 내부 부서 간은 물론이고 외부의 공급업체, 유통업체, 고객 등 다양한 이해관계자들과 효과적으로 협업함으로써 품질을 향상시키는 것을 뜻한다. 현대의 공급망은 구조적으로 복잡하고 상호 의존성이 높아, 단일 조직의 노력만으로는 품질을 완성할 수 없다. 부품의 품질은 공급업체의 역량에 달려 있고, 최종 고객의 만족도는 물류와 서비스의 품질까지 포함된 종합적인 결과다. 따라서 모든 관련 주체가 정보를 공유하고, 공동의 품질 목표를 위해 함께 문제를 해결해 나가는 협력 구조가 중요하다.

마지막으로 예측성(Predictability)은 과거와 현재의 데이터를 기반으로 미래에 발생할 수 있는 품질 문제나 성과를 미리 식별하고, 이를 바탕으로 사전 조치를 가능하게 하는 것을 뜻한다. 예측성은 Quality Chain 내에서 각 주체가 자신의 현재 역할에만 머무르지 않고 미래에 대한 인식과 대응 전략을 공유하도록 함으로써 전사적인 품질 민감도와 효율성을 높이는 데 기여한다. 즉 품질 문제가 '나타난 후 처리'하는 것이 아니라 '나타나기 전에 예방하고 대비하는' 체계를 가능하게 한다. 예측성을 Quality Chain에 통합함으로써 조직은 지속 가능한 품질 경쟁력을 확보하고, 고객 요구와 시장 변화에 선제적으로 대응할 수 있게 된다.

구분	목표	구체적인 실행 방안
연속성 (Continuity)	품질 관리 활동의 일관성과 지속성 유지, 품질 성과의 안정적 흐름 확보	• End-to-End 품질 관리 체계 구축◎ • 표준화된 프로세스 문서화 및 정기 검토 • 지속적 개선(CQI, PDCA) 체계 운영 • 품질 이력 관리 시스템 구축 및 공유
책임성 (Accountability)	각 단계의 품질 결과에 대한 명확한 책임 설정 및 문제 발생 시 신속한 원인 규명	• R&R(Role & Responsibility) 명확화 • 품질 목표에 대한 KPI 연동 • 품질 성과에 대한 개인/조직 단위 평가 • 품질 이슈 발생 시 RCA(근본 원인 분석) 및 피드백 체계 운영
협력성 (Collaborativity)	부서 간, 내부·외부 이해관계자 간의 유기적 협력으로 통합된 품질 달성	• 품질 책임의 분업 명시 • Cross-functional 품질 조직 구성·운영 • 협업 도구(예: 공동 포털, 회의체) 활용 • 공급망-고객과의 품질 정보 실시간 공유
예측성 (Predictability)	데이터 기반의 품질 예측 및 선제적 대응을 통해 미래 품질 확보	• 데이터 수집 자동화 및 품질 대시보드 구축 • 통계적 공정 관리(SPC), AI 기반 예측 분석 도입 • 사전 위험 감지 → 예방 조치 프로세스 운영 • 전사적으로 예측 정보 공유

Quality Chain 경영 4대 요소별 목표와 실행 방안

◎ End-to-End 품질 관리 체계 구축: 제품이나 서비스의 기획부터 최종 고객에게 전달되기까지 전 과정을 아우르는 품질 관리 시스템을 체계적으로 설계하고 운영하는 것을 의미한다.

이처럼 연속성·책임성·협력성·예측성은 단독으로 기능하는 것이 아니라 서로 긴밀하게 연결되어 있다. 품질이 연속적으로 유지되기 위해서는 각 단계의 책임이 분명해야 하고, 그 책임이 제대로 이행되려면 다양한 주체들의 협력이 필수적이다. 따라서 이 네 가지 요소는 성공적인 품질 경영의 핵심 축이자 지속 가능한 경쟁력을 만들어가는 기반이라고 할 수 있다.

품질의 연속성·책임성·협력성·예측성을 확보하려면 전 과정에 걸친 표준화, 품질 데이터 연동, 각 부서의 책임 명확화 및 KPI 연계, 공급망 내 정보 공유와 공동 목표 설정, 정기적 협의 등이 필요하다.

Quality Chain 경영의 중요성

Quality Chain 경영은 제품·서비스의 전반적인 품질 향상과 기업의 경쟁력 확보에 이바지한다. 품질 관리를 전체 프로세스에 걸쳐 체계적으로 실행하면 다양한 이점과 성과를 얻을 수 있다.

첫째, 고객 만족도와 신뢰도를 증대할 수 있다. 제품이나 서비스의 품질이 전 과정에서 일관되게 유지되면 고객은 해당 브랜드를 신뢰하게 되고, 이는 긍정적인 인식과 높은 충성도로 이어진다. 고객 경험이 우수할수록 재구매율이 높아지고, 입소문을 통한 신규 고객 유치로 이어지기 쉽다.

둘째, 비용 절감 효과가 크다. Quality Chain 경영은 품질 문제를 초기 단계에서 발견하고 사전에 해결하는 구조여서 문제 발생으로 인한 불필요한 추가 비용을 줄일 수 있다. 결함률을 낮추어 재작업이나 폐기물 발생을 최소화함으로써 자원을 효율적으로 활용하니, 생산성과 비용 효율성이 모두 높아진다.

셋째, 조직의 경쟁력이 크게 강화된다. 지속적인 품질 관리는 기업이 경쟁사와 차별화된 가치를 제공하는 기반이 되며, 고객뿐 아니라 파트너와의 신뢰를 구축하는 데에도 기여한다. 이러한 조직 경쟁력은 ISO 9001과 같은 국제 품질 표준을 준수함으로써 강화할 수 있다.

넷째, 리스크를 효과적으로 관리할 수 있다. 각 단계에서 품질 문제를 조기에 식별하고 해결함으로써 대규모 품질 사고나 리콜 사태를 예방할 수 있으며, 규제 기준을 충족함으로써 법적 리스크도 줄일 수 있다. 이는 곧 브랜드 평판 보호와도 직결된다.

다섯째, 지속 가능한 성장을 위한 기반이 된다. Quality Chain 경영은 데이터 기반의 지속적인 개선 활동을 통해 프로세스를 점진적으로 효율화·고도화할 수 있도록 돕는다. 아울러 높은 품질 수준은 공급업체와의 신뢰를 높이고, 폐기물과 자원 낭비를 줄여 환경적 지속 가능성 확보에도 기여한다.

여섯째, 조직 내부의 효율성이 향상된다. 부서 간 품질 관련 협업이 활발해지고, 품질 목표 달성 과정에 직원들이 적극 참여하면서 협업 문화가 조직 전반에 정착된다. 이를 통해 직원들의 업무 의욕과 만족감이 고취되므로, 품질 개선 과정에 혁신적인 아이디어와 기술이 도입될 기회도 자연스럽게 증가하게 된다.

결론적으로, Quality Chain 경영은 단순한 품질 향상을 넘어 고객 만족, 비용 절감, 경쟁력 강화, 리스크 최소화, 지속 가능성 확보, 조직 효율성 향상 등 기업 경영의 전 영역에 긍정적인 영향을 미치는 전략이다. Quality Chain 경영을 효과적으로 구현하면 기업은 단순히 품질을 관리하는 수준을 넘어, 전체 비즈니스 프로세스에서 지속적인 혁신과 성장을 이룰 수 있다.

03
Quality Chain 경영의 품질 정의

품질(Quality)은 제품이나 서비스가 고객의 요구와 기대를 충족하거나 초과하는 정도를 의미한다. 이는 단순히 결함이 없는 상태를 넘어, 고객 만족을 달성하고 신뢰를 확보하기 위한 종합적인 개념이다. 품질은 주관적으로 느끼는 가치일 수 있지만, 다양한 표준과 지표를 통해 객관적으로 측정할 수도 있다.

품질은 다양한 관점에서 정의할 수 있다. 고객 중심의 관점에서 품질이란 "고객의 기대를 충족하거나 초과하는 것"이며, 제품·서비스가 고객의 요구사항에 얼마나 부응하는지가 중요하다. 기술적인 관점에서는 품질을 "설계 요구사항을 충족하는 정도"로 정의하며, 제품·서비스가 사전에 정해진 설계 사양과 표준에 얼마나 부합하는지를 평가한다. 국제표준인 ISO 9000 시리즈에서는 품질을 "고유한 특성들이 요구사항을 충족시키는 정도"로 정의하고 있으며, 이때 요구사항은 고객의 기대만이 아니라 법적 규제나 조직 내부의 기준까지 아우른다. 이처럼 품질은 고객 만족, 설계 일치, 규정 준수라는 다양한 요소를 포괄하는 개념이다. 도요타 자동차는 품질을 "제품 및 서비스가 사용 목적을 충족하는 정도와 구매자의 만족도"라고 정의한다.

Quality Chain 경영에서 품질은 전체 프로세스의 각 단계에서 고객 요구와 기대를 충족하거나 초과하는 것을 목표로 한다. 여기서 말하는 품질은 단순히 제품·서비스의 최종 결과만이 아니라 설계부터 생산, 유통, 소비자 경험에 이르기까지 전 과정을 포괄한다.

또한 Quality Chain 경영 관점에서 품질은 각 단계에서 다르게 정의되고 평가된다. Quality Chain 경영 품질 정의의 특징은 단일 제품의 품질 보증을 넘어, 전체 프로세스의 품질 관리와 개선을 체계적으로 통합하는 데 있다. 이는 각 단계가 독립적이지 않고 유기적으로 연결되어 있다는 점에서 차별화된다.

Quality Chain 경영에서의 품질 정의

Quality Chain 경영은 품질을 단일 단계가 아닌 전 과정에서 관리하고 보장하려는 전략이다. 이는 품질이 한 단계에서 다음 단계로 전이되는 것, 즉 연속성을 중시한다. 또한 통합된 피드백 루프 체계를 통해 각 단계에서 데이터를 분석하고, 이를 바탕으로 체계적으로 품질 개선 활동을 수행한다. 무엇보다 중요한 것은 공급업체, 내부 부서, 고객 간의 협력이다.

결론적으로, Quality Chain 경영에서 품질이란 최종 결과물만이 아니라 전체 프로세스 전반에서 이루어지는 품질 관리 및 개선 활동을 모두 포함하는 개념이다. 이를 통해 고객의 기대를 충족하고, 공정의 일관성과 지속적인 개선을 확보하는 것이 핵심이다. 또한 최근에는 ICT 기술 등 신기술 및 데이터 기반 접근을 통해 "데이터와 기술을 활용하여 품질을 지속적으로 관리하고 개선하며, 고객 기대를 초과하는 상태를 유지"함으로써 품질 관리의 혁신과 효율성을 동시에 달성할 수 있다.

Quality Chain 경영 단계별 품질 정의

Quality Chain 경영 단계는 고객 요구사항 분석 → 기획 및 설계 → 공급업체 관리 → 생산 및 실행 → 품질 검사 → 포장 및 유통 → 고객 인도 → 고객 피드백 및 지속적 개선으로 나누어 볼 수 있다.

위 단계를 품질 측면에서 정리하면 기획 품질 → 설계 품질 → 구매 품질 → 생산 품질 → 물류 및 유통 품질 → 고객 품질로 나눌 수 있다. Quality Chain 경영은 기업의 전체 Quality Chain에 걸쳐 각 단계별 품질을 철저히 확보하고 이를 지속적으로 연계·관리함으로써, 제품과 서비스의 탁월한 경쟁력을 창출하는 전략적 품질 경영 방식이다. 각 단계별 품질이 다음 단계에 영향을 미치기 때문에, 어느 하나의 단계라도 품질이 저하되면 전체 품질이 훼손된다.

깔대기 이론(Funnel Theory)에 따르면 성과를 극대화하기 위해서는 입력(Input)과 프로세스(Process) 간의 연결이 중요하다. 이 이론은 각 단계에서의 효과적인 연결과 흐름을 강조한다. 즉 각 공정 단계에서 효율적이고 일관된 관리가 이루어져야만 생산성과 최종 결과물의 품질이 극대화된다는 것이다.

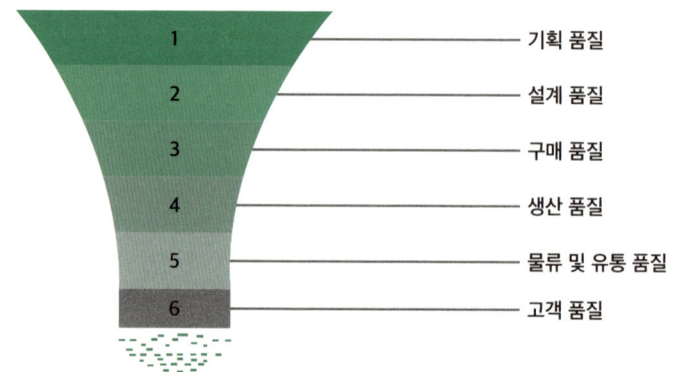

Quailty Chain 경영의 6대 품질

과정 관리가 중요한 이유는 각 단계에서 발생하는 변동성과 낭비를 줄일 수 있기 때문이다. 예를 들어 공정마다 원자재가 적시에 공급되고, 각 단계에서 발생할 수 있는 문제를 미리 예측하고 해결하는 방식으로 진행된다면 입력(Input) 대비 결과(Output)를 극대화할 수 있다. 이렇게 각 공정이 잘 연결되고 최적화되면, 불필요한 재작업이나 불량률이 감소하고 전반적인 성과가 향상된다.

기획 품질은 제품·서비스의 품질을 사전에 보장하기 위한 전략적 단계로, 시장조사 및 고객 VOC 분석을 통해 제품 콘셉트와 품질 목표, 더 나아가 품질 방향을 설정한다. 이 단계에서는 품질 기준을 수립하고 목표를 관리하며, 이를 바탕으로 품질 관리 계획을 세우고 품질 보증 활동을 수행한다.

설계 품질은 고객의 요구사항을 제품·서비스의 설계에 얼마나 충실히 반영했는지를 나타낸다. 이를 위해 품질 기능 전개(QFD), 내구성, 안전성, 사용성 등 다양한 품질 요소를 설계에 포함하고, 시험과 검증 과정을 통해 설계의 타당성을 확인한다.

구매 품질은 제품 생산에 필요한 원자재나 부품이 정해진 품질 기준을 충족하는지를 판단하는 단계다. 협력업체 평가, 품질 기준 공유, 입고 검사 등을 통해 원재료의 신뢰성과 규격 준수 여부를 관리한다.

생산 품질은 실제 제조 과정에서 제품이 계획된 품질 수준을 일관되게 유지하는지를 확인하는 것으로, 통계적 공정 관리(SPC), 품질 검사, 작업자 교육, 자동화 시스템을 통한 불량 관리 등 다양한 활동이 수행된다. 이 단계의 핵심 평가 요소는 '제품이 설계된 사양에 맞게 정확하고 균일하게 생산되었는가'이다.

물류 및 유통 품질은 제품이 손상 없이 적시에 고객에게 전달되는지를 보장하는 단계다. 이를 위해 포장 품질 및 운송 중 온·습도 관리, 물류 파트너와의 협업 등을 통해 신선도를 유지하고 납기를 준수한다.

마지막으로 고객 품질은 고객이 실제로 제품이나 서비스를 사용하면서 느끼는 만족도와 직결되며, 고객 만족도 조사, A/S 대응, 사용자 피드백 분석 등을 통해 고객의 목소리를 반영하고 지속적인 개선을 추구하는 단계다. 이 단계에서의 중요한 품질 요소는 사용성, 신뢰성, 유지보수 용이성 등이다.

이처럼 품질은 단일 부서의 책임이 아니라, 기획부터 설계, 구매, 생산, 물류, 고객 서비스까지 전사적인 노력이 통합되어야 비로소 완성된다.

04
품질 관리의 흐름, 어디에서 끊기고 있는 걸까?

품질은 전사적인 노력이 유기적으로 통합될 때 비로소 확보되지만, 여러 단계가 각기 다른 부서와 시스템에 의해 운영되다 보면 그 사이에서 프로세스의 단절이 발생하기 쉽고, 이는 곧 품질 저하로 이어질 수 있다.

실제 현장에서의 품질 관리 단절 및 분절 지점을 분석해 보면 기획 ↔ 설계, 설계 ↔ 생산, 생산 ↔ 납품, 기획/설계/생산 ↔ 납품 후 피드백 간에 단절 및 분절이 자주 발생하는 것을 목격할 수 있다. 각 연결 지점마다 품질이 '흐르지 못하는' 이유가 다르며, 부서 간 협업 부족, 정보 전달의 비효율성, 관점 차이 등으로 인한 단절은 전 과정에서 품질 관리가 일관되게 유지되지 못하게 만든다.

1. 기획 ↔ 설계 간 단절

문제 핵심 고객의 요구가 제품 설계에 정확히 반영되지 않는다. 고객 요구사항이나 시장 분석 결과가 기술적 설계 언어로 제대로 해석되지 않기 때문이다.

내용
- 기획 단계에서 수집한 고객 요구사항이나 시장조사 결과가 설계팀에 명확히 전달되지 않거나, 해석이 달라지는 경우가 많다.

- 기획은 '무엇을 만들까'에, 설계는 '어떻게 만들까'에 초점을 둔다. 각자 사용하는 언어도, 관점도 다르다.
- 이에 따라 고객이 원하는 기능이나 품질 수준이 설계 단계에서 왜곡되거나 생략될 위험이 있다.
- 결과적으로 제품이 시장의 요구와 어긋나거나, 설계 변경이 반복되어 품질과 비용에 모두 악영향을 미친다.

2. 설계 ↔ 생산 간 단절

문제 핵심   설계 의도와 생산 가능성 간 괴리이다. 규격(스펙)을 설계할 때 생산 현장의 설비 능력이나 현실적인 제조 조건을 고려하지 않기 때문이다.

내용

- 설계자가 그린 도면이나 사양이 실제 생산 현장에서 구현하기 어려운 경우가 많다. (예: 조립 불가능한 구조, 가공 불가한 공차, 원가를 초과하는 재료 사용 등)
- 설계 단계에서 생산 부서의 의견이 충분히 반영되지 않으면 제조 과정에서 품질 불량이 반복되거나 생산성이 크게 저하될 수 있다.
- 현장에서는 종종 설계 변경 없이 '현장 임의 조정'으로 문제를 해결하려다 또 다른 품질 문제를 유발하기도 한다.
- 이 차이는 'DFM(Design for Manufacturing, 제조 용이성 설계)' 개념이 부족한 데서 비롯되며, 설계-생산 간 조기 협업 구조가 필수적이다.

3. 생산 ↔ 납품 간 단절

문제 핵심   생산된 품질과 고객이 경험하는 품질의 불일치이다. 생산 단계에서 검증된 품질 기준이 납품처의 기대나 실제 사용 환경과 일치하지 않기 때문이다.

내용

- 생산 단계에서 출하된 제품이 포장·물류·운송 과정에서 손상되거나 품질이 저하되는 일이 빈번하다.
- 생산 현장에서는 품질 기준을 만족하더라도 고객 사용 환경에서는 문제가 발생할 수 있다. (예: 내구성, 사용성 등)
- 고객 피드백이 생산팀에 직접 전달되지 않거나 전달이 지연되면 품질 개선 사이클이 느려진다.
- 납품 이후에도 제품을 지속적으로 추적하고, 고객 데이터를 수집해야 진정한 품질 관리가 완성된다.

4. 기획/설계/생산 ↔ 납품 후 피드백 간 단절

문제 핵심 고객 피드백이 품질 개선에 반영되지 않는다. 납품 이후 발생하는 고객의 사용 경험, 불만, 개선 요구가 초기 단계로 환류되지 않기 때문이다.

내용

- 고객이 제품을 사용한 후 피드백을 주더라도, 이 피드백이 기획·설계·생산 단계에 제대로 전달되지 않거나 피드백 반영이 늦어지는 경우가 발생한다.
- 고객 불만이 해결되지 않은 채 방치되면 동일한 문제가 지속적으로 발생하며 품질 개선이 그 만큼 지연된다. (예: 고객이 특정 부품의 내구성 문제를 제기하더라도 설계 변경이 이루어지지 않거나 생산 과정에서 개선이 이루어지지 않아 문제가 반복됨)

05
Quality Chain 경영 단계별 단절 해결 도구 및 시스템

Quality Chain 경영은 제품이나 서비스의 기획부터 고객 전달까지 전 과정이 하나의 연속된 품질 흐름으로 연결되어야 한다는 관점에서 출발한다.

그러나 실제 기업에서는 각 단계마다 정보 단절, 책임 분산, 부서 간 협업 부족으로 인해 품질 문제가 누적되곤 한다.

이를 해결하기 위해서는 각 단계에서 품질 단절을 예방하고 연결할 수 있는 도구와 시스템을 체계적으로 적용해야 한다.

1. 기획 품질: 고객 요구와 기획 간 단절 해소

기획 단계에서 고객의 실제 니즈가 반영되지 않으면, 이후 모든 품질 활동이 왜곡된다. 이를 방지하기 위해 VOC(Voice Of Customer) 시스템과 QFD(Quality Function Deployment, 품질 기능 전개) 등이 사용된다.

VOC는 고객 불만, 리뷰, 콜센터 기록 등 다양한 소스를 분석하여 고객의 숨겨진 '진짜' 요구를 파악한다. QFD는 이 요구를 제품 기능과 사양으로 구체화하는 기획 도구로, 설계와 생산 단계에서 고객 요구를 정확히 반영할 수 있도록 지침을 제공한다. 최근에는 AI 분석을 통해 VOC 예측 정밀도를 향상하는 시스템도 도입되고 있다.

2. 설계 품질: 설계와 제조 간 단절 해소

설계가 제조와 무관하게 진행되면 불량률과 원가가 치솟기 마련이다. 이를 해결하기 위해 DFM(Design for Manufacturing), DFA(Design for Assembly), FMEA(Failure Mode and Effects Analysis, 고장 모드 및 영향 분석) 등이 활용된다.

또한 동시 공학(Concurrent Engineering) 체계를 통해 설계·품질·생산 부서가 초기부터 협업하여 설계안의 실현 가능성과 품질 리스크를 사전 검토한다. 이로써 불필요한 설계 변경과 사후 수정이 줄어들고 품질 일관성이 확보된다. 특히 프론트로딩(Front-loading) 전략을 통해 사전 검증 체계를 도입하고 구축할 필요가 있다.

3. 구매 품질: 외주·협력사 간 단절 해결

부품 및 자재를 외부에 의존하는 경우 협력사의 품질이 전체 제품 품질에 큰 영향을 미친다. 이를 해결하기 위해 SQ(Supplier Quality) 인증 제도, PPAP(Production Part Approval Process), 협력사 품질 감사 시스템이 적용된다.

이 시스템들은 협력사의 품질 역량을 사전에 검증하고, 초기 샘플 승인부터 지속적인 품질 모니터링까지 가능하게 한다. 일부 기업은 협력사 포털을 통해 실시간으로 품질 이슈를 공유하고 개선 활동을 공동으로 수행하고 있다.

4. 생산 품질: 실시간 품질 감시와 문제 대응

생산 현장에서는 불량이 한번 발생하면 대량으로 확산되기 쉽기 때문에 감시와 즉각적인 중단이 중요하다. 이를 위해 도요타 생산방식

(TPS)의 핵심 개념인 자동 정지(Jidoka)와 안돈(Andon) 시스템◎, 자공정 완결과 MES(제조 실행 시스템), SPC(통계적 공정 관리)가 활용된다.

5. 물류 및 유통 품질: 생산—물류 간 분절 해소

제조와 물류가 단절되면 재고 과잉, 납기 지연, 고객 불만 등이 발생할 수 있다. 이를 해결하기 위해 간판(Kanban) 시스템과 JIT(Just-In-Time) 방식이 활용된다.

간판(Kanban)은 부품이나 제품을 필요한 시점에 필요한 만큼만 생산·공급하도록 시각적인 정보를 통해 작업을 지시하는 방식이다. JIT은 낭비 없는 공급을 통해 재고를 최소화하고 납기 정확도를 높인다. 이 두 시스템은 생산과 물류를 실시간으로 연계해 전체 공급망의 품질 흐름을 동기화하는 데 핵심적 역할을 한다.

제조와 물류 간의 연계를 강화하기 위해 WMS(창고 관리 시스템), TMS(운송 관리 시스템), SCM(공급망 관리) 등의 시스템을 통합 운영하고, S&OP(판매 및 운영 계획) 체계를 통해 수요 예측에 기반하여 생산-배송을 최적화한다.

6. 고객 품질: 고객 피드백과 내부 프로세스 간 단절 해소

고객의 불만이나 사용 후 정보가 내부에 반영되지 않으면 품질을 개선할 수 없다. 이를 해결하기 위해 CRM(고객 관계 관리) 시스템, VOC

◎ 자동 정지(Jidoka)는 품질 이상이 감지되면 생산 라인을 자동으로 정지해 불량품의 확산을 원천 차단하는 것을 말한다. 안돈(Andon)은 시각적 신호를 통해 작업자나 관리자에게 즉시 이상 상황을 알리고 문제 해결을 요청하는 시스템이다. 이 두 가지 시스템은 작업자에게 품질 책임을 부여하고, 문제 발생 시 전 공정이 함께 대응하도록 하는 도요타식 품질 관리의 핵심이다.

환류 체계, RCA(근본 원인 분석) 등을 도입하여 고객 접점에서 수집된 불만, 클레임, 반품 사유 등을 분석해 문제의 원인을 설계·생산·공급 단계에 반영한다. 일부 기업은 Closed-Loop VOC 시스템◎을 통해 고객 불만이 실제 제품 개선에 반영되었는지까지 추적한다.

과거에는 기업 내 각 부서(기획, 설계, 구매, 생산, 물류, 고객 대응 등)가 품질을 자기 부서의 책임 범위 안에서만 관리하는 경향이 있었다. 이로 인해 부서 간 정보가 원활히 공유되지 않거나, 고객의 요구사항이 기획에는 반영되더라도 설계나 생산 단계에서는 누락되는 등의 프로세스 단절 문제가 자주 발생했다.

그 결과 제품 출시 후 불량률이 증가하고, 고객 불만이 누적되며, 반품과 재작업으로 인한 비용 손실이 반복되는 악순환에 빠졌다. 이를 해결하기 위해, 여기서 사례로 삼은 기업은 Quality Chain 경영이라는 개념 아래 전사적 품질 관리 체계를 구축했다.

Quality Chain 경영 단계별 단절 해소 사례

프로세스의 단절 및 분절을 해소하기 위한 구체적인 사례를 기획 품질에서 고객 품질까지 품질 흐름 단계별로 다음과 같이 제시한다.

1. 기획 품질 단계의 단절 해소 사례

과거에는 기획팀이 마케팅팀의 주관적 판단에만 의존하여 제품

◎ Closed-Loop VOC 시스템: 고객의 의견(불만, 요구, 제안 등)을 단순히 수집하기만 하는 것이 아니라, 이를 기업 내부의 기획·설계·생산·서비스 등 전 부서로 환류(피드백)해 실질적인 개선 활동으로 연결되도록 하는 순환형 품질 관리 체계이다.

을 기획해, 실제 고객의 불만 사항이 제품에 제대로 반영되지 않는 문제가 있었다. 이를 해결하기 위해 고객 불만 VOC 데이터를 AI와 NLP(Natural Language Processing, 자연어 처리) 기술로 분석하여 기획 단계에서 설계 요건으로 반영하는 고객 데이터 기반 기획 시스템을 도입했다. QFD, FMEA, DFM 등의 도구를 활용해 고객의 니즈를 정밀하게 반영함으로써 제품 출시 후 불량률과 반품률을 효과적으로 줄일 수 있었다.

2. 설계 품질 단계의 단절 해소 사례

설계 부서는 고급 기능 중심으로 설계할 경우 생산 부서는 양산을 위한 생산 준비를 사전에 하지 못하는 등 어려움을 겪는 구조적인 단절이 발생한다. 이로 인해 공정 불량이 증가하자, 설계 초기부터 생산 부서가 참여하는 공동 설계 프로세스를 운영하고, DFM과 FMEA를 활용하여 제조 가능성을 고려한 설계를 추진했다. 그 결과 생산 불량률이 감소하고, 설계와 생산 간 협업 문화가 정착되었다.

3. 구매 품질 단계의 단절 해소 사례

부품 공급자의 품질 이슈로 인해 조립 라인이 중단되더라도 품질 책임 소재를 분명하게 밝히지 못한다는 문제가 있었다. 이를 해결하기 위해 SQ(Supplier Quality) 인증 제도를 도입하여 공급자의 품질 시스템을 사전에 점검하고 등급을 부여했다. 또한 SQA(Supplier Quality Assurance, 공급자 품질 보증) 및 PPAP(Production Part Approval Process, 초도품 승인 절차)를 통해 사전 예방 활동을 강화한 결과, 공급자의 품질 클레임 건수가 감소하고 공급망의 품질 일관성이 향상되었다.

4. 생산 품질 단계의 단절 해소 사례

각 공정 간 품질 정보가 단절되어 불량 원인을 추적하기 어려웠다. 이를 해결하기 위해 린 생산방식과 MES 시스템을 연계하여 공정 데이터를 실시간으로 모니터링하고, 불량 발생 시 자동으로 차단하는 시스템을 구축했다. 자율 정지, 안돈 시스템, MES, SPC 등을 활용해 품질 누락을 원천 차단했다.

5. 유통·물류 품질 단계의 단절 해소 사례

제조 부문과 물류 부문이 분리 운영되어 수요 변동에 대한 반응 속도가 떨어지고, 이로 인해 과잉 생산이나 납기 지연 문제가 발생했다. 이에 MES, WMS, TMS 시스템을 통합하여 수요에 따른 유연한 대응이 가능하도록 개선했다. 영업 및 운영 계획(Sales and Operations Planning) 프로세스를 통해 판매 계획과 운영 계획을 일치시키고, 정시 배송률(OTD, On-Time Delivery), 물류 리드타임, 물류 불량률 등의 SCM KPI를 관리해 과잉 재고를 줄이고 출고 오류 및 물류 불량률을 떨어뜨릴 수 있었다.

6. 고객 품질 단계의 단절 해소 사례

고객센터에서 수집한 불만 사항이 R&D 부서에 제대로 전달되지 않아 고객 요구가 제품 개선에 반영되지 않는 문제가 있었다. 이를 해결하기 위해 VOC 시스템을 기반으로 고객 접점에서 수집한 클레임 데이터를 분석하고, 이를 정기적으로 설계팀에 환류하는 체계를 구축했다. CRM(Customer Relationship Management) 시스템과 연계된 NPS(Net Promoter Score)◎ 분석

◎ NPS: 고객 만족도를 측정하는 방법으로, 고객이 기업이나 제품을 다른 사람에게 추천할 가능성을 평가하는 도구이다.

을 통해 고객의 불만을 조기에 파악하고, 차세대 제품의 기능 및 내구성을 지속적으로 개선할 수 있는 기반을 마련했다.

다음 표에서 각 단계별로 개선 전과 후를 비교하고 활용 가능한 주요 적용 기법을 정리했다.

단계	개선 전	개선 후	적용 기법
기획 품질	고객 니즈 반영 부족, 시장 요구 반영 없이 내부 중심 제품 기획	VOC, 시장조사, QFD로 고객 요구를 설계 목표로 전환	QFD, VOC 분석, DFMEA
설계 품질	설계/생산 부서 분리, 제조 불가능한 설계 빈번	동시공학 체계로 생산·구매 부서와 협업 설계	DFM, DFA, 동시공학적 개발 방식, CAD/CAE 통합
구매 품질	협력사 품질 편차 큼, 구매 단가 중심 선정	SQ 인증 도입, 협력사 품질 동반 관리	SQ 인증, PPAP, 협력사 품질 감사
생산 품질	공정별 단절, 불량 감지 늦음, 추적 어려움	자율 정지, 안돈 시스템으로 실시간 품질 감시 및 라인 정지. SPC, MES 활용	도요타 생산방식, 스마트 기술, 자공정 완결
유통·물류 품질	재고 과잉/재고 부족 반복, 납기 지연 자주 발생	간판, JIT로 생산-물류 연계 강화 및 납기 정확도 향상	간판 방식, JIT
고객 품질	고객 불만이 조직 내부 개선에 반영되지 않음	VOC 및 고장 정보 피드백 시스템으로 기획·설계에 환류	CRM 시스템, 고장 정보 분석, NTF와 클레임 연계 프로세스

Quality Chain 경영 개선 전후 비교표

Quality Chain 경영은 각 부문이 개별적으로 품질을 관리하는 것이 아니라, 전체 가치 흐름에서 단절 없이 정보를 연결하고 품질 책임을 공유하는 방식이다. 이를 위해 각 단계마다 적절한 품질 도구와 IT 시스템을 활용하며, 고객의 목소리로 시작해 고객 만족으로 끝나는 연속된 품질 흐름을 구축하는 것이 핵심이다.

Quality Chain 경영 프로세스란?

도요타에서 배우는 기획 품질

다이슨에서 배우는 설계 품질

보잉에서 배우는 구매 품질

지멘스에서 배우는 생산 품질

세븐 일레븐에서 배우는 물류·유통 품질

현대자동차에서 배우는 고객 품질

시사점: 선도기업의 Quality Chain 경쟁력

III

선도기업의 Quality Chain 경영 프로세스

01
Quality Chain 경영 프로세스란?

전통적 품질 경영에서는 단일 부서나 공정의 품질 향상만으로는 전체적인 품질 수준을 높이기 어렵다. 따라서 전사적 품질 향상을 위해서는 Quality Chain 경영에 기반한 통합적 프로세스 운영이 필수적이다. Quality Chain 경영은 제품이나 서비스가 고객에게 도달하기까지의 모든 프로세스와 부서가 서로 연결되어 있으며, 각 단계가 다음 단계의 고객 역할을 수행한다는 개념이다. 이때 어느 한 단계라도 품질이 저하되면 전체 품질에 부정적인 영향을 미치게 된다.

단절과 분절이 없는 Quality Chain 경영은 '한 줄로 매끄럽게 연결된 사슬'과 같다. 이러한 사슬은 부서와 공정이 각각 자기 역할만 수행하는 것이 아니라, 전체 품질 목표를 위해 서로 신뢰하고 협력하며 함께 움직여야 가능하다.

선도기업의 Quality Chain 경영 프로세스를 보면 제품이나 서비스가 기획·개발 단계부터 고객에게 전달되기까지 전 과정에서 품질이 유지되고 향상되도록 관리하는 활동들이 모두 연결되어 있다. 이는 모든 부서와 단계가 서로 연결되어 품질에 영향을 준다는 개념에 기반한다.

즉 기획 품질 단계에서는 고객 요구 분석과 시장조사를 바탕으로 품질 목표를 설정하고, 고객이 원하는 가치와 기준을 명확히 정의한다. 이어지는 설계 품질 단계에서는 이러한 고객 요구를 반영하고 기능성을 중시한다. 구매 품질 단계에서는 공급망 신뢰성과 규격 준수를 중점적으로 관리하며, 생산 품질 단계에서는 공정 효율성과 불량률 감소를 목표로 한다. 검사 및 테스트 단계에서는 제품의 기술적 요구 충족 여부를 확인한다. 물류와 유통 품질 단계에서는 포장 상태와 운송 중 품질 유지가 중요하며, 최종 고객 품질 단계에서는 사용성·신뢰성·만족도를 바탕으로 품질을 평가한다. 모든 단계는 데이터 기반 분석과 피드백을 통해 지속적으로 개선된다.

Quality Chain 경영은 단계별 이행 관리를 통해 품질 일관성과 효율성을 확보하고, 각 단계가 다음 단계에 미치는 영향을 최소화하면서 최종 제품·서비스의 품질과 고객 만족도를 극대화한다. 또한 프로세스의 연결성과 품질 표준 준수를 보장하여 기업의 경쟁력, 비용 효율성, 고객 만족도를 동시에 달성한다.

02

도요타에서 배우는 기획 품질

도요타 자동차(도요타)는 Quality Chain 경영 가운데 기획 품질 단계에서 발생할 수 있는 단절과 분절 문제를 체계적으로 극복한 모범적인 사례로 평가받고 있다. 도요타는 초기 기획 단계부터 다양한 부서와 기능이 유기적으로 협력하는 구조를 구축하여, 기획 품질이 조직 전반에 일관되게 전달되고 실행될 수 있도록 했다.

먼저 도요타는 고객 요구와 시장 환경을 분석하는 초기 단계부터 설계, 구매, 생산 등 관련 부서가 참여하는 교차기능팀(Cross-Functional Team)을 운영해왔다. 이를 통해 부서 간 정보의 단절을 방지하고, 서로 다른 부서들이 분절된 채 독립적으로 움직이는 것을 막아 기획 단계부터 품질 목표와 요구사항을 통합적으로 수립할 수 있었다.

또한 도요타는 품질 기준과 업무 절차를 표준화하고 이를 전사적으로 공유하여, 각 부서가 자신의 역할과 책임을 명확히 이해하고 준수하도록 했다. 품질 계획은 ERP 등 IT 시스템과 연동되어 실시간으로 모니터링과 피드백이 이루어져, 기획 단계와 후속 공정 간 정보 단절과 왜곡을 최소화했다. 이러한 통합 정보 관리 체계 덕분에 프로세스 간 경계에서 발생할 수 있는 Quality Chain의 단절을 효과적으로 해소할 수 있었다.

더 나아가 도요타는 문제 발생 시 즉각적으로 생산을 중단하고 현장에서 문제를 해결하는 안돈(Andon) 시스템과 지속적 개선(Kaizen) 문화를 통해, 기획 품질의 연속성과 안정성을 확보했다. 이는 단절된 의사소통과 비협조 문제를 조기에 발견하고 개선하여 Quality Chain을 끊김 없이 유지하는 데서 중요한 역할을 했다.

이처럼 도요타는 기획 품질 단계에서의 부서 간 협업 강화, 표준화 및 실시간 정보 공유, 현장 중심의 문제 해결 문화를 통해 단절과 분절 문제를 극복함으로써 Quality Chain을 전사적으로 매끄럽게 연결하고 높은 품질과 생산성을 동시에 달성했다.

특히 조직 차원에서 각 차량 개발 프로젝트에 '치프 엔지니어(Chief Engineer, CE)'를 임명하여 해당 프로젝트의 전반적인 책임을 부여한다. 치프 엔지니어는 차량의 기획·설계·개발·생산·판매 등 모든 단계를 총괄하며, 제품의 품질과 성능에 대한 최종 책임을 진다. 치프 엔지니어는 프로젝트의 성공을 위해 다양한 부서와 협력하며 제품 개발의 전 과정을 조율한다. 도요타의 치프 엔지니어 제도는 제품 개발 과정에서 효율성과 품질을 높이는 중요한 역할을 하며, 다른 기업에서도 벤치마킹할 만한 조직 관리 사례로 평가받고 있다.

도요타는 신차 개발에 앞서 글로벌 시장의 VOC를 정량적·정성적으로 분석하여 품질 목표를 설정한다. 예를 들어, 고객이 조용한 승차감을 원한다면 초기 설계 단계부터 소음과 진동 최소화를 중요한 품질 요건으로 반영한다. 이를 위해 QFD 기법을 활용하여 고객 요구사항을 세분화하고, 이를 제품 설계 사양에 체계적으로 적용한다. 이 과정에서 품질 목표가 설계, 제조, 구매, 품질보증 부서에 이르기까지 일관되게 전달된다. 이는 도요타의 "전 공정이 후 공정의 고객이다"라는 철학과도 일치한다.

기획과 설계 초기 단계에서는 FMEA(Failure Mode and Effects Analysis)

를 적용해 잠재적인 품질 문제를 사전에 식별하고 개선책을 마련한다. 예를 들어, 브레이크 시스템을 설계할 때는 작동 실패 가능성과 그 영향을 검토하여 설계를 수정한다. 신차 출시 전에는 프로토타입을 통한 반복 테스트와 품질 검증을 철저히 시행하여 개발 단계에서부터 제조 및 공급업체 품질까지 포괄하는 체계적인 품질 관리가 이루어진다. 이를 통해 시장에서 발생할 수 있는 문제를 최소화한다.

또한 도요타는 기획 단계부터 협력업체와 품질 목표를 공유하고 부품 사양 및 생산 공정에 대한 품질 계획을 공동으로 수립한다. 이 과정은 전사적 품질 경영의 일환인 '방침 관리(Hoshin Kanri)' 시스템을 통해 체계적으로 이루어진다. 치프 엔지니어 제도를 운영하여 제품 전 과정에 대한 책임을 부여하고 설계부터 생산까지 품질과 성능을 통합 관리한다. 초기 기획부터 설계·구매·생산 등 관련 부서가 함께 참여하여 정보를 공유하고 목표를 설정하며, 부서 간 협업과 소통 강화를 위해 교차기능팀을 운영함으로써 단절과 분절을 방지한다.

도요타는 이를 통해 세계 최고 수준의 자동차 품질을 유지하며, '신뢰성 높은 차량'으로 고객들에게 인정받았다. 즉 기획 품질 활동은 고객 만족도와 도요타의 브랜드 가치를 동시에 높이고, 전 세계 시장에서 경쟁 우위를 확보하는 기반이 되었다.

핵심 교훈

도요타는 기획 품질 단계를 단순한 제품 아이디어 단계로 보지 않고, 고객 만족과 품질 혁신의 출발점으로 인식한다. 이를 위해 VOC 분석, QFD, FMEA 등 다양한 기법을 활용하고, 품질을 제품 생애주기 전체에 걸쳐 관리함으로써 Quality Chain 경영 전반에 탄탄한 기반을 마련한다. 이처럼 도요타의 기획 품질 전략은 이후의 설계, 제조, 서비스 품질에 이르기까지 품질 경영의 선순환을 창출하는 핵심 요소로 기능하고 있다.

특히 도요타의 개발 단계에서의 대회의실 제도는 차량 개발 및 프로젝트 진행 과정에서 중요한 의사결정과 문제 해결을 위한 시스템이다. 이 제도는 차량의 설계 및 개발 과정에서 발생할 수 있는 다양한 문제를 해결하고, 각 부서 간 협업을 강화하기 위해 사용된다.

03
다이슨에서 배우는 설계 품질

다이슨은 '문제를 해결하는 혁신'을 브랜드 철학으로 삼고, 설계 품질을 단순한 기능 구현이 아니라 고객 경험 전체를 설계하는 과정으로 인식하여 설계 단계에서 발생할 수 있는 단절과 분절을 철저히 제거했다.

가장 대표적인 사례는 사이클론 진공청소기의 설계 개발 과정이다. 창립자 제임스 다이슨은 기존 청소기의 흡입력 감소 문제에 착안해, 먼지를 봉투 없이 분리해 내는 '듀얼 사이클론' 기술을 개발했다. 이 과정에서 고객의 불편을 철저히 분석한 뒤 이를 설계 요구사항으로 체계화하여 제품에 반영했다. 다이슨은 그저 기술을 개발한 것이 아니라 고객 중심의 설계 목표가 기획, 부품 선정, 생산성 검토, 유지보수성에 이르는 전 과정에 공유되도록 함으로써 설계와 후속 공정 간 단절을 방지했다.

다이슨은 또한 프로토타입 중심의 반복 실험 설계 방식을 통해 설계의 완성도를 극단적으로 끌어올렸다. 제임스 다이슨이 직접 5천 개가 넘는 시제품을 제작하며 성능과 품질을 테스트한 일은 유명하다. 이처럼 설계의 실현 가능성을 끊임없이 검증하여, 설계 단계의 품질 이슈가 양산 공정으로 확대되는 것을 원천 차단했다.

게다가 다이슨은 설계팀, 생산기술팀, 사용자 경험팀이 하나의 통합된 조직처럼 협업하는 구조를 갖춰 정보 단절을 해소했다. 예를 들어, 제품의 내부 구조를 쉽게 분해·조립할 수 있도록 설계함으로써 A/S 및 유지보수까지 고려한 설계 품질을 구현했고, 이는 높은 서비스 품질과 고객 만족으로 연결되는 선순환 구조를 만들었다.

이처럼 다이슨은 설계 품질을 단순한 기술 설계가 아니라, 고객 중심 가치와 전사적 협업, 반복 검증 시스템을 통합한 전략적 활동으로 인식하고 실천함으로써 Quality Chain 경영 전반에서 단절 없이 Quality Chain을 연결하는 데 성공했다. 그 결과 다이슨은 단순한 가전 제조기업이 아닌, 기술 혁신과 품질 철학을 겸비한 글로벌 브랜드로 자리매김할 수 있었다.

다음은 다이슨의 성공을 가능하게 한 주요 요소들이다.

첫째, 다이슨의 제품 개발은 철저히 고객의 문제, 즉 VOC에서 출발한다. 흡입력 감소나 유지보수의 어려움 등 고객이 실제로 제품을 사용할 때 겪는 불편 사항들을 기술적 요구사항으로 정밀하게 전환함으로써 기획에서 설계, 생산에 이르는 전 Quality Chain의 방향성을 일관되게 유지한다.

둘째, 다이슨은 설계 완성도 확보를 위해 반복적인 실험 및 검증 과정을 거친다. 사이클론 진공청소기를 개발할 때 5천 개 이상의 프로토타입을 제작한 것이 그 예다. 성능, 신뢰성, 사용성 등을 철저히 검증해 양산 후 발생할 수 있는 품질 리스크를 설계 단계에서 미리 제거하는 것이다.

셋째, 설계, 생산, 구매, 품질, UX 등 여러 부서가 초기부터 통합적으로 참여하는 교차기능팀을 운영하여, 설계 품질이 단절이나 오류 없이 다음 단계로 자연스럽게 전달되도록 구조화한다. 이를 통해 조직 간에 분절 없고 유기적인 커뮤니케이션이 실현된다.

넷째, 다이슨은 사이클론 기술, 디지털 모터 등 자체 기술을 활용하여 단순히 제품을 개선하는 것이 아니라 아예 시장 표준을 바꾸는 차별화된 기술 혁신을 이루었고 지적 재산(IP)을 확보했다. 이는 브랜드 신뢰와 품질 이미지 강화로 이어진다.

다섯째, 제품은 제조성과 유지보수성을 동시에 고려하여 설계된다. 생산 및 조립이 용이하고 사용자나 서비스 인력이 유지보수를 쉽게 할 수 있도록 기획하며, 설계 단계부터 생산 공정 효율과 A/S 효율을 함께 고려해 전 생애주기 품질(Life Cycle Quality)을 확보한다.

여섯째, 제품의 미적 요소와 기술 설계를 분리하지 않고 통합하여 공동으로 기획함으로써 기능성과 사용성, 심미성이 조화를 이루는 '프리미엄 품질 경험'을 제공한다. 이는 고객 충성도와 브랜드 가치를 높인다.

마지막으로, 글로벌 시장 대응을 위해 국제 인증, 안전 규제, 환경 요건 등 다양한 규제와 표준을 제품 설계부터 반영한다. Quality Chain이 글로벌 시장에서도 단절되지 않도록 체계적인 시스템을 구축하여 운영한다.

이러한 성공 요소를 기반으로 다이슨은 기존 청소기 시장을 혁신했으며, 프리미엄 가전 브랜드로 글로벌 시장에서 강력한 입지를 확보했다. 기술, 사용자 경험, 디자인, 지속 가능성의 통합이 다이슨 성공의 핵심이다.

핵심 교훈

다이슨의 사례는 설계 품질이 기업의 경쟁력 강화와 시장 지배력 확보에 핵심적임을 보여준다. 성공의 열쇠가 된 것은 고객 중심의 설계,

혁신적인 기술 적용, 지속적인 품질 개선이다. 다이슨은 철저한 사용자 중심 설계와 혁신적 문제 해결, 그리고 디테일에 집중한 반복적인 개발 과정을 통해 높은 성능과 차별화된 품질을 구현한다. 제품의 단순한 성능 향상을 넘어, 고객 중심 사고와 Quality Chain 경영이 유기적으로 작동한 결과이다.

다이슨은 설계 단계에서 단절과 분절을 철저히 배제한다. 디자인과 엔지니어링, 기획과 생산 간의 협업 부족은 작동 효율 저하나 양산 차질로 이어질 수 있고, 부품 통합이 미흡하면 제품 크기가 커지고 에너지 비효율을 초래하며, 복잡한 구조는 사용자 경험을 해친다. 이를 막기 위해 다이슨은 전 과정의 유기적 통합을 추구한다.

04

보잉에서 배우는 구매 품질

구매 품질 활동 성공 사례는 보잉 사에서 볼 수 있다. 보잉은 항공기 부품의 품질이 비행 안전에 결정적임을 인지하고, 공급업체 선정 단계에서 철저한 품질 검증 프로세스를 적용한다. 또한 공급업체의 품질 성과를 지속적으로 모니터링하며, 필요한 경우 품질 개선 프로그램을 지원한다.

그 결과 항공기 제조 시 불량 부품 발생률은 떨어뜨리고, 고객 신뢰도 및 안전성은 높일 수 있었다. 항공기 제조와 같은 고도의 정밀성과 안전이 요구되는 산업에서는 필수적인 품질 표준을 유지하기 위한 체계적인 접근 방식과 협력 모델이 중요하다.

보잉은 구매 품질 단계의 중요성을 잘 보여주는 대표적인 성공 사례를 다수 보유하고 있다.

보잉은 구매 프로세스의 효율적 운영을 통해 737 MAX의 생산 품질을 대폭 향상했다. 공급업체와의 협력을 강화하고 품질 기준을 명확히 정의함으로써 초기 단계에서 결함 가능성을 줄였다. 검사 시스템을 자동화하고 구매 품질 데이터를 통합 관리해, 부품 수급 시 불량률을 줄이고 최종 제품의 품질 안정성을 확보했다. 이는 구매 단계에서의 개선이 제품 불량률 감소로 이어진 대표적 사례이다.

보잉은 구매 프로세스를 최적화하여 787 드림라이너 생산 비용 절감에 성공했다. 주요 공급업체를 통합 관리하고, 협력사와 실시간으로 수요 데이터를 공유하여 자재 과잉 및 낭비를 최소화했다. 또한 구매 단계에서 고효율 경량 소재를 조기에 확보해 생산성을 높이고 조립 공정을 단순화했다. 이를 통해 공급망 전반의 비용을 절감하고 납기와 품질을 동시에 개선함으로써 구매 프로세스가 비용 절감에 중요한 역할을 했음을 입증했다.

보잉은 공급업체를 선정할 때 품질 관리 능력, 생산 공정의 안정성, 관련 규정 준수 여부를 철저히 평가한다. 예를 들어, 항공기 부품 공급업체는 국제 품질 표준인 AS9100을 반드시 준수해야 하며, 초도 샘플을 통한 성능 검증과 시설 점검이 필수적으로 이루어진다. 이를 통해 보잉은 고품질 부품을 안정적으로 공급받아 생산 차질이나 품질 문제를 사전에 방지할 수 있다.

또한 보잉은 SQIP(Supplier Quality Improvement Program)를 운영하여 공급업체의 품질 개선을 적극 지원하고, 정기적으로 품질 성과를 평가한다. 불량률이 높은 공급업체에는 전문가를 파견해 문제를 분석하고 개선 방안을 도입하도록 돕는다. 그 결과 공급업체의 자체 품질 관리 능력이 향상되고 제품 결함률이 감소한다.

첨단 디지털 도구와 데이터 분석 기술로 공급망의 모든 단계를 실시간으로 모니터링해 공급망 가시성을 확보한 것도 중요하다. 예를 들어, 디지털 트윈 기술을 통해 공급업체의 생산 공정 데이터를 시뮬레이션하여 잠재적 문제를 사전에 감지하고 대응해 리스크를 대폭 줄인다.

보잉은 전 세계 공급업체에 동일한 품질 표준을 적용하며, 정기적인 교육과 워크숍을 통해 이를 공유한다. '골드 케어 프로그램(Gold Care Program)'이라는 교육 프로그램을 운영하여, 품질 문제 발생 시의 표준화된 대응 방법을 공급업체와 공유해 글로벌 공급망 내에서 일관된 품질을 유지하고 협업을 강화한다.

공급업체를 단순 거래처가 아닌 장기적인 협력 관계의 축으로 여기며, 주요 부품 공급업체와 장기 계약을 체결하고 신기술 도입 및 생산 효율화를 위한 투자를 지원한다. 이를 통해 공급업체의 안정적 운영과 품질 개선을 유도한다.

또한 공급업체의 성과 데이터를 지속적으로 수집·분석하여 품질 관리의 기반으로 활용한다. '공급업체 성과 측정(Supplier Performance Measurement)' 시스템을 통해 각 공급업체의 품질, 납기 준수율, 성과 개선 수준을 객관적으로 평가하며, 데이터 기반 의사결정으로 공급업체 성과를 체계적으로 관리하고 개선 방향을 제시한다.

신규 부품이나 신규 공급업체 도입 시에는 FAI(First Article Inspection, 초기 품질 관리) 절차를 통해 제품이 설계 요구사항을 충족하는지 엄격히 확인한다. 예를 들어, 보잉 787 드림라이너 프로젝트에서는 신규 복합 소재 부품의 초기 검사를 통해 생산 시 발생할 수 있는 문제를 사전에 방지하여 비용과 시간을 절감했다.

마지막으로, 보잉은 품질뿐만 아니라 공급업체의 환경 지속 가능성과 윤리적 경영 여부도 평가 요소에 포함한다. 환경 규제 준수 여부와 윤리적 노동 관행을 점검하며, 이를 충족하지 못하는 경우 공급업체 등록을 제한함으로써 지속 가능한 공급망을 구축하고 브랜드 가치를 제고한다.

이러한 성공 요인을 통해 보잉은 품질 관리가 단순한 비용 통제 수단이 아니라 공급망 전체의 지속적인 협력과 혁신을 통해 성과를 극대화하는 전략임을 보여준다.

핵심 교훈

　보잉의 성공 비결은 초기 단계부터 품질을 철저히 관리하고, 데이터와 기술을 활용해 공급망의 가시성을 확보하며, 공급업체와 협력 관계를 구축하는 것이다. 이를 바탕으로 보잉은 설계 단계부터 주요 협력 업체를 참여시키는 공동 개발 체계를 수립했고, 공급사의 품질 역량을 사전에 철저히 평가하고 품질 기준 준수를 보장하기 위한 통합 관리 시스템을 도입했다.

　또한 디지털 플랫폼을 통한 실시간 품질 데이터 공유, 현장에 파견된 품질 엔지니어(SQE)의 활동 등을 통해 정보의 단절과 책임의 분절을 실질적으로 해소했다. 협력사 간 설계 변경이나 품질 정보가 제때 공유되지 않아 부품의 불일치나 일정 지연이 발생하거나, 부품 개발이 제각각 진행되거나 품질 기준이 서로 달라지는 일을 철저히 방지한다.

　표준화된 품질 기준과 지속적인 개선 노력은 품질 유지와 경쟁력 강화를 가능하게 한다. 윤리적이고 지속 가능한 품질 관리는 브랜드 신뢰도와 장기적 가치를 높이는 데 필수적이다. 품질 관리의 핵심은 체계적인 접근을 통해 리스크를 최소화하고, 운영 효율을 극대화하는 데 있다.

　이러한 일련의 혁신으로 보잉은 글로벌 공급망 내에서의 신뢰성과 품질 일관성을 확보하고, 복잡한 다국적 프로젝트에서도 안정적인 품질 체계를 유지할 수 있는 토대를 마련했다.

05
지멘스에서 배우는 생산 품질

지멘스(Siemens)는 독일을 대표하는 글로벌 기술 기업으로, 생산 품질의 우수성을 바탕으로 산업 자동화, 디지털화, 에너지 관리, 스마트 인프라 및 의료기기 분야에서 혁신적인 솔루션을 제공한다. 지멘스는 첨단 디지털 기술과 AI 기반의 스마트 제조 공정을 통해 높은 품질 표준을 유지하며, 효율성과 신뢰성을 겸비한 제품을 생산한다. 또한 지속가능한 생산 기술과 철저한 품질 관리를 통해 고객 만족도를 극대화하며, 전 세계 산업의 디지털 전환을 선도하는 기업으로 자리매김하고 있다.

지멘스는 글로벌 생산 품질 관리를 위해 생산 현장과 부서 간 발생하는 단절과 분절 문제를 해결하는 데 집중했다. 먼저, 전사 차원의 통합 품질 관리 시스템(Quality Management System, QMS)을 도입하여 설계, 생산, 품질 검사, 구매 등 다양한 부서와 현장 간에 품질 정보를 실시간으로 공유할 수 있는 디지털 플랫폼을 구축했다. 이 플랫폼을 통해 생산 공정 데이터와 품질 검사 결과를 중앙에서 관리하면서 품질 문제 발생 시 신속한 원인 분석과 대응이 가능해졌다.

지멘스는 기존에 부서별로 분리되어 있던 업무 구조를 개선하기 위해 설계, 생산, 품질, 구매 부서가 함께 참여하는 교차기능팀을 조직했다. 이 팀은 제품 기획 단계부터 생산 후 품질 관리까지 전 과정을 공동으로 책임지며 협업 문화를 강화하여, 각 부서 간의 단절을 줄이고 의사소통을 원활하게 했다. 이를 통해 설계 변경 사항이 신속하게 생산 현장에 반영되고, 책임 소재가 명확해져 품질 문제 발생 시 즉각적인 대응이 가능해졌다.

또한 지멘스는 전사적인 품질 표준과 작업 절차를 정립하고 이를 철저히 준수하는 문화를 조성했다. 표준 작업 지침(Standard Operating Procedure, SOP)을 마련하고 정기적인 교육과 내부 감사를 통해 생산 공정의 편차를 최소화함으로써 품질 관리 요소 간의 단절을 해소했다. 더불어 비부가가치 활동을 분석하고 제거하는 프로세스 최적화를 통해 품질 문제 발생의 근본 원인을 줄이는 데 주력했다.

협력업체와도 긴밀한 관계를 구축해 공급망 품질 관리를 강화했다. 공급사 품질 엔지니어를 현장에 파견하여 직접 점검과 교육을 실시하고, 문제 발생 시 개선 활동을 함께 신속하게 추진함으로써 외부 공급 품질에서 발생할 수 있는 단절 문제를 최소화했다. 이러한 통합적 품질 관리와 협업 노력은 생산 현장의 품질 일관성을 확보하고 고객 신뢰를 높이는 데 결정적인 역할을 했다.

지멘스는 자동화 기술과 IoT 기반 데이터 분석을 통해 생산 공정을 최적화하고 일관된 품질을 유지하는 스마트팩토리를 구현했다. 대표적으로 암베르크 공장은 75,000개 이상의 센서로 실시간 수집한 기계, 공정, 작업자, 부품 등의 데이터를 AI 분석 플랫폼과 연동하여 불량을 예측하고 공정을 최적화한 덕분에 99.99885%의 생산 정밀도를 달성해 전 세계 스마트팩토리의 모범 사례로 자리 잡았다.

전사 차원의 통합 품질 관리 시스템과 디지털 플랫폼으로 각국에 분산된 생산기지와 협력사 간 품질 데이터를 실시간으로 연동해 설계부터 생산, 구매에 이르는 전 부서가 중앙 시스템에서 품질 정보를 공유함으로써 정보 단절 문제를 해결했다. 암베르크 공장에서는 제품별 제조 이력을 자동 기록해 품질 편차를 즉시 감지하고 작업자보다 먼저 문제를 식별해 조치를 유도한다.

지멘스는 설계·생산·품질·구매 부서가 함께 참여하는 교차기능팀을 운영해 각 단계에서 의사결정을 공동으로 수행하고, 품질 문제에 신속하게 대응하며 책임을 공유하도록 했다. 디지털 자동화 제품 개발 시 R&D, 제조, 품질 팀이 초기 설계 단계부터 협력해 조립이 어려운 부분을 사전에 개선하고 생산 공정을 조정함으로써 사후 품질 수정 비용을 30% 이상 절감하는 성과를 거두었다.

또한 글로벌 생산 네트워크 전반에 걸쳐 표준 작업 지침과 품질 기준을 통일하고 정기 교육 및 감사를 통해 표준 준수를 강화했다. 베를린 공장에서는 부품 검사 프로세스를 분석해 불필요한 검사 단계를 제거하고 자동화 검사 장비를 도입하여 검사 리드타임을 25% 단축하고 오류율을 크게 줄였다.

지멘스는 외부 협력업체 품질의 중요성을 인식하고 협력사를 품질 공동 관리 파트너로서 대했다. 공급사 품질 엔지니어(SQE)를 파견해 실시간 품질 데이터를 공유하고 품질 감사 활동을 강화했으며, 인도와 중국의 부품 공급사에서는 현지 전문가가 직접 문제 공정을 분석하고 개선안을 마련해 불량률을 40% 이상 낮추고 납기 지연도 크게 줄였다.

이러한 요소들은 지멘스가 전 세계 제조 품질 우수성을 인정받고 산업 혁신을 선도하는 데 크게 기여하고 있다.

핵심 교훈

　지멘스로부터 얻을 수 있는 핵심 교훈은 디지털 기술과 데이터를 활용해 생산 품질의 우수성을 한층 더 높일 수 있다는 점이다. 지멘스는 공정과 공정 사이, 부서와 부서 사이의 정보 흐름이 끊기면 품질 문제의 원인을 빠르게 파악하거나 사전에 대응할 수 없음을 인식하고, 통합 품질 관리 시스템과 IoT 센서, AI 기반 분석 시스템 등을 활용해 생산의 전 과정을 디지털로 연결했다. 이로써 설계 변경, 생산 이상, 품질 편차 등이 실시간으로 연동돼 즉각적인 조치가 가능해졌다. 공정 사이의 단절을 효과적으로 해소한 것이다. 또한 자동화된 프로세스와 스마트팩토리 구현을 통해 높은 품질 기준을 유지하며 생산성과 고객 신뢰를 동시에 확보하고 있다. 지속 가능한 제조 공정을 도입해 품질을 향상하는 동시에 환경 보호와 비용 절감까지 실현한다.

　지멘스는 스마트팩토리를 통해 생산 공정에서의 단절과 분절을 철저히 제거한다. 예를 들어, 설비 간 데이터가 연동되지 않아 생산 흐름이 끊기거나(단절), 공정별 시스템이 따로 운영되어 전체 최적화가 어려운 상황(분절)을 통합된 디지털 시스템과 실시간 데이터 기반 제어로 해결한다.

　품질은 단지 훌륭한 설계나 생산 기술만으로 완성되지 않는다. '정보의 연결성과 조직 간 협업의 통합성'이 함께 확보될 때 진정한 경쟁력을 갖출 수 있다는 점에서 지멘스는 단절과 분절 없는 Quality Chain 경영의 대표적 성공 모델이라 할 수 있다.

06
세븐일레븐에서 배우는 물류·유통 품질

세븐일레븐은 일본에 본사를 둔 글로벌 편의점 브랜드로, 혁신적인 물류 시스템과 고객 중심 서비스를 통해 신선하고 다양한 상품을 제공하며, 세계 편의점 시장을 선도하고 있다. 매장, 창고, 물류센터, 본부 사이의 정보 단절과 기능 분절로 인해 공급 지연, 재고 누락, 품질 저하 등의 문제가 빈번하게 발생하던 과거 물류 시스템을 개선하기 위해 물류 및 유통 전반에 걸쳐 실시간 연결성과 통합 운영 체계를 구축했다. 특히 도요타 생산 시스템(TPS)을 도입하여 운영 효율성을 극대화하고, 매장 및 공급망 관리에서 혁신을 이뤘다. JIT(Just-In-Time) 방식, 데이터 기반 의사결정, 린(Lean) 프로세스 등을 통해 낭비를 줄이며 고객 만족과 매장 경쟁력을 강화했다.

각 매장의 POS 시스템 데이터를 본사와 물류센터가 실시간으로 공유할 수 있는 전자 데이터 교환(Electronic Data Interchange, EDI) 시스템을 도입하고, 재고 수준 및 판매 데이터를 기반으로 자동 발주 및 물류 배치 최적화를 이뤘다. 이를 통해 매장별 수요 예측의 정확도가 향상되었고, 공급 지연이나 누락 등 정보 단절 문제가 크게 줄어들었다.

세븐일레븐은 물류·유통 단계에서 주목할 만한 성공 사례들을 축적해 왔다.

먼저 물류·유통 단계에서 실시간 재고 관리와 데이터 기반 물류 시스템을 도입해 제품 불량률을 효과적으로 줄였다. 신선 식품 유통 과정에서 온도 모니터링 기술을 활용해 운송 중 품질 저하를 방지했으며, 자동화된 재고 보충 시스템으로 재고 부족 또는 과잉 문제를 해결했다. 이처럼 유통 프로세스를 전반적으로 개선함으로써 유통 중 발생하는 손실을 최소화하고, 고객에게 더욱 신선한 제품을 제공할 수 있었다.

세븐일레븐은 물류·유통 과정에서 JIT 시스템을 적용해 운영 비용 절감을 실현했다. 중앙 물류센터를 통해 공급망을 통합 관리하고, 물류 경로 최적화를 통해 배송 효율을 높였다. IoT 기술로 차량의 위치와 운송 상태를 실시간으로 추적해 물류 낭비를 줄였다. 이러한 프로세스 최적화를 통해 물류비를 절감하고 매장 운영의 전반적인 비용 효율을 높였다.

일본 세븐일레븐은 매장 POS 데이터를 30분 단위로 실시간 수집해 본사, 물류센터, 공급업체와 연계함으로써 수요 예측 정확도를 높이고 재고 과잉과 부족을 예방한다. 이를 통해 공급망 전반이 하나의 품질 흐름으로 작동하며, 유통기한이 짧은 식품도 품질 저하 없이 신속하게 공급된다. 물류 과정에서는 WMS, TMS, EDI 시스템을 통합한 스마트 물류 플랫폼을 운영하여 창고, 차량, 매장의 위치와 온도, 배송 상태를 실시간 공유해 냉장 및 신선 식품 품질을 전 과정에서 유지한다.

물류 기사와 점주 등 현장 인력을 품질 관리 주체로 참여시키고, 문제 발생 시 신속히 보고하도록 하여 품질 대응 체계를 통합했다. 물류 기사 전용 앱을 통해 파손, 불량, 배송 지연 등의 정보를 실시간으로 공유하며 본부 차원에서 즉각적인 원인 분석과 재발 방지 조치를 시행한다. 24시간 연중무휴 운영 체계를 구축한 덕분에 폭설이나 재해 시에도 대체 물류 거점을 활용해 2시간 내 긴급 배송이 가능하므로 품절 없이 점포 품질을 유지한다.

　세븐일레븐은 점포를 소규모 생산 현장으로 보고 TPS 원리를 적용해 낭비를 줄이고, 표준화된 작업 프로세스와 자율적 문제 해결 체계를 통해 품질의 일관성을 확보한다. 도시락 조리, 진열, 발주 업무를 표준화해 고객 만족도와 운영 효율을 동시에 높였다. 마지막으로 점포별 품질 지표와 문제 상황을 시각화한 요약도를 통해 직원들이 스스로 문제를 인식하고 개선 활동에 참여하도록 유도함으로써 현장 중심의 품질 문화와 자율적 개선 역량을 강화하고 있다.

　이러한 요소들은 세븐일레븐이 글로벌 편의점 시장에서 성공적으로 자리 잡는 데 중요한 역할을 했다.

핵심 교훈

　세븐일레븐 사례는 TPS를 점포 운영에 적용해 업무 효율화, 재고 최적화, 고객 만족, 직원 참여 강화 등 운영 경쟁력을 높일 수 있음을 보여준다. 나아가 데이터 기반 경영의 중요성과 함께 '품질은 최종 결과가 아니라, 연결된 과정의 총합이며, 모든 연결고리가 끊김 없이 작동해야 진정한 고객 만족이 실현된다'는 사실을 입증한다.

　특히 세븐일레븐은 매장 POS 데이터와 본사·물류센터를 연계한 실시간 공급망 시스템으로 정보의 단절을 해소하고, 유통 단계에서도 품질 관리가 가능한 구조를 만들었다. 점포 운영에 TPS 개념을 도입하고, 적요도와 같은 시각적 도구를 통해 현장 스스로 문제를 인식하고 개선할 수 있도록 한 노력은 '현장이 곧 품질 주체'라는 강력한 메시지를 던진다.

　또한 물류 기사와 창고 인력을 단순한 전달자가 아닌 '품질 공동 책임자'로 대우하며, 유통 전 과정에서 품질 의식이 흐르도록 한 점은 분절 없는 조직 문화를 위한 모범 사례로 볼 수 있다.

결국 세븐일레븐의 물류·유통 품질 혁신은 단순한 시스템 연결을 넘어 사람과 정보, 프로세스가 일관되게 연동된 품질 문화를 형성하는 것이 중요함을 보여주는 대표 사례이며, 이는 모든 산업의 Quality Chain 경영 실천에 깊은 시사점을 제공한다.

07
현대자동차에서 배우는 고객 품질

현대자동차는 고객 품질을 최우선 가치로 삼아 설계부터 생산, 판매, A/S까지 전 과정에서 품질을 철저히 관리하는 Quality Chain 경영을 구현했다. 특히 고객 경험에 직접 영향을 미치는 '고객 품질'을 강화하기 위해 품질 문제의 조기 발견과 신속 대응, 고객 피드백 체계 고도화에 집중했다.

이 과정에서 고객 중심 품질 관리 시스템과 빅데이터 기반의 품질 예측 시스템을 활용해, 고객 불만 및 품질 문제를 사전에 예방하고 신속히 처리함으로써 고객 만족도를 크게 향상했다. 또한 딜러사와 정비사 대상 교육 강화 및 품질 표준 매뉴얼 공유를 통해 A/S 품질을 균일하게 유지했다.

이러한 전사적인 품질 관리 노력과 고객 중심의 실천 문화를 기반으로, 현대자동차는 글로벌 시장에서 '품질 혁신'의 이미지를 성공적으로 구축할 수 있었다.

특히 현대자동차는 고객 서비스와 지원 체계를 통해 위기 상황에서도 안정적인 수익을 유지하며 시장을 확장할 수 있음을 입증했다. 친환경 차나 전기차 구매자 대상 맞춤형 지원 프로그램과 충전 인프라 확충으로 새로운 고객층을 유치한 것이 한 예다. 글로벌 시장에서도 현지화된 VOC 관리와 고객 지원 시스템을 도입해 지역별 고객 만족도를 높이고 신뢰를 쌓았다.

현대자동차는 고객 불만과 품질 이슈를 실시간으로 모니터링하는 통합 품질 관리 시스템을 구축하여, 고객과 생산 현장의 데이터를 연계해 문제 발생 시 신속하게 대응할 수 있도록 지원하고 있다. 전국 서비스망과 생산 라인에서 수집되는 품질 데이터를 한 곳에서 관리하며, 특정 차량이나 부품에서 문제가 발견되면 즉시 관련 부서에 알림이 전달되어 빠른 조치가 이루어진다.

빅데이터와 AI 기술을 활용해 차량 운행 데이터와 고객 피드백을 분석함으로써 잠재적 품질 문제를 사전에 예측하고 예방하는 체계도 갖추었다. 텔레매틱스 데이터를 통해 특정 부품의 이상 징후를 조기에 감지하고 무상 점검 및 리콜 절차를 신속히 진행해 대규모 품질 문제 발생을 미연에 방지하고 있다.

서비스 품질의 균일성을 위해 전국 딜러와 정비사를 대상으로 체계적인 교육 프로그램을 운영하며, 품질 표준과 고객 응대 매뉴얼을 공유한다. 온라인 학습 플랫폼과 정기적인 오프라인 교육을 통해 어디서나 균일한 품질의 서비스를 제공함으로써 고객 만족도를 꾸준히 높이고 있다.

현대자동차는 VOC 데이터를 중심으로 고객의 요구를 반영하고 지속적으로 개선하여 제품 품질, 서비스, 브랜드 신뢰도를 성공적으로 강화하고, 글로벌 시장에서 경쟁 우위를 유지하며 성장하고 있다.

고객의 목소리를 폭넓게 수집하기 위해 모바일 앱, 콜센터, 홈페이지 등 다양한 VOC 채널을 운영하며, 접수된 데이터를 실시간으로 전사에 공유하고 불만 유형별로 분류해 각 담당 부서가 즉각 대응하도록 하는 체계를 마련했다. VOC 전담 조직은 고객 불만을 체계적으로 분석하고 분기별로 주요 문제점과 개선 과제를 경영진에 보고해 신속한 의사결정과 실행을 지원한다.

서비스센터에서 수집한 차량 고장 및 고객 불만 정보는 실시간으로 관련 부서에 전달되어, 원인 분석 및 개선 조치를 신속히 수행한 후 결과를 다시 서비스센터와 공유한다. 이를 통해 문제 해결 속도와 정확도를 높였다.

NTF(Not To Find) 규명 활동을 전개하여 불량 발생 시 서비스센터에서 반드시 원인을 밝힐 뿐 아니라, 고객이 차량을 사용하는 동안 겪을 수 있는 잠재적인 문제를 예측하고 사전에 해결책을 마련한다. 이는 고객 불만을 최소화하고 품질을 향상하는 예방적 품질 관리 활동으로, 고객이 문제를 인지하기 전에 또는 문제를 경험하기 전에 해결하는 선제적인 품질 보증 체계이다.

또한 디지털 플랫폼으로 고객 지원 및 유지보수를 강화하고 운영 효율성을 높여 고객 경험 향상과 비용 절감을 동시에 실현했다.

핵심 교훈

현대자동차는 고객 중심의 전사적 품질 관리 시스템과 고객의 목소리(VOC)를 경영 전반에 적극 반영하는 문화가 품질 혁신의 근간임을 보여주었다. 차량 설계부터 생산, 판매, A/S에 이르기까지 전 과정이 유기적으로 연결되어야만 고객이 체감하는 품질이 완성된다. 특히 빅데이터와 AI 기술을 활용한 품질 예측과 문제 조기 대응, 딜러와 정비사 대상의 체계적인 교육을 통해 서비스 품질을 균일하게 유지하는 것이 중요하다. 또한 다양한 VOC 채널을 통해 고객 의견을 신속히 수집·분석하고, 이를 전담 조직이 체계적으로 관리하여 개선에 반영하는 것은 고객 신뢰를 높이는 핵심적인 기반이 된다.

현대자동차는 고객의 소리를 단절하거나 분절하지 않기 위해 서비스센터, 콜센터, 온라인 채널 등 다양한 경로로 수집한 고객 의견을 통합 시스템에 연동하고 이를 품질·설계·생산 등 관련 부서에 실시간으로 전달한다. 이를 통해 원인 분석 및 개선 조치를 신속히 수행하고 그 결과를 다시 고객 응대 부서에 공유해 일관된 대응이 가능하도록 했다.

끝으로, 최고경영진의 강력한 리더십과 전 직원으로의 품질 책임 의식 확산이 지속 가능한 품질 경쟁력을 확보하는 데 결정적인 역할을 한다는 점이 현대자동차의 고객 품질 경영이 주는 가장 중요한 교훈이다.

08
시사점: 선도기업의 Quality Chain 경쟁력

앞에서 소개한 기획 품질, 설계 품질, 구매 품질, 생산 품질, 물류 및 유통 품질, 고객 품질 등 Quality Chain 경영의 각 부문에서 우수한 역량을 보유한 기업은 전체 프로세스를 통합적으로 운영함으로써 전체 경쟁력을 극대화하고 있다.

다음과 같이 단계별 주요 시사점을 정리할 수 있다.

첫 번째, 기획 품질 단계에서는 시장과 고객의 요구를 정확히 반영하여 명확한 품질 목표를 설정하는 것이 중요하다. 초기 기획에서부터 전사적 협업과 원활한 의사소통이 이루어져야 Quality Chain의 단절을 방지하고 경쟁력을 높일 수 있다. 따라서 전략적 기획력과 내·외부 이해관계자 간 긴밀한 협력이 차별화된 핵심 역량으로 작용한다.

두 번째, 설계 품질 단계에서는 다학제적 협업ⓒ과 디지털 설계 도구, 표준화된 프로세스를 통해 혁신적이고 견고한 설계를 완성하는 것이 필수적이다. 이는 이후 생산과 구매 단계에서 발생할 수 있는 품질 문제를 사전에 예방하는 기반이 된다. 설계 역량과 첨단 시뮬레이션 기술 활용은 경쟁력 확보의 핵심 요소이다.

ⓒ 다학제적 협업(Multidisciplinary Collaboration): 여러 분야의 전문가들이 각자의 전문 지식과 기술을 활용하여 공동으로 문제를 해결하는 협력 방식.

세 번째, 구매 품질 단계에서는 우수 공급업체 선정과 긴밀한 협력 관계 구축, 공급망 전반의 투명한 품질 관리가 중요하다. 신뢰를 바탕으로 한 공급업체와의 협력과 품질 개선 활동의 공동 추진이 구매 품질을 차별화하는 데 결정적인 역할을 한다.

네 번째, 생산 품질은 스마트팩토리와 자동화 기술을 적극 도입하는 동시에, 현장 직원들의 품질 의식과 문제 해결 역량이 균형을 이루어야 한다. 실시간 데이터 모니터링과 즉각적인 개선 문화 정착이 생산 품질 경쟁력을 높이는 핵심이다.

다섯 번째, 물류 및 유통 품질은 제품이 고객에게 전달되는 마지막 단계로, 단절 없는 프로세스 운영과 정보의 실시간 공유가 필수적이다. 통합 물류 관리 시스템과 현장 중심의 문제 인식 및 신속한 개선 활동을 통해 고객 신뢰를 확보할 수 있다.

마지막으로 고객 품질은 고객의 목소리를 다양한 채널로 체계적으로 수집·분석하여 전사 품질 개선에 적극 반영하는 것이 중요하다. VOC 기반의 신속 대응 체계와 고객 중심의 품질 문화, 그리고 최고 경영진의 강력한 리더십은 고객 만족과 충성도를 높이는 결정적 요인이다.

종합하면, 각 단계별로 특화된 역량을 확보하는 것뿐만 아니라, 이를 끊김 없이 연결해 유기적인 통합 Quality Chain을 형성하는 것이 진정한 경쟁력의 원천이다. 전 과정이 협력하여 고객에게 일관되고 신뢰성 높은 품질을 제공하는 체계가 바로 현대적 Quality Chain 경영의 핵심이다.

Quality Chain 경영의 5가지 핵심 실행 요소

업무 흐름의 표준화 및 최적화: Process

일관된 기준과 절차 수립: Rule & Policy

조직 구조와 역할·책임 명확화: 조직 및 R&R

정보 연계 및 자동화를 통한 품질 관리·추적: System

성과 지표 기반의 모니터링과 개선: Performance Measure

IV

Quality Chain
경영 실행 체계

01
Quality Chain 경영의 5가지 핵심 실행 요소

Quality Chain 경영을 안정적으로 운영하기 위해서는 업무 흐름의 표준화와 최적화(Process), 일관된 기준과 절차 수립(Rule & Policy), 역할과 책임의 명확화(조직 및 R&R), 정보 연계 및 자동화를 통한 품질 관리·추적(System), 성과 지표 기반의 모니터링과 개선(Performance Measure) 등 다섯 가지 요소를 균형적·종합적으로 고려해야 한다. 이들 요소는 서로 유기적으로 작용하여 품질의 흐름을 유지하고, 문제를 사전에 차단하며, 지속 가능한 품질 개선을 실현한다.

이 다섯 가지 요소는 전사적 관점에서 프로세스 개선의 핵심 프레임워크를 구성한다.

Process는 '무엇을 해야 하는가'에 대한 본질을 다루고, Rule & Policy는 '어떻게 해야 하는가'에 대한 기준을 제시하며, System은 이를 효율적으로 실행하게 해주는 도구이다. 조직 및 R&R은 '어느 조직에서 누가 무엇을 하는가'를 정의하여 책임과 권한을 정립하고, Performance Measure는 그 결과를 측정하여 지속적인 개선을 가능하게 한다.

업무 흐름의 표준화 및 최적화(Process)

품질은 '업무 수행 방식'에서 비롯되며, 프로세스는 그 수행 경로를 정의한다. 프로세스가 표준화되어 있지 않거나, 단계 간 연결이 단절

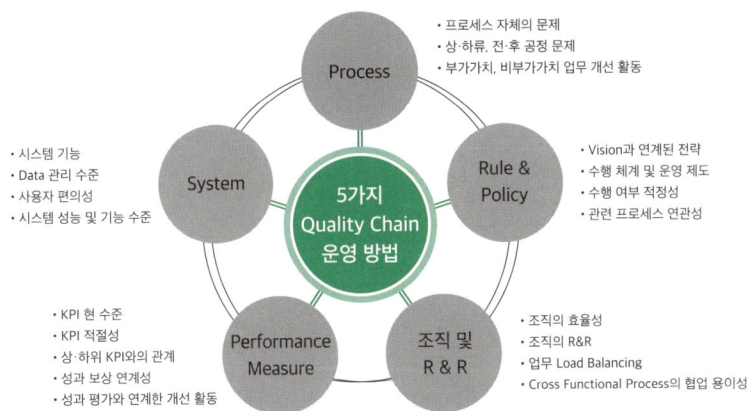

5가지 Quality Chain 경영의 실행 체계

되면 품질이 일정하게 유지되지 않는다. Quality Chain 경영 관점에서 일관되고 예측 가능한 품질을 위해 모든 부서와 단계 간에 체계적인 업무 흐름이 형성되어야 한다.

일관된 기준과 절차 수립(Rule & Policy)

프로세스 수행 시 판단 기준이 없으면 사람마다 다르게 해석하여 오류가 발생할 수 있다. 즉 Rule이 명확해야 품질을 균일하게 유지할 수 있다. Quality Chain 경영 관점에서 정책과 규정은 프로세스 수행의 신뢰성과 일관성을 높이는 '기준점' 역할을 하며, 품질을 보장하는 절차적 안전망이 된다.

조직 구조와 역할·책임 명확화(조직 및 R&R)

책임자가 불분명하거나 협업 구조가 명확하지 않으면 문제 발생 시 책임 전가나 품질 미흡이 발생한다. Quality Chain 경영 관점에서 각 부서와 구성원의 역할과 책임이 명확해야 프로세스가 끊기지 않고 연결된다.

정보 연계 및 자동화를 통한 품질 관리·추적(System)

수작업이나 단절된 IT 시스템으로 인한 데이터 오류와 정보 누락은 품질 추적 불가, 프로세스 지연, 병목 현상 등으로 이어질 수 있다. 이러한 시스템 미비는 전체 품질 관리 체계에 구조적 취약성을 발생시킨다. Quality Chain 경영 관점에서 시스템은 프로세스를 자동화하고 데이터 흐름을 유기적으로 연결하여 품질 데이터의 축적과 분석을 가능하게 하는 핵심 기반이다.

성과 지표 기반의 모니터링과 개선(Performance Measure)

성과 지표 기반의 모니터링과 개선이란 조직의 목표를 달성하기 위해 핵심 성과 지표(KPI)와 같은 정량적 기준을 설정하고, 이를 지속적으로 측정·분석하여 문제를 조기에 발견하고 개선하는 관리 방식이다. 먼저 조직의 전략과 일치하는 성과 지표를 설정한 뒤, 주기적으로 데이터를 수집하고 대시보드나 리포트를 통해 성과를 모니터링한다. 이후 지표의 변화나 목표 미달 원인을 분석하고, 프로세스 개선, 자원 재배치, 전략 조정 등의 조치를 통해 성과를 향상시킨다. 이러한 활동은 PDCA(Plan-Do-Check-Act) 사이클을 통해 반복되며, 이를 통해 조직은 목표 달성도와 효율성을 높이고 지속적으로 개선하는 문화를 정착시킬 수 있다.

측정하지 않는 것은 개선할 수 없다. 품질 관련 성과 지표가 없다면 문제의 인식조차 불가능하다. Quality Chain 경영 관점에서는 지속적인 품질 개선을 위한 지표 기반 모니터링이 필요하다.

이 다섯 가지 요소는 각각 독립적으로 존재하지만 서로 긴밀하게 연결되어 있어 하나라도 소홀히 하면 전반적인 개선 효과가 저하될 수 있다.

분석한다. 이때 전체 업무 활동은 다음의 세 가지 유형으로 구분된다. 첫 번째는 고객이 원하고 결과에 변화를 주는 부가가치 활동(Value Add, VA)으로, 예를 들어 제품 조립이 있다. 두 번째는 법규 준수 등 반드시 수행해야 하는 필수 비부가가치 활동(Business Non-Value Add, BNVA)으로, 자동차 안전검사가 이에 해당한다. 세 번째는 낭비 요소로 간주되어 제거 대상이 되는 비부가가치 활동(Non Value Add, NVA)으로, 중복 검사나 불필요한 문서 작성이 대표적이다.

이러한 분류를 통해 불필요한 활동은 제거하고, 고객 가치를 창출하는 핵심 활동에 집중하는 것이다. 품질 검사 과정에서 중복으로 이루어지던 이중 검사를 내부 고객인 생산팀과의 협의로 1차 검사 한 가지로 통합해, 전체 처리 시간을 약 20%를 단축한 것이 한 예다. 이처럼 단계별 분석과 고객 관점의 세심한 조율을 통해 업무 효율성과 품질 향상을 동시에 달성할 수 있다.

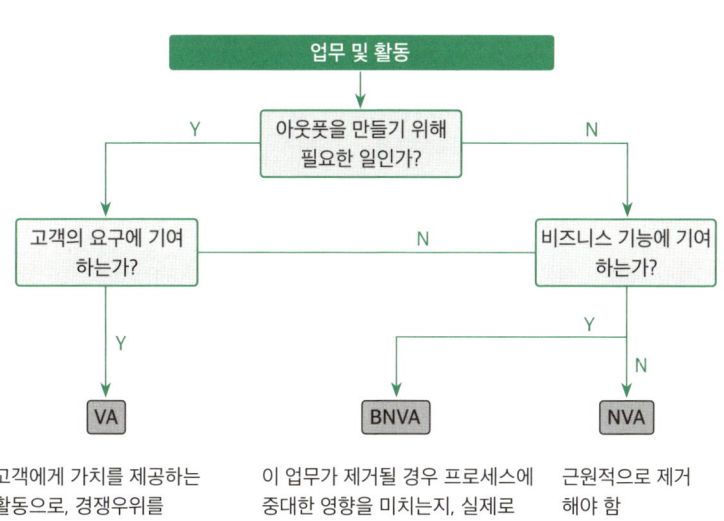

부가가치 분석 구조도

비부가가치 활동 제거

비부가가치 활동 제거(Elimination of Non-Value Activities)란 Quality Chain을 따라 전달되는 품질 흐름에서 고객에게 가치를 주지는 못하면서 자원만 소비하는 낭비를 식별해 제거하는 개선 활동이다.

업무 프로세스의 효율성을 높이기 위해 우선 각 단계에서 발생하는 비효율, 지연, 불필요한 절차를 면밀히 파악하는 작업을 수행한다. 이 과정에서는 대기, 이동, 과잉, 재작업 등 린(Lean)의 7대 낭비 기준을 바탕으로 다양한 낭비 요소들을 분석한다. 이렇게 발견된 낭비 요소들은 내부 고객과 긴밀히 협력하여 제거하거나, 가능할 경우 자동화를 추진한다. 이를 통해 업무 흐름을 간소화하고 시간과 자원의 낭비를 최소화하는 것이 목표이다.

또한 개선의 효과를 체계적으로 관리하고 측정하기 위해 핵심 성과 지표(KPI)를 설정하여 지속적으로 모니터링한다. 예를 들어, 고객 주문 이후 수작업으로 발주서를 다시 작성하던 절차를 ERP 시스템을 도입하여 자동화함으로써 주문 처리 리드타임을 30% 단축하는 동시에 오류 발생을 완전히 없애는 성과를 이루었다. 이러한 사례는 프로세스 개선이 단순한 시간 절약을 넘어 품질 향상과 고객 만족 증대로 직결될 수 있음을 보여준다.

낭비 개선은 부가가치를 창출하지 않는 활동을 제거하여 효율성을 높이는 과정으로, 대표적인 방법으로 ECRS 원칙(Eliminate, Combine, Rearrange, Simplify)이 활용된다. 먼저 불필요한 작업을 제거(Eliminate)하고, 유사한 공정을 통합(Combine)하며, 작업 순서를 재배열(Rearrange)하고, 복잡한 절차를 단순화(Simplify)한다. 추가로 생산 낭비 개선을 위해 5S(정리·정돈·청소·청결·습관), 표준 작업(Standard Work), 작업 분석(Time and Motion Study), 카이젠(Kaizen) 등도 널리 사용한다. 이들 도구는 현장의 낭비를 시각화하고 체계적으로 제거하는 데 기여한다. 프로세스 낭비는 반복적인 작업을 자동화할 수 있는 업무 자동화 소프트웨어를 통해 줄일 수 있다.

다음은 제품 개발 프로세스의 부가가치 분석 예시이다. 이는 5가지 기준으로 평가하는 부가가치 분석(Value Analysis) 매트릭스이다. 고객 가치 창출 여부, 운영상 가치 창출 여부, 비부가가치 여부, 시간 비효율(반복·재작업 등), 재무 효율성 항목으로 평가하여 부가가치 여부를 평가한다(■: 개선 포인트).

부가가치 여부를 판단하는 기준은 다음과 같다.
① 이 활동은 고객에게 직접적인 가치를 제공하는가?
② 이 활동은 내부 운영에 기여하거나 리스크를 줄이는가?
③ 이 활동은 법적 규제 또는 인증 요건을 충족하기 위한 것인가?

제품 개발 프로세스					
Activity	고객에게 가치 창출	운영상의 가치 창출	비부가가치 활동	시간 비효율(반복·재 작업 등)	재무 효율성
시장 요구사항 조사	■	■			
설계 검토 회의		■	■	■	
사양 문서 작성			■		■
시제품 제작			■		
시험/검증	■		■		■
승인 대기 시간			■	■	■
디자인 검토			■		■

부가가치 분석 매트릭스 예시

④ 이 활동은 중복 또는 재작업으로 인해 발생하는가?
⑤ 이 활동은 자동화되거나 다른 활동과 통합이 가능한가?
⑥ 이 활동은 제품 또는 서비스의 품질에 영향을 미치는가?
⑦ 이 활동을 제거했을 때 프로세스에 문제가 발생하는가?
⑧ 고객은 이 활동에 대해 비용을 지불할 의사가 있는가?
⑨ 이 활동은 투입된 시간과 자원 대비 충분한 효과가 있는가?
⑩ 이 활동은 작업 흐름에서 단절(중단, 대기)을 발생시키는가?
⑪ 이 활동은 다른 작업과 비효율적으로 분절(분리, 분산)되어 있는가?

03
일관된 기준과 절차 수립: Rule & Policy

표준의 중요성

Quality Chain 경영의 핵심 조건은 여러 부서, 여러 프로세스, 여러 공정을 거치는 생산 현장에서의 표준화이다. 생산은 기획 → 설계 → 조달 → 제조 → 검사 → 물류 등 다양한 부서의 연속된 협업으로 이루어진다. 이 과정에서 표준화된 문서·용어·규격이 없으면 부서 간 해석 차이, 커뮤니케이션 오류, 책임 소재 불분명 등이 발생한다. 표준화된 규격(Spec), 프로세스 플로우(Flow), 변경 관리 체계는 부서 간 충돌을 줄이고 업무 연결성을 강화하는 데 필수적이다.

복잡한 공정에서는 작은 오차가 큰 품질 문제로 이어지기 때문에 표준 공정 조건과 작업 방법, 설비 기준을 수립해야 한다. 변경 관리를 통해 변경 이력 추적과 영향 분석, 신속한 대응이 가능하다.

또한 자동화와 디지털화 구현에도 표준화된 데이터가 필수다. 표준화 없이는 시스템 간 통합과 자동화 효율이 떨어진다. 인력이 바뀌더라도 표준화된 작업 기준과 매뉴얼이 있으면 공정 안정성이 유지된다.

Quality Chain 경영은 부서 간 품질 책임을 체계적으로 연결하는 것으로, 표준화는 이를 위한 핵심 수단이다. 한 부서가 표준을 지키지 않으면 Quality Chain이 끊겨 전체 품질 저하와 신뢰 상실로 이어진다.

표준화는 '길잡이'이며, 표준 준수는 그 길을 바르게 따라 걷는 일이다. 이 두 가지가 함께할 때 품질 체계가 견고하게 유지된다.

No Spec, No Work 표준화

표준은 '표준을 완벽하게 준수하고, 불량이 나오면 표준을 다시 점검해 수정하는 사이클을 반복하다 보면 언젠가는 완전한 품질에 도달한다'는 믿음에 기반한다.

표준이란 관련 부서 간의 합의를 바탕으로 작성되고, 승인 부서의 검토를 거쳐 확정된 기준을 말한다. 이는 주어진 범위 내에서 최적 수준을 달성하기 위해 공통적·반복적으로 적용할 수 있도록 정한 규정이다. 즉 누가 몇 번을 반복하더라도 동일한 품질을 확보할 수 있도록 합의한 기준이다.

표준화란 표준을 만들고 준수하는 활동, 즉 표준을 합리적으로 설정하여 이를 체계적·조직적으로 활용하는 행위를 뜻한다.
- 누가 일하더라도 동일한 방법으로 일하게 한다.
- 누가 일하더라도 동일한 결과로 나타난다.
- 누가 일하더라도 최적의 프로세스 운영으로 성과를 극대화한다.

이런 표준화 활동의 대표적인 예로 'No Spec, No Work 표준화'가 있다. 이는 '표준이 없으면 작업도 없다, 표준 없이 일하면 안 된다, 표준은 공장의 법률이다'라는 의미를 담고 있으며, '표준을 지키는 것이 곧 공장을 지키는 것'이라는 표준 준수 사항을 포함한다.

공장에서 표준대로 생산한다는 것은 다음 5가지 원칙을 따른다.
- 표준이 없으면 생산하지 않는다.
- 표준이 있어야 품질이 지켜진다.

- 사람이 바뀌어도 공장은 멈추지 않아야 한다.
- 표준 없이 생산하는 것은 곧 불량을 양산하는 것임을 인식한다.
- No Spec, No Work는 이러한 표준 준수 문화의 핵심이다.

품질 취약 기업과 우수 기업의 표준화 특성

No Spec, No Work 표준화 활동에서는 전사 표준 체계, 분류 기준, 업무 표준화, 기술 표준화, 데이터 표준화 및 변경 관리 활동이 중시된다.

품질 취약 기업들에서는 표준화 활동에서 다음과 같은 문제가 흔히 발생한다.

첫째, 업무 표준과 기술 표준이 혼재되거나 표준 간 위계가 명확하지 않은 등 표준의 분류 기준이 미흡하다.

둘째, 사업장이 여럿이거나 단일 공장에 라인이 여럿인 경우 사업장별, 라인별로 서로 다른 표준을 사용하거나 표준의 내용이 누락되는 경우가 발생한다.

셋째, 실제 업무와 표준 간의 갭이 발생한다. 이는 표준 제정 이후 개정 활동, 변경 관리 및 준수 점검이 미흡하기 때문이다.

반대로 품질 우수 기업은 다음과 같은 특징이 있다.

첫째, 전사 표준 체계와 분류 기준을 명확히 한다. 있는 것과 없는 것이 명확하여 각 사업장을 효과적으로 지원하고 문제를 예방할 수 있다.

둘째, 업무 표준으로 책임과 권한을 명확히 한다. 사람이 바뀌어도 일이 되게 한다. 기술 표준이 잘 정비되어 있어 도면과 실물과 표준이 일치한다. 따라서 문제의 근본 원인 분석이 용이하고, 명확한 의사 전달이 가능하다.

셋째, 품질 표준이 잘 마련되어 있어 고객의 요구사항이 표준에 반영된다. 문제 발생 시 표준을 근거로 검토하여 고객과 회사 모두에 이익이 되도록 노력한다.

표준화 추진의 핵심 요소

No Spec, No Work 표준화의 실질적 추진에서는 고유 표준 체계 완성, 표준 준수 문화 실현, 강력한 변경 관리 운영, 표준 준수 동기 부여를 위한 평가 체계 구축 등 네 가지 요소가 핵심이다.

1. 기업 특성에 맞는 고유 표준 체계 완성

표준 관리 체계를 자사 고유의 체계로 적용하고 균일 품질 수준 유지를 위해 4M+1E별 표준 종류, 수준 및 범위를 결정한다. 회사 전 부서의 업무 및 기술을 표준화한다. '왜 이 작업을 하는가'라는 목적을 중심으로 표준을 구성하고, 각 표준 간 연계성을 확보한다. 이를 통해 제품 생산에 실질적으로 기여하는 표준화 활동을 추진한다.

2. 표준 준수 문화 실현

최고 경영자의 강력한 의지 표명과 함께 표준화 활동 관련 업무를 최우선으로 진행한다. 필요 표준을 만들고 표준대로 일하고 이를 준수하는지 확인한다. 제조 현장에 표준이 없으면 생산 라인을 중지할 정도로 철저하게 표준을 준수한다. 전 임직원 대상의 품질 의식 교육 및 홍보 활동을 지속적으로 실시한다.

3. 변경 관리 조직 및 체계 구축

표준에 대한 변경이 필요할 때는 사전 변경관리위원회를 통해 표준안을 심의한다. 변경위원회 승인이 없는 경우 No Spec, No Work 원칙을 적용한다.

4. 표준화 관리 지표 개발 및 활용

No Spec, No Work 관리에서는 표준의 완전성을 기반으로, 준수율과 정착률이라는 지표를 설정해 운영한다. 프로세스별, 라인별로 표준 준수도를 진단하고 평가하여 경영층에 보고하고 표준 준수 우수사원에 대해서는 포상하는 동기부여책도 마련한다.

고유 표준 체계 구축

표준 체계란 조직이나 산업에서 사용하는 다양한 표준(품질 매뉴얼, 업무 표준, 기술 표준, 데이터 표준 등)을 종류, 목적, 적용 대상에 따라 체계적으로 분류하고 관리할 수 있도록 만든 구조적인 틀이다. 표준을 일관성 있게 관리하고, 중복을 방지하며, 누락 없이 적용하기 위한 기준인 것이다.

표준 체계는 회사마다 차이는 있지만 각종 품질 매뉴얼을 최상위 레벨에 두고 그 하위에는 업무 표준과 기술 표준을 체계적으로 매칭하여 전체 구조가 상호 연관되도록 구성한다. 이를 통해 각 단계와 요소가 일관되게 연결되며, 상위 표준에서부터 하위 표준으로 자연스럽게 확장된다. 각 하위 레벨은 상위 표준에 의거해 세부적인 업무 흐름과 기술 요구사항을 명확히 규정하고, 이를 통해 품질 관리 체계가 원활히 구현되도록 한다.

품질 매뉴얼

품질 매뉴얼은 조직의 품질 방침, 품질 목표, 품질 경영 시스템의 구조와 운영 방식 등을 공식적으로 문서화한 자료이다. 주로 ISO 9001, IATF 16949, FSSC 22000과 같은 국제 품질 인증을 위한 기반 문서로 활용된다.

업무 표준 정의 및 운영

업무 표준은 조직 내에서 업무를 수행할 때 구성원들이 따라야 할 절차, 방식, 역할, 책임 등을 정해놓은 기준이다. 특히 프로세스 표준을 핵심 요소로 포함하고 있어 업무의 흐름과 방식을 일관성 있게 유지하는 데 중점을 둔다. 업무의 효율성과 일관성을 높이고, 오류를 줄이며, 품질을 일정하게 유지한다.

1. 규칙

회사의 경영 목적을 달성하기 위한 기본 사항과 회사의 조직, 제도, 업무 기능 및 수행 절차 등 전 사업 부문에 공통으로 적용되는 규범적 사항을 말한다.

2. 절차서

회사의 기본 조직 등 회사 전반 및 지역, 사업장, 사업부 간 주요 업무의 공통 사항 및 운영 제도에 관한 사항을 정한 표준을 말한다.

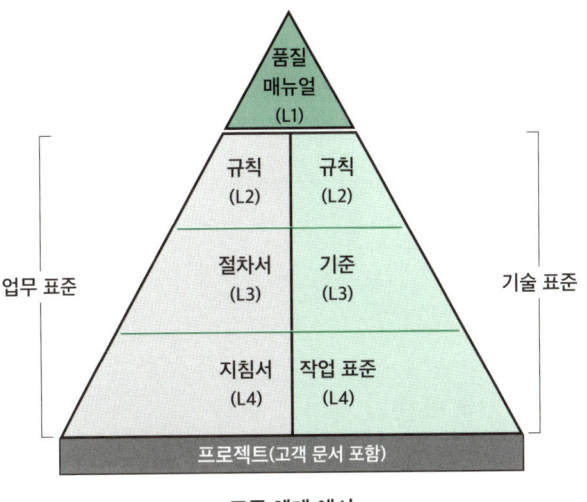

표준 체계 예시

3. 지침서

특정 부문에 적용되거나, 상위 규정에서 위임된 내용을 시행하기 위해 필요한 세부 기준, 절차, 방법 등을 규정한 문서를 말한다.

기술 표준 정의 및 운영

기술 표준은 제품이나 서비스의 개발, 운영, 유지보수 등에 필요한 기술적 요소를 정의한 기준이다. 제품과 시스템의 품질을 확보하고, 호환성과 재현 가능성을 높이기 위한 것이다.

1. 규격

자재, 반제품, 제품 등의 품질 시험 방법, 검사 방법에 대한 구체적인 필요조건을 정한 것을 말한다.

2. 기준

작업, 시험 등의 방법 및 기준을 정한 것을 말한다.

3. 작업 표준

작업 수행의 기준이 되도록 규격에 준하여 주요 항목을 정한 것을 말한다.

업무 표준과 기술 표준의 차이

업무 표준과 기술 표준은 그 목적에서 차이가 난다. 기술 표준은 '무엇을' 할 것인가에, 업무 표준은 '어떻게' 할 것인가에 초점을 둔다.

예를 들어, 한 생산 라인에서 제품을 가공한다고 할 때 두 표준은 다음과 같이 정리될 수 있다.

- 기술 표준: 가공 시 온도는 250℃, 공차는 ±0.1mm로 유지할 것.

구분	업무 표준	기술 표준
정의	업무 수행 방식에 대한 표준	제품·공정의 기술적 요소에 대한 기준
범위	주로 사람의 행동과 조직 내 업무 운영 방식	제품, 부품, 공정의 성능 및 품질 확보
대상	작업자, 관리자, 부서 등 사람 중심	제품 설계, 공정 조건, 소재·부품 등 기술 중심
예시	작업 순서, 보고 절차, 관리 방식	제품 스펙, 설비 온도 기준, 치수 공차, 소재 강도
형태	업무 매뉴얼, SOP, 체크리스트	설계도, 도면, 기술 명세서, 국제표준(ISO 등)
관련 주체	주로 생산, 품질, 인사, 총무 부서	주로 설계, 기술, R&D, 엔지니어링 부서
변경 주기	업무 처리 방식 변화 시 조정하므로 상대적으로 변경이 잦음	기술 변화, 설계, 공정 변경 시 조정하므로 상대적으로 드묾

업무 표준과 기술 표준 비교

- 업무 표준: 작업자는 설비 ON 후 온도계 확인 → 샘플 1개 측정 → 기록 후 생산 시작.

데이터(Data) 표준

데이터 표준은 ERP(Enterprise Resource Planning, 전사적 자원 관리), MES(제조 실행 시스템) 등의 시스템에서 사용하는 기준 정보 및 IPO(Input-Process-Output) 관점의 업무 데이터를 일관되고 명확하게 표현하기 위해 정한 형식, 구조, 코드, 명명 규칙 등을 말한다. 이는 설비나 시스템이 데이터를 인식하고 자동으로 처리할 수 있도록 업무 수행 시 판단과 조작의 기준이 되는 정보 표현 방식을 정의한 것이다. 즉 사람만이 아니라 기계·시스템이 이해할 수 있는 수준으로 표준화된 데이터 표현 방식이라 할 수 있다.

데이터 표준은 IT 시스템 간 데이터 연계와 자동화를 가능하게 하며, 정보의 일관성과 정확성을 확보한다. 이를 통해 분석 효율을 높이고 업무 오류를 줄이며, 조직 전체의 데이터 품질과 신뢰도를 향상한다.

1. 데이터 표준 적용 사례

사례 1) 품목 코드 표준

- 기존: 같은 부품을 A 사업장은 "ABC-123", B 사업장은 "A123"으로 사용 → 시스템 간 데이터 일치 불가
- 표준 적용: [제품군]-[모델번호]-[재질] 순으로 품목 코드 체계 정립 → 예: MTL-1001-AL
- 효과: ERP와 MES 간 품목 데이터 연동 원활, 데이터 분석 정확도 향상

사례 2) 설비 상태 코드
- 기존: 설비 상태를 각 부서에서 다르게 기입(예: "대기", "W", "Idle")
- 표준 적용: 설비 상태 코드 통일 → 01: 가동, 02: 대기, 03: 정지, 04: 점검
- 효과: MES에서 설비 모니터링 시 혼선 제거, 가동률 정확히 분석 가능

사례 3) 작업자 ID 체계
- 기존: 사번 또는 이름 등으로 작업자 식별, 중복 가능성 존재
- 표준 적용: 작업자 ID 체계를 [사업장 코드]-[부서 코드]-[일련번호]로 정립 → 예: SU-MFG-0012
- 효과: MES 추적성 강화, 이력 관리 정확성 향상

2. 기술 표준과 데이터 표준의 관리

데이터 표준을 기술 표준에 포함해 관리할 것인가, 아니면 별도로 관리할 것인가는 조직의 성격, 관리 체계, 시스템 복잡도에 따라 달라질 수 있다.

- 기술 표준에 포함하여 통합 관리하는 경우

표준 관리 체계를 단순화하면 하나의 체계에서 통합 관리할 수 있어 중복 업무가 줄어들고, 기술과 데이터 연계성이 확보된다. 표준의 승인 및 변경 또한 일관된 프로세스로 운영되어 의사결정의 일원화가 가능하다.

데이터 특화 관리가 부족하면 기술 중심의 관점으로 인해 데이터의 활용성이나 품질이 간과될 수 있다. 또한 IT 시스템 변화에 대한 대응이 느려질 수 있다. 이는 데이터는 빠르게 변동되는 반면 기술 표준 체

계는 보수적으로 운영되는 경우가 많기 때문이다.

- 데이터 표준을 별도로 관리하는 경우

데이터 품질과 거버넌스를 강화하면 데이터 전문 조직이나 IT팀 주도로 보다 세밀한 관리가 가능해지고, 시스템 간 연계가 용이해지며 ERP, MES, PLM 등 주요 시스템과의 인터페이스 기반 적용도 유연해진다. 변화 대응력이 우수하여 업무 변화나 신규 서비스에 맞춰 데이터 표준을 빠르게 조정할 수 있다.

다만 기술 표준과 데이터 표준을 따로 활용하게 되면 중복이나 충돌 우려가 있어, 이원화 위험 방지를 위해 기술 부서와 데이터 관리 부서 등 관리 주체 간 협업과 원활한 커뮤니케이션이 필수적이다.

기술 표준과 데이터 표준은 업무 성격에 따라 별도 관리하되, 표준 관리 총괄 체계(예: 표준관리위원회) 안에서 연계 및 조율하는 병렬 연계 체계로 운영하는 것이 가장 이상적이다.

구분	기술 표준	데이터 표준
정의	제품, 공정, 시스템의 설계·운영에 필요한 기술적 요소를 규정한 표준	정보 시스템에서 사용되는 데이터의 명칭, 형식, 구조 등을 정의한 표준
대상	하드웨어, 소프트웨어, 설비, 공정, 통신, 재료 등 물리적 또는 기술적 요소	업무 정보, 마스터 데이터, 코드, 입력값, 시스템 간 인터페이스 데이터 등
목적	품질 확보, 호환성 확보, 안정적 운영, 안전성 보장	시스템 간 데이터 일관성 확보, 정확한 분석, 자동화 및 추적성
예시	• RS232 통신 규격 • 설비 설계 도면 규격 • 프로그래밍 언어 코딩 규칙	• 제품 코드 체계 • 날짜 형식: YYYY-MM-DD • 부서 코드: 3자리 영문
형태	매뉴얼, 기술 사양서, 규격서 등	데이터 사전(Data Dictionary), 코드 표, 메타데이터 명세서 등
관점	제품·시스템 중심	정보

기술 표준과 데이터 표준 비교

기술 표준과 데이터 표준을 병렬로 관리하되 연계 체계를 마련하면, 각 표준의 전문성을 살리면서 조직 전체의 일관성과 유연한 협업을 유지할 수 있다. 시스템 간 연계성을 향상하고, 중복을 방지하며, 변화 대응력 및 데이터 품질을 크게 높이는 조치다.

특히 데이터 품질 관리는 조직의 의사결정, 운영 효율성, 고객 만족도 및 법률 준수 등 다양한 측면에서 매우 중요하다. 정확하지 않거나 일관성이 떨어지는 데이터는 잘못된 분석과 판단으로 이어져 기업의 경쟁력을 저하시킬 수 있다. 데이터 품질을 평가할 때 고려해야 할 주요 요소와 각 항목별 문제 사례는 다음과 같다.

1. 정확성 (Accuracy)

- 데이터가 현실을 올바르게 반영하는 정도를 말한다
- 사례: 고객의 주소가 잘못 입력되어 상품 배송이 실패하거나 지연되는 경우. 예를 들어, 우편번호가 틀려서 배송이 엉뚱한 곳으로 되는 상황.

2. 일관성 (Consistency)

- 데이터가 여러 시스템이나 데이터베이스에서 동일한 값을 유지하는 정도를 의미한다.
- 사례: 동일 고객의 생년월일이 CRM 시스템과 ERP 시스템에서 서로 다르게 기록되어 혼란이 발생하는 상황.

3. 완전성 (Completeness)

- 필요한 데이터가 빠짐없이 존재하는 정도를 의미한다.
- 사례: 신규 가입 고객의 연락처 정보가 일부 누락되어 고객서비스

팀이 연락을 취하지 못하는 상황.

4. 적시성 (Timeliness)
- 데이터가 필요할 때 최신 상태로 제공되는 정도를 뜻한다.
- 사례: 재고 데이터가 실시간으로 업데이트되지 않아 실제 재고와 차이가 발생해 고객이 품절 상품을 주문하는 상황.

5. 유효성 (Validity)
- 데이터가 정의된 형식이나 규칙을 준수하는 정도이다.
- 사례: 날짜 형식이 'YYYY-MM-DD'로 지정되어 있으나 'DD/MM/YYYY' 형태로 입력되어 시스템에서 오류가 발생하는 상황.

6. 중복성 (Duplication)
- 동일한 데이터가 중복 저장되는 경우이다.
- 사례: 같은 고객이 여러 번 중복 등록되어 마케팅 비용이 불필요하게 증가하고, 분석 결과가 왜곡되는 상황.

이와 같이 데이터 품질의 각 항목을 체계적으로 관리하지 않으면 기업 운영과 의사결정에 부정적 영향을 미칠 수 있다. 특히 스마트팩토리에서 데이터 품질은 성공적인 운영과 경쟁력 확보의 핵심 요소이다. 스마트팩토리는 IoT 센서, 자동화 장비, 빅데이터 분석, 인공지능 등 다양한 첨단 기술이 결합된 생산 시스템으로, 생산 공정의 실시간 모니터링과 최적화가 필수적이다. 이 과정에서 생성되는 방대한 데이터의 품질이 떨어지면 전체 시스템의 신뢰성과 효율성이 심각하게 저해될 수 있다.

변경 관리 프로세스

변경 관리(Change Management)는 시스템, 문서, 프로세스, 제품, 서비스 등에 변경 사항이 생길 때 이를 효과적으로 검토, 승인, 실행, 추적하는 체계적인 절차이다. 변경 관리는 설계·공정·자재 등의 변경 시 발생할 수 있는 리스크를 최소화하고 표준 문서와 실제 운영의 일치성을 유지하기 위한 핵심 절차이다. 즉 표준의 정합성 유지와 조직의 지속 가능한 개선 활동을 위한 필수 요소이다.

변경 관리 프로세스는 설계, 공정, 협력사 4M 변경 관리로 구분하여 운영한다.

1. 설계 변경 프로세스

제품의 사양, 구조, 재료, 기능 등 설계 자체에 변경이 발생하는 경우 이를 체계적으로 검토, 승인, 적용하는 절차이다. 설계 변경이 필요할 때 ECR(Engineering Change Request)을 통해 공식 요청하고, 이 요청이 검토 및 승인된 뒤에는 실제 변경 내용을 실행하겠다고 공식적으로 통보하는 문서(지시서)인 ECN(Engineering Change Notice)을 발행한다. 주요 대상은 도면 변경, BOM 변경, 재질/부품 사양 변경, 성능/기능 변경 등이다.

2. 공정 변경 프로세스

제품을 만드는 방식(공정)에 변경이 발생할 때, 기존 품질 및 생산성에 영향을 주지 않도록 관리하는 절차이다. 주요 대상은 생산 순서 변경, 설비 또는 작업 조건 변경, 검사 기준/방법 변경, 공정 위치 변경 등이다.

3. 협력사 4M 변경 프로세스

협력업체의 4M 요소(Man, Machine, Material, Method)에 변경이 발생했을 때 이를 사전에 통보받아 평가·승인 후 반영하는 절차이다. 주요 대상은 숙련도 차이가 나는 인력 변경, 신규 설비 도입 및 교체, 원자재 공급처 변경, 작업 방법 변경 등이다.

변경 관리 프로세스를 원활히 운영하기 위해 특히 변경 관리 심의위원회(Change Control Board, CCB)를 구성하는 것이 중요하다. CCB는 변경 요청을 체계적으로 검토·승인하는 의사결정 기구로, 변경의 일관성 유지와 리스크 최소화에 필수적이다. CCB 운영을 통해 책임과 권한이 명확해지고, 변경 이력 관리가 용이해져 품질 및 일정 관리가 강화된다. 즉 CCB는 안정적인 변경 관리와 품질 보증을 위해 반드시 필요하다.

삼성전자와 같은 선도기업에서는 CCB를 ECCB(Engineering Change Control Board, 설계변경관리위원회)와 PCCB(Process Change Control Board, 공정변경관리위원회)로 나누어, 변경 관리 프로세스를 효과적으로 운영하며 매우 높은 성과를 보이고 있다.

구분	설계 변경	공정 변경	협력사 4M 변경
변경 주체	R&D, 설계팀, 생산기술팀	생산팀	외부 협력사
대상	도면, 사양, 기능	생산 방식, 순서, 조건	인력, 설비, 자재, 작업 방식
주요 위험성	제품 성능, 품질 불일치	생산 불량, 품질 저하	납품 품질 저하, 사전 통보 누락
필수 단계	ECR/ECN, 도면 갱신	검증 시험, 작업 표준 개정	사전 통보, 시험·승인, 모니터링

3가지 변경 관리 프로세스 비교

표준 지표 관리

조직이 보유하고 있는 표준의 수립, 구비, 활용, 준수, 유지보수 등의 전반적인 활동을 측정하고 평가하기 위한 정량적 기준이다. 즉 '표준이 잘 마련되었는지, 실제로 잘 사용되고 지켜지는지'를 확인하는 데 활용된다.

1. 표준 구비율

공식 문서로 작성되어 조직 차원에서 승인된 표준 가운데 실제로 활용 가능한 형태(문서화되어 있거나 접근 가능한 상태)로 갖춰진 표준의 비율을 의미한다. 단순 존재 여부가 아니라 실질적 사용 가능성을 기준으로 측정한다.

표준 구비율(%) = (구비된 표준 수 / 정의된 표준 수) × 100

2. 표준 완전율

조직 또는 특정 시스템에서 필요한 표준 항목 중 실제로 정의된 항목의 비율을 나타내는 지표이다. 필요한 모든 표준이 다 정의되어 있는지를 평가한다.

표준 완전율(%) = (정의된 표준 항목 수 / 필요한 표준 항목 수) × 100

3. 표준 준수율

정의된 표준 가운데 실제 운영이나 시스템에 적용되어 준수되는 표준의 비율이다.

표준 준수율(%) = (준수하고 있는 표준 수 / 정의된 표준 수) × 100

조직 내에서 표준화를 효과적으로 추진하려면 단계별로 접근해야 한다.

첫 번째는 필요성 인식 단계로, '왜 표준화가 필요한가?'에 대한 공감대를 형성하는 것이다. 이 단계에서는 현장에서 발생하는 문제, 예를 들어 중복 작업, 품질 저하, 업무의 비효율성 등을 파악하고 이것이 개선되어야 함을 조직 전체에 공유하여 공감대를 형성한다. 경영진과 실무진의 의지를 확고히 하고, 표준화 전담 조직을 구성한다. 아울러 벤치마킹이나 타사의 우수 사례 조사를 통해 표준 준수 문화에 대한 이해도를 높이는 활동도 함께 추진한다.

두 번째는 기본 관리 단계로, '표준을 어떻게 만들고 유지할까?'에 대한 실행 기반을 마련한다. 이 단계에서는 표준 문서를 작성하고 기존 문서를 정비하며, 운영 기준·양식·절차 등을 명확히 설정한다. 또한 표준을 실질적으로 운영할 수 있도록 담당자를 지정해 관리 체계를 구축하고, 전 직원 대상으로 기본적인 표준 교육과 사용법 안내를 실시하여 조직 전체의 실행력을 높인다.

세 번째는 최적화 활동 단계로, "표준이 잘 지켜지고 있는가? 더 나은 방법은 없는가?"를 점검하고 개선하는 단계이다. 이 시점에서는 표준이 실제 업무에 얼마나 잘 적용되고 있는지를 확인하고, 표준 미준수 사례를 파악하여 그 원인을 분석하고 개선한다. 표준 준수도에 대한 정기적인 점검과 피드백 수렴을 통해 표준을 지속적으로 개정하고, 현장 중심의 자율 개선 활동과 연계하여 표준이 살아 있는 시스템으로 유지되도록 한다.

마지막은 예방 관리 활동 단계로, "문제가 생기기 전에 미리 대응하고 있는가?"에 중점을 둔다. 이 단계에서는 데이터 표준을 체계적으로 관리하고, 표준 준수 여부를 모니터링할 수 있는 자동화 시스템을 구축한다. 동시에 표준 전문가를 양성하고 표준화 활동을 조직에 내재화하여 자율적으로 유지될 수 있도록 한다. 또한 품질이나 프로세스상의 이상 징후를 조기에 감지하고, 표준의 정기적인 리뷰와 리스크 기반의 업데이트를 통해 문제 발생 가능성을 사전에 차단한다.

 이와 같은 네 가지 단계적 접근을 통해 조직은 표준화를 단순한 문서화가 아닌, 실질적인 품질 향상과 업무 효율성 제고를 위한 전략적 도구로 활용할 수 있다.

04

조직 구조와 역할·책임 명확화: 조직 및 R&R

품질 시스템의 효율성을 높이기 위해서는 조직 구조와 역할 및 책임(R&R)의 명확화가 필수적이다. 이를 위해 품질 조직 구성, 각 부서 및 개인의 역할과 책임(R&R) 정의, 업무 수행에 적합한 품질 인원의 적정성 검토 등의 항목으로 구분하여 체계적으로 관리한다.

품질 조직은 제품이나 서비스의 품질을 보장하기 위한 전담 부서 또는 기능 단위로, 조직 내에서 품질 관련 업무를 전문적으로 수행한다. 품질 관리, 품질 보증, 품질 개선 등의 역할을 담당하는 전체 조직 내에서 어떤 부서가 어떤 품질 업무를 담당하는지를 명확히 구분해야 한다. 업무의 책임과 권한을 분명히 해야 효율적인 품질 관리 체계를 구축할 수 있다.

R&R은 각 부서와 구성원이 맡은 역할(Role)과 책임(Responsibility)을 명확히 정의하는 것으로, 품질 업무 수행 시 혼선과 중복을 방지하고 책임 소재를 명확히 하기 위한 기초이다. 예를 들어 품질 검사, 불량 원인 분석, 고객 대응 등 다양한 품질 업무에 대해 누가 무엇을 어떻게 담당할 것인지 사전에 정의함으로써 업무의 효율성과 책임감을 높일 수 있다.

품질 인원 적정성 검토는 현재 품질 관련 업무를 수행하는 인력이 수나 역량 면에서 적절한지를 평가하는 활동이다. 이는 업무 과중이나 역량 부족으로 인한 품질 이슈를 예방하고, 필요 시 인력 재배치나 교육, 충원 등을 통해 조직의 품질 경쟁력을 유지·강화하는 데 목적이 있다. 정기적인 검토를 통해 변화하는 환경과 요구사항에 유연하게 대응한다.

Quality Chain 경영의 실질적 실행력은 조직 관리, R&R, 인력에서 출발한다. 조직이 제대로 설계되고, 각자의 역할이 명확히 설정되며, 필요한 인원이 적정하게 배치되어야 품질이 단절되지 않는 '연결된 사슬(Chain)'로 작동할 수 있다.

품질 조직 관리 개요

품질 조직은 제품이나 서비스의 품질을 보장하고 지속적으로 개선하기 위해 품질 부서를 중심으로 설계, 생산, 물류, 서비스 지원 등 모든 관련 부서가 협력하는 통합적 구조를 의미한다. 이는 각 부서가 품질 관리 프로세스에 참여하고, 책임과 역할을 명확히 하여 전사적 품질 문화를 구축하고, 고객 만족을 극대화하는 데 중점을 둔다.

품질 조직 관리는 제품과 서비스가 고객 요구를 충족하도록 전사적으로 품질을 관리하는 체계이다. 이를 통해 고객 만족과 신뢰를 확보하고, 결함 감소와 비용 절감을 실현하며, 조직 내 협업을 강화한다. 관련 법령과 규제를 준수하고 지속 가능한 혁신을 지원하며, 품질을 통한 경쟁력을 확보한다. 또한 품질 데이터와 피드백을 활용해 리스크를 사전에 관리하고, 품질 문화를 정착시켜 조직의 지속 가능한 성장을 촉진한다.

품질 조직은 전사적인 품질 경영을 실현하기 위해 명확한 비전과 목표를 설정하고, 전 구성원이 일관된 방향으로 품질을 관리할 수 있도록 체계적인 구조를 갖추고 역할을 분담한다.

각 부서의 역할과 책임은 다음과 같이 명확히 정의되어 있다. 품질 부서는 품질 정책과 기준을 수립하고 전사 품질 활동을 조정하는 중심 역할을 수행한다. 설계 부서는 제품 개발 초기 단계부터 품질 요구 사항을 설계에 반영하여 신제품의 품질 수준을 확보한다. 구매 부서는 공급업체의 평가 및 선정, 자재 및 서비스 품질 검증 등 공급망 전반에 걸쳐 품질을 보증하며, 인증 상태와 품질 수준을 기준으로 적합한 협력업체를 선정한다. 생산 부서는 제조 공정 중 품질 점검과 문제 해결을 담당하며, 공정 내 품질 유지 및 개선 활동을 수행한다. 물류 부서는 운송 및 보관 과정에서의 품질 손실을 방지하기 위한 환경 관리를 통해 제품의 최종 품질을 유지하는 역할을 한다. 고객과 직접 맞닿아 있는 서비스 지원 부서는 피드백을 수집하고 품질 관련 문제에 신속히 대응함으로써 고객 만족도 제고에 기여한다.

이러한 품질 활동은 단일 부서의 역량에 의존하지 않고, 전사적으로 통합되어 운영된다. 이를 위해 경영진과 각 부서 대표, 품질 관리 부서로 구성된 품질위원회를 설치하여 전사적인 품질 전략 및 목표를 수립하고 부서 간 협업을 조율한다. 아울러 품질 교육 및 지원 부서를 통해 내부 품질 역량을 지속적으로 강화하고, 품질 문화 확산을 위한 교육 및 지원 활동을 전개한다.

조직 구조 측면에서는 품질 보증의 독립성과 권한 강화를 위해 독립적인 품질 부서를 두며, 각 부서 간 유기적인 협력과 정보 공유가 가능한 체계를 구축한다. 품질위원회는 이러한 품질 전략의 상위 의사결정 기구로서 기능하며, 전사 품질 관리를 통합적으로 운영하는 중심축 역할을 수행한다.

이와 같은 품질 중심의 조직 체계는 전 부서가 품질 경영에 능동적으로 참여할 수 있는 기반을 마련함으로써 고객 만족과 조직의 경쟁력 제고에 중요한 역할을 한다.

품질 조직 관리는 각 부서의 역할과 책임을 명확히 하고 전사적 품질 관리 체계를 구축하는 데 중점을 둔다. 품질 부서는 정책 수립과 감독을 맡고, 설계·생산 부서는 초기 설계와 제조 과정에서 품질을 보장하며, 구매 부서는 공급업체 평가와 자재 품질 관리를 담당한다. 물류 부서는 운송 중 품질을 유지하고, 서비스 지원 부서는 고객 불만을 해결한다. 부서 간 협업과 커뮤니케이션 체계를 강화하고, 교육과 품질 데이터 활용을 통해 지속적 개선을 추진한다. 이를 통해 품질 리스크를 사전에 관리하고 조직의 품질 목표를 달성할 수 있다.

회사 조직은 전사적 품질 경영을 효과적으로 실현하기 위해 다음과 같은 통합된 관리 방안을 수립·운영한다.

첫째, 각 부서(설계, 생산, 구매, 물류, 서비스 지원 등)의 역할과 책임을 명확히 정의하고, 전 부서가 공통된 품질 목표를 공유하며 유기적으로 협력하는 체계를 구축한다. 이를 기반으로 표준화된 품질 프로세스와 절차(SOP)를 문서화하고, 국제 표준 및 법적 요구사항을 반영하여 전사적으로 준수한다.

둘째, 지속적인 교육과 역량 강화를 통해 품질 의식을 고취하고, 관리 도구 및 개선 기법에 대한 정기 교육과 워크숍을 운영한다. 또한 부서 간 협업과 커뮤니케이션을 강화하기 위해 협업 시스템을 도입하고, 품질위원회를 통해 정기적으로 품질 이슈를 논의하며 해결책을 마련한다.

셋째, 품질 모니터링 체계를 마련하여 불량률, 고객 불만율, 재작업률 등 KPI를 기반으로 품질 성과를 관리하고, 데이터 분석을 통해 문제의 근본 원인을 파악하여 개선 활동에 반영한다.

넷째, 품질 관리 IT 시스템(QMS)을 도입하여 데이터를 실시간으로 통합해 관리하고, AI 및 분석 도구를 활용하여 품질 예측과 문제 예방을 지원한다.

다섯째, 공급망 전반의 품질 관리를 위해 구매 부서와 협력하여 공급업체 평가 및 감사, 자재 검사 등 사전 예방 중심의 프로세스를 운영하며, 파트너사와의 공동 개선 활동도 병행한다.

여섯째, 고객 중심의 품질 경영을 실현하기 위해 고객 피드백을 적극 수집하고 이를 품질 개선의 핵심 요소로 반영하며, 고객 요구를 기반으로 한 품질 목표를 설정한다.

마지막으로, 지속적 개선(PDCA 사이클)을 품질 관리 전반에 적용하고, 변화하는 기술과 시장 흐름에 발맞춰 품질 전략을 유연하게 업데이트한다. 경영진은 이러한 활동을 선도하며, 전사에 걸쳐 품질을 핵심 가치로 자리 잡게 하고, 품질 중심의 조직 문화를 확산시켜 나간다.

이러한 운영 방안을 통해 품질 조직은 일관된 품질 관리와 지속적인 개선을 달성하며, 고객 만족과 조직의 경쟁력을 강화할 수 있다.

RACI 차트에 의한 품질 조직의 업무 분장

품질 조직에서는 각 구성원의 역할과 책임이 명확히 구분되어야 하며, 이를 위해 RACI 차트를 활용하는 것이 효과적이다. 품질 관리는 프로세스 검토, 데이터 분석, 품질 개선, 고객 대응 등 다양한 업무로 구성되기 때문에, 역할 혼선 방지와 책임 소재 명확화가 중요하다.

설계부터 고객 서비스까지 여러 부서가 협업하는 과정에서 RACI 차트는 역할과 책임을 명확히 해 혼선을 줄이고 의사결정과 커뮤니케이션을 효율화하여 프로젝트 성공률을 높이는 데 유용하다.

RACI 차트란?

RACI 차트는 프로젝트 또는 조직 내에서 책임과 역할을 명확히 정의하기 위한 도구로, 각 구성원이나 팀의 역할을 명시하는 책임 할당 매트릭스(Responsibility Assignment Matrix)이다.

RACI는 구성원을 다음의 네 가지 유형으로 분류한다.

- R(Responsible): 업무를 수행하는 책임을 가진 사람.
- A(Accountable): 결과에 대해 최종적으로 책임을 지는 사람.
- C(Consulted): 업무 진행 시 의견을 제공하거나 자문하는 사람.
- I(Informed): 업무 진행 상황을 통보받는 사람.

RACI 차트의 활용 방법

RACI 차트는 조직 내 역할과 책임을 명확히 정의하여 업무 수행의 혼선을 방지하고, 효과적인 협업과 의사결정을 지원하는 도구이다. 이를 효과적으로 활용하기 위해서는 다음과 같은 절차를 체계적으로 수행해야 한다.

먼저, 프로젝트 또는 업무의 주요 업무 및 활동을 세분화하여 정의한다. 각 업무 항목은 실제 수행해야 할 활동 단위로 구체화되어야 하며, 이는 차트의 행(Row)에 배치된다. 이어서 해당 업무에 관여할 팀 구성원, 조직 내 부서, 이해관계자 등의 역할을 정의하고 이들을 열(Column)에 나열한다.

그다음에는 각 업무 항목과 역할 간의 관계를 교차점에 표시하는 방식으로 RACI 매트릭스를 작성한다. 이때 각 교차점에는 R, A, C, I 역할 중 적절한 것을 지정한다.

차트 작성이 완료되면 이를 팀원들과 공유하고 검토하여 각자의 역할에 대한 명확한 이해와 합의를 도출한다. 특히 R과 A의 중복이나 누락이 없도록 주의해야 하며, 불필요한 커뮤니케이션 과부하 또는 책임 공백이 발생하지 않도록 확인한다.

업무 진행 과정에서도 RACI 차트를 지속적으로 관리 및 업데이트 해야 한다. 역할이 과도하게 집중되거나 누락된 부분이 없는지 주기적으로 점검하고, 역할 불균형을 조정하거나 책임 공백을 해소한다. 또한 협의(C)와 보고(I) 대상이 과도하거나 부족한 경우 효율적인 커뮤니케이션 구조로 재설계하며, 중복되거나 모호한 역할은 명확히 정리하여 혼선을 방지한다. 마지막으로, 모든 관계자들이 자신의 역할과 책임을 충분히 인지할 수 있도록 차트 내용을 공유하고 필요한 교육을 병행하는 것이 중요하다.

이와 같이 RACI 차트는 역할과 책임을 명확히 정의하고 나눔으로써 업무 운영의 체계성을 높이고, 프로젝트의 성공과 조직 내 협업 강화를 지원하는 핵심 관리 도구로 활용된다.

RACI 차트의 품질 조직 적용 사례

품질 조직은 제품·서비스의 전반적인 품질을 확보하고 지속적으로 향상하기 위해 다양한 핵심 업무를 수행한다. 우선 제품이 기준에 부합하는지 확인하기 위한 제품 품질 검사를 체계적으로 수행하여 불량품 유입을 사전에 차단하고, 품질 이상 징후를 조기에 발견한다. VOC 처리 역시 중요한 업무로, 고객 불만 및 요구사항을 신속히 수집·분석하고 이를 개선 활동에 연계해 고객 만족도를 높인다.

또한 품질 조직은 품질 개선 프로젝트를 기획하고 추진하여 프로세스, 제품, 서비스 품질을 향상시키며, 인증 획득과 법규 준수를 통해 법적 대응 능력을 강화하고 대내외 신뢰성을 확보한다. 이와 함께 품질 관련 데이터를 수집·분석하고 정기적인 리포트를 제공함으로써 의사결정에 필요한 통계적 기반을 마련해, 문제의 근본 원인 규명과 효과적인 개선책 도출에 기여한다.

공급업체의 품질 수준을 평가하고 관리하는 일도 품질 조직의 활동에 포함된다. 이를 통해 자재 및 서비스의 품질을 확보하고, 공급망 전반에서의 품질 리스크를 최소화한다.

이와 같은 품질 조직의 업무는 제품과 서비스의 신뢰성을 높이고, 고객 중심의 품질 경영을 실현하는 데 핵심적인 역할을 한다.

조직 내에서 특정 과제를 효과적으로 수행하기 위해서는, 누가 어떤 역할을 맡고 있는지 명확히 아는 것이 매우 중요하다. RACI 차트는 각 업무 항목에 관련된 사람들의 책임과 관여 정도를 명확히 구분해주는 유용한 도구이다. 이 차트를 통해 네 가지 역할을 기준으로 업무의 책임 소재를 시각적으로 표현하고 혼선을 줄일 수 있다.

RACI 차트는 품질 관리 업무와 같이 여러 부서가 관여하는 복합적인 프로세스에서 특히 효과를 발휘한다.

첫째, 업무를 명확화해준다. 예를 들어, RACI 차트는 제품 품질 검사, 고객 VOC 처리, 품질 데이터 분석 등 주요 업무 항목을 세분화하고, 각각의 업무에 대해 구체적으로 누가 무엇을 해야 하는지를 명확히 정의한다. 이를 통해 업무 범위에 대한 오해를 줄이고, 각 담당자의 책임과 수행 과제를 분명히 할 수 있다.

둘째, 책임의 범위와 주체를 명확화해준다. 품질 관련 업무에서는 예를 들어 품질 담당자가 실질적인 검사나 분석을 수행하는 실행 책임자(R) 역할을 맡고, 품질 관리자는 결과를 검토하고 최종 승인하는 의사결정자(A) 역할을 수행한다. 그 외의 부서, 예를 들어 설계팀이나 생산팀은 특정 상황에서 자문을 제공하는 협의 대상(C)이 되거나, 결과

업무	품질 담당자(R)	품질 관리자(A)	생산팀(C)	고객지원팀(I)
제품 품질 검사	검사 수행	최종 승인	자문	정보 통보
고객 VOC 관리	VOC 집계, 분석	결과 승인	자문	정보 통보
품질 개선 프로젝트	실행 및 보고	프로젝트 리더	자문	정보 통보
인증 및 규정 준수	문서 준비 및 감사 지원	최종 승인	자문	정보 통보
데이터 분석 및 보고서 작성	데이터 수집 및 분석	보고서 승인	자문	정보 통보
협력사 품질 관리	검사 계획 수립 및 실행	승인	자문	정보 통보

RACI 차트 사례

나 이슈를 전달받는 통보 대상(I)으로 지정될 수 있다. 이와 같은 구분은 책임의 혼선을 방지하고, 각자의 참여 정도를 조율하는 데 유용하다.

셋째, 효율적인 소통 체계를 구축할 수 있다. 품질 관리 과정은 단일 부서에서 이루어지는 것이 아니라 생산팀, 고객지원팀, 설계팀 등 여러 부서와의 협업이 필수적이다. 이때 RACI 차트를 통해 각 부서의 역할을 사전에 명확히 지정함으로써 정보 전달의 누락이나 중복, 불필요한 회의, 커뮤니케이션 오류 등을 줄일 수 있다. 특히 문제가 발생했을 때 신속하고 정확한 대응이 가능해지며, 전반적인 협업 품질이 향상된다.

이처럼 RACI 차트는 단순한 문서화 도구를 넘어, 조직 내 역할 체계를 정립하고 협업 구조를 최적화하는 핵심 관리 수단으로 작용한다. 이를 통해 품질 관리뿐만 아니라 모든 프로젝트 수행에서 체계적이고 책임 있는 업무 문화를 정착시킬 수 있다.

품질 조직의 적정 인원 관리

품질 목표를 효율적으로 달성하기 위해 조직의 목표와 업무 범위에 맞게 최적 인력을 확보하고 배치하는 것을 말한다. 업무 분석, 인력 역량 평가, 산업 표준 검토, 자동화 도입, 정기적인 성과 점검 등을 통해 인력 규모와 구성의 적정성을 유지한다.

이는 제품·서비스의 품질을 보장하고, 고객 만족도를 유지하며, 비용 효율성을 극대화하는 데 필수적이다. 적정 인원이 확보되지 않으면 과부하로 인해 품질 저하와 생산성 감소가 발생할 수 있고, 반대로 과도한 인력은 자원 낭비로 이어질 수 있다. 효율적인 인원 관리는 조직의 경쟁력 강화와 지속 가능한 성장을 지원하는 핵심 요소이다.

품질 조직의 적정 인원은 조직의 업무 범위, 목표, 프로세스 복잡성, 외부 요구사항 등을 기반으로 산출된다.

품질 조직의 적정 인원 산출 시 고려 사항

품질 조직의 인력은 단편적인 숫자에 의존하는 것이 아니라 조직의 업무 범위, 제품 특성, 전략적 목표, 기술 수준 등 다양한 요소를 종합적으로 고려하여 산정한다.

핵심 기준이 되는 것은 업무 범위와 프로세스의 복잡성이다. 품질 조직이 수행하는 검사, 테스트, 인증, 품질 개선 프로젝트 등의 활동은 빈도와 중요도에 따라 요구되는 인력 수준이 달라진다. 제조나 서비스, 연구개발 등 업무별로 상이한 프로세스의 복잡성에 맞춰 단계별 품질 관리가 요구되므로 그에 상응하는 전문 인력이 필요하다. 또한 ISO, IATF, FDA 등과 같은 국제 규제 및 인증 요건에 따라 필수적으로 수행해야 하는 품질 활동이 존재하며, 이와 관련된 인력의 자격과 규모 역시 중요한 고려사항이다.

다음으로 제품 및 서비스의 특성도 인력 계획에 큰 영향을 미친다. 제품의 기술적 복잡성, 종류의 다양성, 고객 맞춤형 서비스 제공 여부 등에 따라 필요한 품질 관리의 깊이와 폭이 달라진다. 또한 생산량이 많거나 프로젝트 규모가 클수록 품질 검사나 관리 대상이 증가하므로 이에 비례한 인력이 요구된다. 품질 검사 시 요구되는 샘플 크기나 빈도 역시 인력 산정의 실질적 기준이 된다.

업무 시간과 효율성 또한 인력 산정에 있어 실질적 요소로 작용한다. 각 업무별 소요 시간을 기반으로 전체 작업량을 산출하고, 이를 기준으로 총 인원을 계산해야 한다. 이와 동시에 자동화 시스템의 도입 여부나 직원들의 숙련도, 기술 지원 수준 등 효율성을 고려하여 인원을 탄력적으로 조정할 수 있어야 한다. 예를 들어, 품질 검사에 자동화 장비가 도입되어 있다면 수작업에 필요한 인력을 줄이고 더욱 고차원적인 품질 분석 업무에 인력을 재배치할 수 있다.

조직의 품질 목표와 전략 역시 중장기적인 인력 계획에 영향을 미친다. 무결함 제품 달성이나 고객 불만 제로화 등의 목표를 설정했다면, 이를 달성하기 위한 인력을 충분히 확보하고 지속적인 개선 활동(CQI)이나 6시그마 프로젝트와 같은 전략적 품질 활동에 투입할 인력까지 별도로 고려해야 한다.

산업 표준과 벤치마크 사례를 분석하면 유용한 참고자료가 된다. 동종 업계에서 일반적으로 채택하는 품질 인력의 배치 비율이나 선도기업의 인적 구조를 분석하여 조직의 인력 구조와 비교하고 필요한 부분을 보완할 수 있다.

마지막으로, 기술 시스템의 유지보수 및 고객 지원 업무 역시 간과

할 수 없는 영역이다. 품질 관련 설비나 시스템(QMS 등)의 운영·유지 보수를 위해 별도의 기술 인력이 필요하며, 고객의 요구에 대응하고 불만 사항을 처리하거나 품질 보증 관련 문서를 작성하는 등 후방 지원 업무를 위한 인력도 고려해야 한다.

이처럼 품질 조직의 인력은 전략, 효율, 기술 수준을 종합적으로 반영해 체계적으로 산정해야 하며, 각 요소의 상호작용을 기반으로 탄력적이고 유연한 인력 운영이 필요하다.

적정 인원 산출 프로세스

품질 조직의 적정 인원을 산정하려면 체계적인 프로세스를 기반으로 한 객관적이고 현실적인 접근이 필요하다. 그 출발점은 업무별 소요 시간에 따른 연간 총 작업량을 산출하는 것이다. 각 업무(예: 품질 검사, 데이터 분석, 고객 VOC 처리 등)에 소요되는 평균 시간에 연간 수행 빈도를 곱하여 전체 작업량을 계산하는 방식이다.

그다음으로는 자동화 도입 및 업무 효율성을 반영한 조정 단계가 필요하다. 자동화 검사 장비, 품질 관리 시스템(QMS), AI 분석 도구 등 기술적 지원 요소를 고려해 수작업을 줄일 수 있는 부분을 식별하고 인력을 합리적으로 조정한다. 또한 직원의 숙련도와 팀 간 협업 시너지 등도 효율성 향상 요인으로 반영될 수 있다.

계산된 총 작업 시간을 직원 1인당 연간 가용 근무 시간(예: 연간 근무 일수×일일 평균 근무 시간)으로 나누어 기본적인 필요 인원을 산출한다. 이때 휴가, 교육, 회의 등으로 제외되는 시간을 반영하여 실제 근무 가능한 시간을 기준으로 삼는 것이 중요하다.

마지막으로, 예기치 않은 프로젝트의 증가나 병가·이직 등 조직 리스크에 대비할 수 있는 추가 예비 인력을 고려한다. 이러한 과정을 거쳐 최종 인원을 확정하면, 단기적인 업무 공백이나 급변하는 요구사항에도 유연하게 대응할 수 있는 인력 구조를 갖추게 된다.

이와 같은 정량적·정성적 요소를 반영한 인력 산출 프로세스는 품질 업무의 안정성과 생산성을 동시에 확보할 수 있는 핵심 관리 방안이다.

적정 인원 산출 사례

1. 연간 검사 시간 산출

- 1단계 검사 시간 = 3분 × 1,000개 = 3,000분/일
- 전체 단계 검사 시간 = 3,000분 × 5단계 = 15,000분/일
- 연간 검사 시간 = 15,000분 × 250일 = 3,750,000분/연간

2. 자동화 효율성 반영

- 자동화 도입으로 검사 효율 20% 개선 → 검사 시간 80%로 감소
- 조정된 연간 검사 시간 = 3,750,000분 × 0.8 = 3,000,000분/연간

3. 직원 1인당 가용 근무 시간 계산

- 1일 근무 시간 = 8시간 × 60분 = 480분/일
- 연간 근무 시간 = 480분 × 250일 = 120,000분/연간
- 가용 근무 시간 90% 적용 (휴식, 미세한 비효율 고려)
  → 120,000분 × 0.9 = 108,000분/연간

4. 기본 필요 인원 산출

- 총 필요 인원 = 연간 총검사 시간 ÷ 1인당 가용 근무 시간

→ 3,000,000 ÷ 108,000 = 27.78명 → 28명

5. 예비율 반영 적정 인원 산정

- 여유율 15% 추가 반영

  → 28명 × 1.15 = 32.2명 → 33명

  ※ ILO(국제노동기구)에서 제시하는 일반적인 여유율은 다음과 같다.

  기본 피로(Fundamental Fatigue) 여유율: 4~6%

  휴식(Rest) 및 개인적 필요(Personal Needs) 여유율: 5~7%

  작업 관련 지연(Work Delays) 여유율: 3~5%

  이러한 여유율을 합산하면 일반적으로 총여유율은 10~15% 수준이 된다. 회사나 환경에 따라 15~20%로 적용하기도 한다. 구체적 수치는 작업 유형, 산업 특성, 환경 요인 등에 따라 달라질 수 있다.

이 인원 구성은 자동화 수준과 효율성 조정을 반영하고, 예비 인력을 포함하여 품질 검사 작업을 안정적으로 수행할 수 있도록 설계되었다. 이와 같은 방법으로 업무의 성격(품질 보증, 유지보수 등)과 각종 조건(효율성, 자동화 수준, 여유율 등)을 반영하여 적정 인원을 산출할 수 있다.

업무 조사표를 활용해 품질 인원을 산출하는 방법도 있다. 업무 조사표는 품질 조직에서 필요한 인원과 각 업무에 할당해야 할 자원을 체계적으로 평가하는 도구이다. 다음은 품질 인원 산출을 위한 업무 조사표의 예시이다.

먼저 업무 정의 및 분류 단계에서 조직 내 품질 관련 주요 업무를 포괄적으로 나열하고, 이를 보다 구체적인 세부 업무로 구분하여 각 항목에 대한 명확한 작업 범위를 설정한다. 예를 들어, '품질 검사'라는 큰 범주는 입고 검사, 공정 검사, 출하 검사 등으로 세분화할 수 있다.

다음으로, 각 업무를 수행하는 데 필요한 역량 요건을 명확히 정의

업무영역	세부 업무	필요 역량	주간 작업량 (시간)	필요 인원
품질 검사	제품 검사	검사 기술	40	2
VOC 관리	고객 불만 분석 및 해결	분석 및 커뮤니케이션 능력	20	1
품질 개선 프로젝트	프로세스 개선 및 문제 해결	문제 해결 능력, 데이터 분석	30	2
공급업체 관리	공급업체 품질 검사 및 관리	공급망 관리 경험	15	1
문서 및 표준 관리	품질 문서 작성 및 표준 준수 확인	문서 작성 능력	19	1
데이터 분석 및 보고	품질 데이터 분석 및 보고서 작성	데이터 분석	25	1

업무 조사표 작성 사례

한다. 그럼으로써 업무별로 요구되는 기술적 지식, 실무 경험, 자격증 등과 같은 요소를 기준으로 삼아 적절한 인재를 적소에 배치할 수 있다. 역량 정의는 향후 인력 교육 계획 수립과 인재 채용 기준 설정에도 중요한 기반이 된다.

업무별 주간 작업량을 산출하는 단계에서는 주간 단위로 각 업무에 시간이 얼마나 소요되는지를 평가한다. 이를 통해 업무별 부담 정도를 수치화하고, 실제 현장 업무량을 반영해 합리적인 인원 계획을 수립할 수 있다. 산출된 주간 작업 시간을 기준으로, 표준 근무 시간(예: 주 40시간) 대비 각 업무에 필요한 인원을 계산한다. 예를 들어, 특정 업무에 주 80시간이 소요된다면 기본적으로 해당 업무에는 2명이 필요하다는 계산이 가능하다. 이 계산을 통해 업무량에 맞는 인력을 정량적으로 산정할 수 있다.

마지막으로, 계산된 결과를 바탕으로 업무의 중요도와 우선순위, 조직 전략 등을 반영하여 인원 배치를 조정한다. 단순히 시간 기준으로 인력을 배분하기보다는, 핵심 업무에 숙련된 인력을 우선 배치하고, 중요도가 낮은 업무는 자동화나 외주 인력 활용을 고려하는 등 자원을 최적화한다.

이와 같은 단계별 인력 산정 절차를 통해 품질 조직은 업무 수행의 안정성과 효율성을 확보할 수 있으며, 중장기적으로는 인력 운용의 유연성과 생산성 향상에도 기여할 수 있다.

앞서 설명한 적정 품질 인원의 산출 기준은 어디까지나 가이드로서, 각각의 산업·업종·기업 특성을 고려하여 산출하는 것이 중요하다.

05
정보 연계 및 자동화를 통한 품질 관리·추적: System

현대 품질 관리에서 ERP, MES, QMS와 같은 시스템들은 업무의 효율성과 데이터 관리를 위해 매우 중요한 역할을 한다. 이들 시스템은 생산 계획, 공정 관리, 품질 기록 등 다양한 정보를 통합하여 신속한 의사결정을 지원하고, 품질 관리 프로세스를 체계적으로 운영할 수 있도록 돕는다. 그러나 이러한 시스템의 활용만으로 완벽한 품질을 보장할 수는 없다.

  품질의 안정성을 확보하고 더 나아가 향상하려면 시스템에 입력하는 데이터부터 안정화해야 한다. 데이터를 안정화하면 제품이나 공정의 변동성을 줄여 평균 품질 수준을 일정하게 유지하고, 품질의 산포(변동폭)를 최소화할 수 있다. 평균값을 높이고 산포를 줄이는 노력은 재작업, 불량 발생, 고객 불만 예방에 핵심적이다.

  제품이나 서비스의 품질은 최종 결과인 출력(Output)에서 나타나지만, 실제 품질은 입력(Input)의 안정성에 따라 좌우된다. 입력에 결함 있거나 불안정하면, 아무리 공정이 잘 설계되어도 고품질 출력을 기대하기 어렵다. 입력의 품질이 일정해야 공정이 일관되게 운영되고 결과물의 예측 가능성이 높아진다. 품질 문제의 주요 원인은 자재 품질 편차, 작업자 숙련도 차이, 설비 상태 불안정 등으로, 공정 이후보다 공정 이전 단계에서 개선해야 한다. 출하 단계에서의 품질 확보는 비용과 시간이 많이 들고, 검사만으로는 본질적인 품질 향상이 어렵다. 즉 문제를 사후에 처리하기보다 초기 입력을 안정화하여 품질 리스크와 비용을 줄이는 것이 효율적이다.

정보 시스템을 구축할 때도 주로 초기 단계의 입력 관리 부족 때문에 문제가 발생한다. 따라서 시스템 도입 전에 무엇을 관리할지 표준화하고, 산포를 줄이는 활동을 우선시해야 한다. Quality Chain 경영은 안정적인 입력을 통해 전체 조직 품질을 확보하고 고객 만족을 실현하는 데 중점을 둔다. 입력이 불안정하면 뛰어난 시스템도 효과를 발휘할 수 없다.

Input 안정화란

Input 안정화는 공정 안정화와 최적화를 위한 실행 방안으로, 표준 기반의 품질 생산 체계를 통해 품질 일관성을 확보하고, 이를 바탕으로 품질 경쟁력을 강화하며 기업의 이익을 극대화하는데 유용하게 활용한다.

즉 이는 어떠한 환경에서도 균일한 품질의 제품을 생산함으로써 선도적인 품질 수준, 원가 경쟁력, 고객 만족을 달성하고자 하는 활동이다. 각 공정에서 발생하는 품질 산포로 인한 손실(Loss)을 최소화하고자 표준을 설정하고, 데이터를 분석·평가한 후 피드백하는 시스템을 구축하여 공정의 Input 및 Output 산포를 지속적으로 조정하고 개선한다. 그럼으로써 전반적인 경쟁력을 확보한다.

기존 품질 개선 활동이 불량률 등 평균에 초점을 맞추는 것이라면 Input 안정화 활동은 이상 요인을 제거하여 산포를 줄이고 이후 평균을 줄이는 활동이다. Output 안정화는 산포 감소 활동인 Input 안정화와 평균 중심 이동 활동인 공정 안정화가 이루어져야만 달성 가능하다.

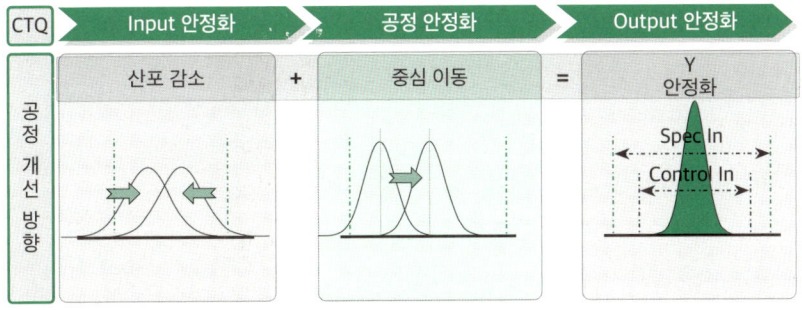

Input 안정화 개념도

품질 개선 활동과 Input 안정화 비교

품질 개선 활동은 불량률을 줄이기 위한 사후 대응 방식으로, 문제 발생 후 원인을 분석하고 해결해 평균을 개선하는 것을 목표로 한다. 예를 들어, 제품 불량이 발생했을 때 원인을 분석해 불량률을 낮추는 개선 조치를 취하는 방식이다. 반면 Input 안정화 활동은 사전 예방적 접근법으로, 공정 초기에 변수를 통제하여 품질의 일관성과 안정성을

구분	품질 개선 활동	Input 안정화 활동
초점	평균(불량률, 평균 성능 등) 개선	산포(변동성, 이상 편차) 감소
접근 방식	사후 대응(문제 발생 후 개선)	사전 예방(문제 발생 전 원인 차단)
목적	불량률 감소, 수율 향상	공정 안정화, 재현성 확보
적용 시점	주로 Output 단계에서 문제 인식 후 대응	Input 단계에서 이상 요인 사전 제거
관리 대상	결과 중심: 불량품, 고객 클레임 등	원인 중심: 자재, 설비, 작업자, 환경 등의 입력 요소
활동 예시	불량 분석, 개선안 도출, 교육 강화 등	표준화, 공정 능력 분석, 작업 조건 관리, 계측기 관리 등
효과	단기적 문제 해결 중심, 개선의 반복 가능성	장기적 안정성 확보, 품질의 일관성 및 경쟁력 강화

품질 개선 활동과 Input 안정화 활동 비교

확보한다. 예를 들어, 원자재 품질을 철저히 관리하거나 공정 조건을 안정시켜 변동성을 줄이는 방식이다.

Input 안정화 추진 단계

Input 안정화 활동은 '표준 정립 → 표준 준수 → 이상 발생 시 개선 활동' 순으로 진행한다.

1단계: 표준 설정

이 단계에서는 작업이나 프로세스의 표준을 정의하고 문서화한다. 표준은 사전 기준인 드래프트 관리계획서(Control Plan)◎에 의거하며, 공정 실행 후 수집된 실제 데이터를 분석해 기준을 조정한다.

생산 라인에서 특정 제품을 만들 때 사용되는 재료의 정량적인 표준을 설정하는 경우를 예로 들어보자. 이는 재료의 품질과 사용법에 대한 명확한 기준을 제공하여 생산의 일관성을 유지하는 데 도움이 된다.

(1) 임시 관리계획서 작성(사전 기준 수립)

목적
- 초기 기준을 설정하여 공정 시작 시점부터 통제와 기록을 가능하게 함

주요 내용

◎ 관리계획서(Control Plan): 제품 생산 또는 서비스 제공 과정에서 발생할 수 있는 변동이나 이상을 사전에 방지하기 위해 '무엇을 관리할 것인가, 어떻게 측정할 것인가, 누가 언제 관리할 것인가, 이상이 발생했을 때 어떻게 조치할 것인가' 등을 체계적으로 정리한 문서이다.

- 과거 유사 제품의 이력, 도면, 공정 FMEA 등 참고
- 사내 표준 및 설비 매뉴얼을 바탕으로 관리 항목과 기준 가설 설정
- 임시 관리계획서에는 '예비 기준값', '모니터링 방식', '관리 주기' 등을 설정

(2) 공정 실행 후 실제 데이터 수집

목적

- 임시 기준이 실제 공정과 맞는지 확인하고, 수치로 공정 능력을 파악

데이터 수집 대상

- 작업자 실측 데이터
- 자동 계측 장비 로그
- 불량률 및 이상 발생 이력

활용 가능한 기법

- SPC(통계적 공정 관리)
- Cp, Cpk 계산
- X-bar, R 관리도

(3) 데이터 분석 및 기준 조정

목적

- 초기 기준의 현실 적합성 판단 및 공정 능력 기반의 관리 기준 확정

내용

- 기준이 너무 좁거나 넓은지 판단
- 이상 발생 구간 분석 → 원인 규명
- 관리 항목 필요/불필요 여부 재선정

분석 및 조정 사례

- 토크 실제값이 대부분 78~82mm → 관리 기준 80 ± 2mm로 조정
- 일부 항목은 실제 영향도 낮음 → 관리 제외 결정

2단계: 표준 확정 및 준수 활동

표준을 준수하는 것은 관리계획서에 의한 표준 설정 이후에 이어지는 중요한 단계이다. 실제 데이터를 반영하여 현실적이고 실행 가능한 관리계획서로 확정한 뒤, 생산 또는 서비스 제공 과정에서 정해진 표준을 엄격히 따르는 것을 의미한다. 예를 들어, 품질 관리 시스템의 규정을 준수함으로써 생산 과정에서의 잠재적인 결함을 방지하고 품질을 유지한다. 표준을 준수하는 과정에서 이상이 발생하면 발생 원인을 규명하고 관리 계획을 개정한다.

3단계: 개선 활동

표준 준수 과정에서 생기는 이상 현상이나 결함을 해결하고 개선하는 단계이다. 문제의 원인을 분석하고 재발 방지를 위한 개선 방안을 수립하여 실행한다. 예를 들어, 생산 라인에서 제품의 결함이 발생한 경우 루트 원인 분석을 통해 적절한 개선 조치를 추진한다.

개선 활동은 6시그마 중 Quick Win 개선 프로세스의 도입과 운영이 필요하다. Quick Win 개선 활동◎은 기존의 정규 6시그마 프로젝트(Define → Measure → Analyze → Improve → Control)보다 더 빠르고 간단한 방법으로 성과를 낼 수 있는 개선 활동이다. 특히 문제와 해결 방안이 명확할 때 효과적으로 사용된다.

◎ Quick Win 개선 활동: 비교적 명확한 문제이고 명확한 원인과 쉽고 빠른 해결 방법이 존재하는 경우 즉시 실행할 수 있는 개선 활동을 말한다.

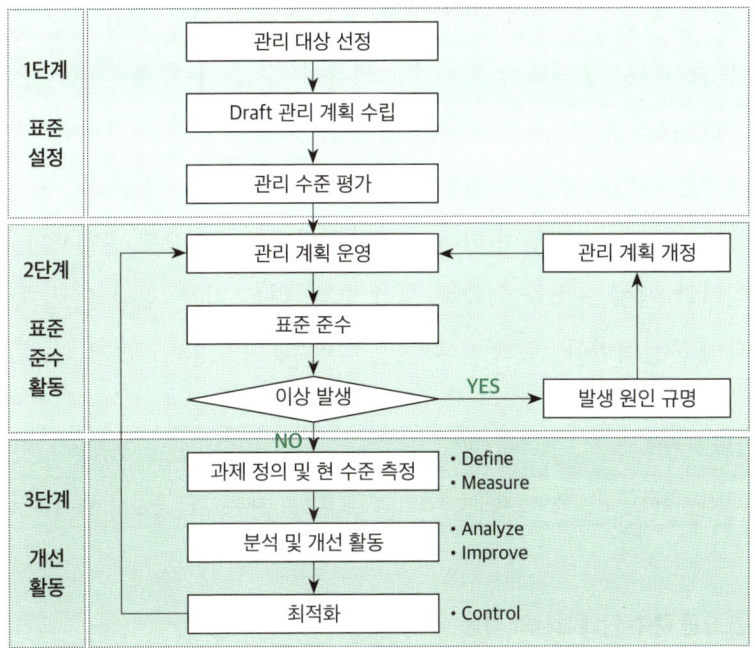

Input 안정화 추진 단계

Input 안정화 활동 시 관리계획서 활용

자재, 장비, 작업자, 방법, 환경 등 공정에 투입되는 모든 입력값(Input)을 일관되고 예측할 수 있게 유지하는 Input 안정화 활동에서 관리계획서는 '무엇을, 어떻게, 얼마나 자주, 누가 관리해야 하는가'를 명확히 정의하는 데 사용된다.

① 표준 정립 단계에서의 활용

표준 정립 단계에서는 공정에 필요한 핵심 입력 요소(Input Parameter)와 품질에 직접적인 영향을 미치는 주요 품질 특성(Critical to Quality,

CTQ)[◎]을 식별하는 작업이 우선적으로 수행된다. 이를 통해 어떤 항목들을 관리하고 통제해야 하는지를 명확히 하고, 각 요소에 대한 초기 기준값, 관리 방식, 허용 범위를 설정할 수 있는 기반을 마련한다. 이 단계에서 수립된 기준은 이후 공정 운영, 품질 점검, 이상 대응 등 모든 품질 활동의 출발점이 되며, 관리계획서에 구체적으로 반영된다.

이러한 핵심 요소들에 대해 측정 방법, 허용 기준, 점검 빈도 등을 명확히 문서화한다. (예: 원자재의 강도, 작업자의 작업 절차, 장비 세팅값 등.)

Input 항목	관리 방법	기준	점검 주기
원자재 두께	마이크로미터 측정	2.0 ± 0.1 mm	입고 시 100% 검사

② 표준 준수 단계에서의 활용

공정 운영 중에는 관리계획서에 따라 주요 입력값이 기준 내에서 유지되는지를 지속적으로 점검해야 한다. SPC 등 실시간 데이터 기록 및 감시 시스템을 병행하면 입력값 이탈 시 즉시 인지하고 조치할 수 있다. 자동 로깅 시스템 또는 수기 체크리스트를 활용하여 데이터를 기록하고 관리할 수 있으며, 작업자는 관리계획서에 명시된 장비 온도 기준(예: 200 ± 5℃)에 따라 주기적으로 값을 측정하고 기록한다. 이상 징후가 발생하면 즉시 상위 보고 후 조치한다. 반복적이고 체계적인 점검을 통해 품질 이탈을 조기에 발견하고 사전 예방 활동이 가능해진다.

[◎] CTQ: 제품이나 서비스가 고객의 기대를 만족시키기 위해 반드시 충족해야 하는 핵심 품질 특성이다. CTQ는 고객의 VOC를 기준으로 도출하며, 품질 불만이나 불량의 주요 원인이 되므로 공정/설계 단계에서 집중하여 관리해야 한다. CTQ는 일반적으로 측정할 수 있고 관리 가능한 형태로 정의된다.

③ 이상 발생 시 개선 과제 활동에서의 활용

입력값이 기준을 벗어나 품질 이상이 발생한 경우, 관리계획서는 사후 대응 기준으로 활용된다. '이상 발생 시 조치 항목'에 따라 정해진 절차를 수행하며, 현장 대응을 표준화하고 일관성 있게 유지한다. 예를 들어, 공정 이탈이 발생하면 작업을 일시 정지하고 품질팀에 보고 후 원인 분석 및 시정 조치를 수행한다. 이때 수집된 기록은 RCA(Root Cause Analysis), FMEA 개선, 공정 개선의 근거 자료로 활용된다. 반복되는 품질 이슈는 관리계획서 재검토 및 갱신으로 대응할 수 있으며, 이를 통해 품질 관리 체계를 지속적으로 향상시킬 수 있다.

임시 및 최종 관리계획서 양식은 주 공정, 서브 공정, 세부 공정, 설비명, 관리 항목, 관리 여부, 관리 기준(규격), 측정 방법, 주관 부서, 관리 주기 등의 항목을 표준화하여 활용한다.

주 공정	서브 공정	세부 공정	설비명	Input 인자 (관리 항목)	관리 여부	관리 기준 (규격)	측정 방법	주관 부서	관리 주기

관리계획서 양식

Input 안정화 활동에 있어 관리계획서 활용 방법

관리계획서는 단순한 문서가 아니라, 공정의 입력(Input)을 표준화하고 안정화하는 핵심 도구이다. 관리계획서가 어떻게 Input 안정화에 기여하는지를 세부 단계별로 구조화하였다.

먼저 공정에서 품질에 영향을 미치는 주요 Input 인자를 식별하고 체계적으로 정리한다. 이를 위해 Man(작업자), Machine(설비), Material(자재), Method(작업 방법), Measurement(측정), Environment(작업 환경) 등 5M+1E 요소를 기준으로 공정별 입력 요소를 구분하고, 각 요소가 어떤 품질 특성(CTQ)에 영향을 미치는지를 명확히 분석한다. 이 과정은 불필요하거나 변동성이 높은 입력을 제거하고, 공정 품질에

Input 항목	관리 방법	기준
주 공정	제품 생산 또는 서비스 과정의 가장 큰 공정 단위	제품의 상태가 실질적으로 바뀌는 핵심 단계 예: 조립, 도장, 가공
서브 공정	주 공정 내의 중간 세부 단계, 기능 또는 설비 단위의 흐름	주 공정의 구성 요소로, 설비 단위 혹은 기능적 역할로 구분 예: 조립 내 '엔진 장착', '배선 연결' 등
세부 공정	서브 공정 내의 구체적인 작업 단위 또는 작업 절차	작업자가 수행하거나 설비가 실행하는 단위 동작 예: 볼트 체결, 커넥터 연결 등
설비명	해당 공정이나 세부 공정에 사용되는 장비 또는 기계의 이름	실질적인 작업을 수행하는 설비 예: 체결기, 토크렌치, 프레스기
관리 항목	해당 공정에서 중요하게 관리되어야 할 품질 특성 또는 공정 조건	공정의 입력 인자(Input Factors) 중 중요하거나 변동 관리가 필요한 항목 예: 체결 토크, 압력, 온도, 길이, 외관 상태 등
관리 여부	해당 항목을 실제로 관리 대상으로 포함할지 여부	Y/N 형식. 중요 특성(CTQ)은 반드시 관리 대상으로 포함 예: Y (관리함), N (관리 안 함)
관리 기준(규격)	관리 항목의 허용되는 수치적 범위 또는 규격	명확한 상·하한 값을 포함. 예: 10 ± 0.2 mm, 80 ± 5mm 등
측정 방법	관리 항목을 어떻게 측정하거나 검증할 것인지 2 방법	사용 장비 또는 측정 방식 명시 예: 캘리퍼스 측정, 육안 검사, 자동 센서 감지
주관 부서	해당 항목의 점검, 측정, 기록을 주관하는 부서	품질팀, 생산팀, 설비팀 등. 실질적 관리 책임 부서
관리 주기	관리 항목의 점검 및 측정 주기	시간, 수량, 작업 단위 기준 등 예: 매작업시, 2시간마다, 일 1회, Lot당 1회

핵심적인 영향을 미치는 요소를 우선 관리 대상으로 설정하는 데 기여한다. 예를 들어, 기계 부품을 조이거나 결합할 때 사용하는 '체결 토크'라는 품질 특성에는 체결기 종류(Machine), 작업자 숙련도(Man), 부품 치수(Material) 등이 주요 입력 인자로 작용하며, 이러한 정보는 향후 공정 표준화와 품질 통제의 기반이 된다.

표준화된 품질 관리를 위해 각 Input 요소에 대해 명확한 조건과 기준을 설정하는 것이 중요하다. 작업자가 따를 수 있도록 관리 기준, 허용 범위, 작업 조건을 문서화하고, 표준 작업 지침과 연계함으로써 작업자의 주관적 해석이나 방식 차이를 줄일 수 있다. 이를 통해 인력이나 설비가 교체되더라도 동일한 품질 수준을 유지할 수 있다. 예를 들어, "토크 값 80 ± 2mm"와 같이 명확한 기준을 설정하면 누구나 동일한 조건에서 작업이 가능하다.

각 입력값에 대해서는 측정 방법, 측정 주기, 담당 책임자를 명확히 정해야 한다. 또한 사용되는 측정 도구의 정밀도나 보정 주기도 함께 정의하여 측정값의 신뢰성을 확보하고, 관리 책임을 명확히 분담하여 누락을 방지해야 한다. 예를 들어, "온도 센서는 매주 보정, 설비팀이 담당하며 결과는 기록지로 보관"과 같이 구체적으로 지정한다.

공정 중 Input 값이 기준을 벗어날 경우에 대비한 대응 프로세스를 사전에 구축해 두는 것이 필요하다. 그러면 이상 징후를 조기에 인지해 불량이 발생하기 전에 선제적으로 대응할 수 있다. 예를 들어, "온도가 기준을 초과하면 즉시 공정을 정지하고, 설비팀이 점검 후 재가동 여부를 판단한다"는 식으로 대응 체계를 갖춘다.

마지막으로, 수집된 품질 데이터와 이상 사례를 분석하여 기존의 기준을 지속적으로 개선해나가야 한다. 그럼으로써 관리계획서는 고정된 문서가 아닌, 현장의 변화와 문제를 반영하는 살아 있는 관리 체계로 발전하게 된다. 예컨대 특정 Input 항목의 공정능력지수(Cp)가 0.8 이하로 낮게 나오면 기준값을 재설정하거나 추가적인 관리 항목을 설정하는 방식으로 대응할 수 있다. 이와 같은 지속적 개선 활동은 품질 리스크를 낮추고 전반적인 품질 수준을 끌어올리는 데 기여한다.

Input 안정화와 품질 추적성 관리

정보 시스템 구축이나 제조 등 품질 관리가 중요한 모든 분야에서 결과(Output)에 영향을 미치는 투입 요소(Input)를 체계적으로 관리하는 것은 매우 중요하다. 최종 산출물이 기대하는 수준의 품질을 갖추기 위해서는 요구사항, 설계서, 자재, 데이터 등 투입되는 모든 요소가 명확히 정의되고 표준화되어야 한다. 이를 관리하는 것이 바로 Input 관리이다.

한편 품질 추적성(Traceability) 관리는 이 투입 요소부터 최종 결과물에 이르기까지 모든 과정과 이력을 기록하고 추적할 수 있도록 하는 체계이다. 즉 어떤 입력이 언제, 어떻게, 누구에 의해 적용되었는지 추적할 수 있어야 문제 발생 시 원인을 정확히 파악하고 신속하게 대응할 수 있다.

따라서 Input 관리가 제대로 이루어지지 않으면 품질 추적성도 확보할 수 없게 된다. 예를 들어, 요구사항이 불명확하거나 변경 이력이 제대로 관리되지 않으면, 문제 발생 시 어느 단계에서 잘못되었는지 추적할 수 없게 되고, 이는 결국 품질 저하와 비용 증가로 이어진다.

결론적으로 Output의 품질을 높이고 안정적으로 관리하기 위해서는 무엇보다 Input을 철저히 관리하는 것이 중요하며, 동시에 품질 추적성 관리를 통해 모든 투입과 산출 과정을 명확히 기록하고 추적할 수 있어야 한다. 두 가지 활동은 상호 보완적으로 작용하므로 함께 운영하면 문제를 신속히 파악하고 대처해 조직의 품질 수준을 높일 수 있다.

Input 안정화와 QMS

Input 안정화 활동은 생산 과정이나 서비스 제공 시 사용되는 자원, 즉 원자재·부품·정보 등 입력 요소들의 품질을 안정적으로 유지하는 데 중점을 둔다. 이러한 활동을 통해 변동성을 줄이고, 품질 문제를 사전에 차단하는 것이 핵심이다.

QMS(Quality Management System)는 품질 목표를 설정하고 이를 달성하기 위해 품질 계획, 품질 보증, 품질 개선 등 조직 내 모든 품질 관련 활동을 통합해 체계적으로 관리·운영하는 정보 시스템이다. FMEA, SPC, PPAP 등 다양한 품질 관리 도구를 사용하여 Input의 품질을 지속적으로 모니터링하고 개선한다.

Input 안정화 활동은 QMS의 핵심적인 부분이다. 안정적인 입력이 이루어져야 생산 공정이나 서비스 제공 과정에서 발생할 수 있는 품질 문제를 최소화하고, 결과적으로 높은 품질의 제품이나 서비스를 제공할 수 있기 때문이다. QMS는 이러한 활동을 지원하며, 문제가 발생하면 피드백을 통해 신속히 해결할 수 있는 구조화된 체계를 제공한다. 또한 QMS의 PDCA 사이클을 통해 입력 요소의 품질을 지속적으로 개선해나갈 수 있다.

결국 Input 안정화 활동은 QMS의 품질 보증 및 개선 활동을 위한 기초가 되며, QMS는 이러한 안정화 활동을 체계적으로 관리하고 더욱 효과적으로 품질을 향상하기 위한 구조적 기반이 된다.

QMS, MES 등 정보시스템에 대한 내용은 5장 스마트팩토리에서 심층적으로 다루고자 한다.

06

성과 지표 기반의 모니터링과 개선
: Performance Measure

품질 성과 관리(Quality Performance Management, QPM)는 조직의 목표와 고객의 기대에 부합하는 품질을 지속적으로 달성하기 위해 성과를 측정, 분석, 개선하는 체계적인 프로세스를 말한다. 이 목표를 통해 조직은 품질 관련 목표를 명확히 설정하고, 이를 달성하기 위한 전략적 접근법을 설계 및 실행하며, 지속적인 품질 개선을 도모할 수 있다.

    Quality Chain 경영에서 성과 관리의 중요성은 매우 크다. Quality Chain은 제품 또는 서비스가 고객에게 전달되기까지의 전 과정(설계 → 개발 → 생산 → 유통 → 서비스 등)에서 품질이 어떻게 유지되고 향상되는지를 보여주는 흐름이며, 각 단계가 서로 긴밀히 연결되어 있어 한 단계의 문제는 전체 품질에 영향을 준다.

    품질 성과 관리의 주요 구성 요소는 품질 목표 설정, 성과 지표 개발, 성과 측정 및 분석, 개선 활동 실행, 성과 평가 및 피드백이다. 핵심 영역은 품질 KPI 관리와 품질 불량 비용(Cost of Poor Quality, COPQ)관리 두 가지로 구분할 수 있다.

    품질로 인한 수익성을 관리하기 위해서는 COPQ 관리가 필수적이다. 품질 문제는 재작업, 반품, 고객 불만 등으로 이어져 불필요한 비용을 유발하고 수익성을 떨어뜨린다. COPQ를 체계적으로 측정·관리하면 불량 원인을 사전에 차단하고 품질을 향상해 비용 절감과 함께 고객 만족도 향상, 나아가 전반적인 수익성 개선을 동시에 달성할 수 있다.

품질 성과 관리의 출발점은 조직의 비전과 고객 요구를 반영한 명확한 품질 목표를 설정하는 것이다. 이후 제품 불량률, 고객 만족도, 프로세스 효율성 등 측정 가능한 핵심 성과 지표(KPI)를 수립하여 품질 수준을 정량적으로 관리한다. 정기적인 성과 측정과 분석을 통해 문제점을 파악하고, 린 생산방식, 6시그마, PDCA 등의 기법을 활용해 개선 활동을 시행한다. 마지막으로, 개선 결과를 평가하고 조직 전반에 피드백하여 품질 관리 체계를 지속적으로 발전시킨다.

품질 성과 관리는 단순한 품질 관리 활동에 그치지 않고 조직 전체의 전략적 목표와 긴밀히 연계되어야 실질적인 가치를 창출할 수 있다.

품질 성과 측정을 위한 KPI의 구체적인 사례는 다음과 같다.

품질 성과 지표의 예

1. 제조업
- 제품 불량률: 총생산품 중 불량품의 비율
- 공정 결함률: 생산 공정 단계에서 발생하는 결함의 비율
- 납기 준수율: 고객 요구 납기일 내 배송된 주문 비율
- 재작업 비용: 제품 결함으로 인해 소요된 추가 비용
- 공정 가동률: 생산 설비의 실제 가동 시간 비율
- NTF율(Not To Find Rate): 불량으로 보고되었으나 실제로는 결함이 없거나 동일한 증상이 재현되지 않은 사례의 비율

2. 서비스업
- 고객 만족도 점수(Customer Satisfaction Score, CSAT): 고객 만족도를 평가하는 설문 점수

- 고객 불만 처리 시간: 고객 불만 접수부터 해결까지 걸린 평균 시간
- 서비스 제공 정확성: 요청된 서비스가 정확히 제공된 비율
- 재방문율: 동일 고객의 반복 이용 비율
- 평균 처리 시간(Average Handle Time, AHT): 고객의 서비스 요청을 처리하는 평균 시간

3. IT 및 소프트웨어업
- 버그 발생률: 배포된 소프트웨어에서 발견된 버그 수
- 시스템 가동 시간(Uptime): 시스템이 정상 작동한 시간 비율
- 해결 시간(Time To Resolve, TTR): 문제 해결까지 소요된 평균 시간
- 코드 품질 점수: 코드 품질을 평가하는 정량적 지표
- 고객 이탈률(Churn Rate): 서비스 사용을 중단한 고객 비율

4. 공통적 지표
- 첫 번째 통과율(First Time Quality, FTQ): 품질 검사에서 재작업 없이 통과한 비율
- 고객 클레임 건수: 고객이 제기한 품질 관련 불만 건수
- 순 추천 지수(Net Promoter Score, NPS): 고객이 조직을 추천할 의향을 평가하는 점수
- 비용 대비 품질 개선율: 품질 개선에 따른 비용 효율성 비율
- 품질 불량 비용(Cost of Poor Quality, COPQ): 품질이 요구되는 기준에 미치지 못해서 발생하는 모든 비용

이러한 품질 KPI는 조직의 목표와 산업에 따라 선택적으로 활용된다.

부적합 품질 비용(COPQ)이란?

품질 관리 지표를 정량적 데이터와 시각화를 통해 명확히 표현하고, 이를 기반으로 품질 관리가 기업의 재무 성과와 경영 목표에 미치는 영향을 분석하는 과정, 즉 가시화된 품질 성과의 경영적 해석이 필요하다. 이를 통해 품질 활동의 성과를 직관적으로 파악하고, 품질 관련 의사결정의 우선순위를 설정하며, 품질 개선 활동이 수익성, 비용 절감, 고객 만족도에 미치는 영향을 정량적으로 평가할 수 있다. 궁극적으로 이러한 경영적 해석을 통해 품질 관리가 경영 전략의 핵심 요소임이 드러난다.

일반적으로 품질을 비용으로 관리하는 방법으로 Q-cost와 COPQ가 있다. COPQ는 품질이 좋지 않아서 발생하는 모든 비용을 다루며, 여기에는 기회 손실 비용을 포함한 숨겨진 비용이 포함된다. 숨겨진 비용은 명확하게 계산되지 않거나 눈에 띄지 않지만 품질 문제로 인해 발생하는 간접 비용을 말한다. 그에 비해 Q-cost(Quality Cost, 품질 비용)는 품질 관리 활동과 관련된 전체 비용을 포괄하여 예방 비용, 평가 비용, 내부 실패 비용, 외부 실패 비용 등 계측 가능한 항목으로 나눈다. 숨겨진 비용은 보통 제외되며, 측정할 수 있는 품질 관리 비용에 집중한다.

COPQ를 기존의 직접적인 불량 비용뿐만 아니라 기회 손실 비용까지 포함하는 개념으로 확장하면, 품질의 재무적 영향과 시장 경쟁력까지 더욱 명확하게 관리할 수 있다. 즉 COPQ 관리를 통해 제품 품질이 기업의 경쟁력과 미래 수익에 미치는 영향을 명확히 인식하고 장기적인 품질 관리 전략을 수립할 수 있는 것이다.

또한 COPQ는 조직이 품질 문제로 인해 겪는 손실을 파악하기 위한 개념으로, 이를 실제 비용(Actual Cost)과 숨겨진 비용(Hidden Cost)으로 구분하는 이유는 단순히 눈에 보이는 손실만으로 전체 영향을 설명할 수 없기 때문이다.

실제 비용은 품질 문제로 인해 바로 드러나는 손실이다. 예를 들어 재작업, 불량품 폐기, 고객 클레임 처리, A/S 및 반품 등의 비용이 여기에 포함된다. 이러한 항목들은 회계 자료나 생산 기록을 통해 비교적 쉽게 추적할 수 있고, 수치로 명확하게 파악된다.

반면 숨겨진 비용은 눈에 잘 띄지 않고 수치화하기 어려운 간접적인 손실이다. 고객의 신뢰가 떨어지면 향후 매출이 감소하고, 반복되는 불량은 직원들의 사기를 떨어뜨린다. 품질 문제를 해결하기 위한 회의나 커뮤니케이션에 소요되는 시간도 누적되면 큰 손실로 이어지며, 브랜드 이미지가 나빠지거나 납기 지연으로 거래처를 잃는 등의 결과로도 나타난다. 이처럼 숨겨진 비용은 시간이 지나면서 점차 누적되고, 조직이 문제의 심각성을 인식했을 때는 이미 상당한 손실이 발생한 후인 경우가 많다.

이러한 COPQ 개념은 Quality Chain과도 밀접한 관련이 있다. Quality Chain은 제품이나 서비스가 고객에게 전달되기까지의 전 과정에서 품질이 서로 영향을 주고받는 흐름인데, 어느 한 단계에서 품질 문제가 발생하면 다음 단계로 연쇄적인 영향을 미치게 된다. 예를 들어 설계 단계의 오류는 생산 불량을 유발하고, 이는 납품 지연과 고객 불만으로 이어지며 결국 고객 신뢰도 하락으로까지 확산된다.

결국 초기의 작은 품질 문제가 전체 프로세스를 따라 확산되며 숨겨진 비용을 계속해서 키운다. 따라서 품질 비용 관리(COPQ 관리)는 단순히 드러난 직접 비용을 줄이는 것에 그치지 않고, 숨겨진 비용까지 포함해 전반적인 품질 리스크를 통합적으로 관리하는 식의 접근이 필요하다. 그래야만 조직은 품질로 인한 총손실을 줄이고, 장기적인 경쟁력을 확보할 수 있다.

Q-Cost에서 COPQ로

품질 비용 관리의 초점이 불량으로 인한 직접적 손실 비용을 관리하는 것에서 브랜드 가치 손상, 고객 이탈, 매출 기회 상실 등과 같은 기회 손실을 포괄하는 방식으로 확대되었다.

이러한 발전에 따라, 최근에는 품질 성과를 경영 관점에서 관리하기 위한 핵심 지표로 COPQ를 활용하고 있다. COPQ는 불량이나 품질 문제로 인해 기업이 추가로 부담해야 하는 비용을 포함해 품질이 낮아서 발생하는 모든 비용을 의미한다. COPQ는 품질 데이터를 시각화하여 경영진과 실무진 간의 소통을 강화하고, 의사결정의 효과를 높이는 것을 목표로 한다. 또한 품질 개선 활동의 투자 대비 성과인 투자 수익

구성 항목	Q-Cost(품질 비용)	COPQ(부적합 품질 비용)
정의	품질 확보 및 개선을 위한 모든 비용	불량으로 인해 발생하는 직접적 비용 + 기회비용
범위	Visual Cost 중심 예방 비용, 평가 비용, 내부실패 비용, 외부실패 비용 모두 포함	Hidden Cost 포함 Q-Cost + 손실과 기회비용 포함 필요시 내·외부 실패 비용만은 관리
목적	제품과 프로세스 품질을 최적화하고 불량을 예방	품질 문제로 인해 발생하는 모든 재정적 손실 관리
초점	사전 예방 및 품질 보증에 중점	불량으로 인한 손실과 기회비용을 줄이는 데 집중
재무적 영향	품질 비용 최적화 시 장기적으로 비용 절감 효과 있음	COPQ가 증가하면 단기적 손실뿐만 아니라 미래 기회도 상실
조직적 영향	품질 문화를 형성하고 기업 경쟁력을 강화	고객 신뢰 저하, 제품 인지도 손실, 시장 점유율 하락

Q-Cost와 COPQ 비교

률(Return on Investment, ROI)을 가시적으로 보여줌으로써 품질 성과가 기업의 재무 성과에 미치는 영향을 정량적으로 분석하고, 품질 문제로 인한 비용과 손실도 더 명확히 파악할 수 있다. 품질 관리가 기업의 수익성과 성장에 필수적임을 경영적 관점에서 설득력 있게 제시하는 것이다.

COPQ에 의해 가시화된 데이터는 품질 관리가 특정 부서의 책임을 넘어 전사적 목표라는 인식을 확산시키고 부서 간 협력을 촉진한다. COPQ를 줄이면 생산성 향상, 원가 절감, 고객 만족도 증가 등의 효과를 얻을 수 있다. 기업은 예방 비용과 평가 비용을 적정화하여 내부 및 외부 실패 비용을 줄이는 전략을 활용할 수 있다.

COPQ의 구성 요소

COPQ 관리에 있어 기업별 예방 비용, 평가 비용, 내부 실패 비용, 외부 실패 비용의 적정 비율은 기업의 산업 특성, 품질 전략, 고객 요구사항 등에 따라 다를 수 있다. 일반적으로 기업들이 추구하는 목표는 예방 비용을 최대화하고 실패 비용을 최소화하는 것이다.

COPQ를 효과적으로 활용하려면, 품질 문제 해결에 따른 비용 절감 효과를 COPQ 데이터를 기반으로 정량화하고, COPQ 개선 목표를 품질 관리의 KPI에 반영해야 한다. 품질이 기업 재무에 미치는 영향을 분석하여 경영진이 쉽게 이해할 수 있도록 설명하는 자료로도 COPQ를 활용한다.

COPQ를 매출액 대비 또는 제조원가 대비로 계산하면, 품질 저하로 인해 발생하는 비용이 전체 비용에서 어느 정도를 차지하는지 파악할 수 있다. 이를 통해 기업이 품질 개선을 위한 전략을 수립하고, 품질

구성 항목	예방 비용 (Prevention Costs)	평가 비용 (Appraisal Costs)	내부실패 비용 (Internal Failure Costs)	외부실패 비용 (External Failure Costs)
개념	품질 문제를 사전에 방지하기 위한 투자 비용	품질 문제를 감지하고 예방하기 위해 투자한 비용	제품이 고객에게 전달되기 전에 발생하는 결함 수정 비용	제품이 고객에게 전달된 후 발생하는 결함으로 인한 비용
일반적인 COPQ 비용	교육비, 프로세스 개선비, 품질 설계 비용	검사, 테스트, 품질 감사 비용	재작업, 폐기, 생산 중단 등 비용	반품, AS 비용, 보증 클레임, 고객 손실 비용
Quality Chain 이슈로 발생하는 비용	불필요한 절차 수립 비용, 이중 표준 운영 비용, 설계·공정별 리스크 관리 누락 또는 중복 비용, 불필요한 품질 시스템 도입 비용 등	재시험 및 반복 테스트 비용, 측정 기준 불일치로 인한 재측정 비용, 이중 검사 및 샘플링 중복 비용, 추가 평가 비용 등	설계 불일치로 인한 재작업 비용, 부정확한 기술 정보로 인한 생산 오류, 공정 전환 시 품질 이상 발생, 불필요한 공정 반복 또는 중복 검사 등	고객 요구사항 미반영으로 인한 클레임 비용, 정보 미공유로 납기 지연 및 오배송, 사후 서비스 증가, 사용자 불만 및 신뢰 저하 등
COPQ 권장 비율	총 매출액의 5~15%	총 매출액의 10~20%	총 매출액의 15~30%	총 매출액의 15~50%

COPQ의 구성 요소

비용을 최적화하는 데 유용한 지표로 활용할 수 있다.

COPQ 구성 요소 중 보이지 않는 비용인 Quality Chain의 단절 및 분절로 인해 발생하는 비용을 찾는 것이 무엇보다 중요하다.

COPQ 계산 방법

품질 비용은 발생처에 따라 제조원가성과 비제조원가성으로 구분한다. 제조원가성 품질 비용은 생산 과정에서 발생하며, 검사·재작업·공정 개선 등이 포함된다. 비제조 품질 비용은 출하 후 발생하며, 반품·리콜·법적 대응 등이 포함된다.

1. 매출액 대비 COPQ 계산

COPQ를 매출액 대비로 계산하면, 품질 문제로 인해 발생하는 비용이 전체 매출에서 차지하는 비율을 파악할 수 있다. 이를 통해 매출에 비해 품질 비용이 얼마나 큰지 확인할 수 있다.

계산 방법: COPQ 비율(매출액 대비) = (COPQ / 총 매출액) × 100

2. 제조원가 대비 COPQ 계산

COPQ를 제조원가 대비로 계산하면, 품질 저하 비용이 전체 제조비용에서 차지하는 비율을 파악할 수 있다. 이는 특히 제조 공정에서 발생하는 품질 문제의 효율적 해결에 중요하다.

계산 방법: COPQ 비율(제조원가 대비) = (COPQ / 총 제조원가) × 100

평가: 글로벌 기업의 제조원가 대비 COPQ 비율은 우수한 품질 관리 기업의 경우 1~5%, 평균적인 제조업체는 5~15%, 품질 문제가 많은 기업은 15~30% 이상으로 추정되며, 일반적으로는 5% 이하로 유지하는 것이 바람직하다.

제조원가성은 제품을 직접 생산하는 과정에서 발생하는 비용으로, 품질 문제와 관련된 대부분의 활동이 이 범주에 속한다. 비제조원가성은 제품 생산과 관련이 없지만 품질 문제로 인해 발생하는 비용으로, 고객 서비스나 관리 활동 관련 비용이 해당한다.

따라서 COPQ를 제조원가성과 비제조원가성으로 나누면 품질 관리가 어느 부분에서 주로 발생하는지를 파악할 수 있다. 이는 비용 절감과 품질 개선에 유용한 정보가 되며, 나아가 수익성에 대한 영향도 보다 명확히 확인할 수 있다.

품질 비용을 인건비·경비 등 계정 항목별로 나누어 작성하는 구체적인 방식은 기업마다 다를 수 있지만, 일반적으로는 다음과 같이 작성할 수 있다.

예방 비용(Prevention Costs, P-Cost) 구조

예방 비용 중 인건비는 품질 관련 인력의 급여이며, 경비는 품질 관리에 필요한 자원·도구·교육 등을 포함한다. 기타 비용은 외부 컨설팅 및 품질 개선 프로그램 참여 비용이다.

평가 비용(Appraisal Costs, A-Cost) 구조

(● = 해당 있음)

계정 항목	비용 항목	제조원가성	비제조원가성
인건비	품질 계획 수립 인건비		●
	직원 교육 인건비		●
	공정 개선 및 품질 향상 인건비	●	
	품질 분석 인건비	●	
경비	품질 설계 검증 테스트 경비	●	
	교육 경비		●
	품질 검사 장비 구매 경비	●	
	설비 유지보수 경비	●	
	품질 분석 비용	●	
기타 비용	외부 컨설팅 비용		●
	품질 개선 프로그램 비용	●	

예방 비용 구조

평가 비용은 품질을 평가하고 검사하는 데 드는 비용으로, 품질 수준을 확인하기 위한 모든 활동에 들어가는 비용을 포함한다. 이를 계정 항목별로 구분해 다음과 같이 작성해볼 수 있다. 평가 비용은 주로 품질 검사, 시험, 테스트, 검수 및 품질 관리 활동과 관련된다.

(● = 해당 있음)

계정 항목	비용 항목	제조원가성	비제조원가성
인건비	품질 검사 인건비	●	
	시험 및 테스트 인건비	●	
	검수 인건비	●	
경비	검사 장비 구매 경비	●	
	시험 비용	●	
	품질 인증 비용		●
	검사 및 시험 소모품 경비	●	
기타 비용	외부 시험 기관 비용		●
	품질 감사 비용		●
	검사 환경 구축 비용	●	

평가 비용 구조

내부실패 비용(Internal Failure Costs, IF-Cost) 구조

내부실패 비용은 품질 문제가 제품이 고객에게 전달되기 전에 발생하는 비용으로, 보통 재작업, 폐기 또는 불량품 처리와 관련된다. 이를 제조원가성과 비제조원가성으로 구분할 수 있다.

외부실패 비용(External Failure Costs, EF-Cost) 구조

외부실패 비용은 제품이 고객에게 제공된 후에 발생하는 품질 문제로, 리콜, 고객 불만 처리, 법적 비용 등을 포함한다. 이는 고객의 신뢰와 만족에 큰 영향을 미치므로 중요하게 관리해야 하는 항목이다.

이러한 매트릭스를 활용하면 품질 비용을 더욱 체계적으로 관리할 수 있으며, 품질 비용 절감 및 개선 방향을 효과적으로 설정하는 데 도움이 된다.

글로벌 품질 선도기업들은 품질 관리에 많은 투자를 하며, 예방적

(● = 해당 있음)

계정 항목	비용 항목	제조원가성	비제조원가성
인건비	생산 중 불량품을 재작업하는 작업자의 급여 및 수당	●	
	불량 분석 및 원인 조사 인력 인건비	●	
	공정 조정 및 수정 작업 인건비	●	
	창고에서 발생한 제품 손상의 조사 및 처리 인건비		●
경비	불량품 재작업을 위한 추가 자재 및 소모품 비용	●	
	공정에서 발생한 불량 폐기 비용	●	
	내부 물류 이동 중 제품 손상 비용		●
	공정 오류로 인한 생산 지연 비용	●	
기타 비용	생산 중 발생한 불량 제품 폐기 비용	●	
	제조 공정 조정 및 설비 변경 비용	●	
	제품 보관 중 변질 또는 파손으로 인한 폐기 비용		●

내부실패 비용 구조

(● = 해당 있음)

계정 항목	비용 항목	제조원가성	비제조원가성
인건비	고객 반품 제품의 재작업을 수행하는 생산 인력 급여	●	
	외부 클레임 대응을 위한 품질 엔지니어 인건비	●	
	고객 불만 및 컴플레인 대응 인력 급여		●
	제품 보증 서비스 수행 인력 급여		●
경비	반품 제품의 재작업을 위한 추가 자재 및 소모품 비용	●	
	클레임 대응을 위한 추가 품질 검사 비용	●	
	고객 보상비(환불, 교환)		●
	리콜 비용(제품 수거, 수리)		●
	반품 물류비(운송, 보관)		●
기타 비용	반품 제품을 처리하기 위한 외주 비용	●	
	브랜드 신뢰도 저하로 인한 매출 손실		●
	고객 이탈로 인한 마케팅 비용 증가		●

외부실패 비용 구조

품질 관리와 효율적인 공정 관리를 통해 COPQ를 지속적으로 낮추고, 내부실패 비용과 외부실패 비용을 최소화한다. COPQ 비율을 적절히 관리하면 비용 절감, 품질 향상, 경쟁력 강화를 동시에 달성할 수 있다.

Quality Chain 경영은 품질 비용을 사후 대응이 아닌 사전 예방 중심으로 전환하는 핵심 관리 방식이다. 품질 비용을 단순히 줄이기만 하는 것이 아니라 전체 사슬의 Input을 안정화하고 품질 흐름을 개선함으로써 궁극적으로 내·외부 실패 비용을 낮추고 조직 전체의 품질 경쟁력을 강화하는 것이 목표이다.

품질 개선 활동

품질 개선은 제품, 서비스, 프로세스의 성능과 효율성을 지속적으로 향상해 고객 만족과 비즈니스 성과를 극대화하는 활동이다. 이를 위해 문제를 분석하고 원인을 규명하며, 적절한 개선 방안을 설계·실행한다. 품질 개선은 데이터 기반 의사결정, 프로세스 최적화, 직원 교육, 고객 피드백 반영 등을 포괄하며, 기업 경쟁력을 강화하고 지속 가능한 성장을 지원한다.

그러므로 품질 개선 활동은 기업의 생존과 성장에 필수적이다. 이를 통해 고객 만족도를 높이고, 신뢰와 충성도를 쌓으며, 시장에서 경쟁력을 강화한다. 또한 불량률 감소, 비용 절감, 생산성 향상으로 운영 효율성을 높인다. 품질 개선은 법적·규제적 요구를 충족하고, 지속 가능성을 지원하며, 조직의 혁신 문화를 조성해 장기적 성공을 이끈다. 이는 고객과 기업 모두에 가치를 제공하는 핵심 경영 전략이다.

품질 개선 프로세스는 문제를 식별하고 해결하며 지속적인 발전을 도모하는 체계적인 접근 방식으로서, 일반적으로 PDCA와 6시그마 프로세스로 분류한다. 카이젠(Kaizen, 改善)은 작은 개선을 지속적으로 실행하여 큰 성과를 도출하는 PDCA 방법론이다. 6시그마는 데이터 기반 접근법으로, 결함률을 최소화하여 품질을 개선하는 데 초점을 둔다. 통계적 기법과 DMAIC 프로세스를 활용한다.

Quality Chain 경영에 있어 PDCA 개선과 6시그마 개선 방법론은 모두 조직의 품질 개선과 고객 만족 극대화를 목표로 하는 기법이다. 두 개념은 상호 보완적인 관계이며, 각각의 강점을 활용하여 시너지 효과를 낼 수 있다.

그 밖에 분임조 활동 프로세스는 문제를 체계적으로 해결하고 개선을 도모하기 위한 단계적 접근법이다. 주요 과정은 문제 정의 및 목표 설정, 현상 파악과 데이터 수집, 원인 분석(5 Why, 특성요인도 등 QC 7가지 도구), 개선 방안 도출 및 실행 계획 수립, 방안 실행, 결과 검증, 표준화 및 확산, 피드백 및 추가 개선으로 이루어진다. PDCA 사이클을 활용해 지속적 개선을 반복하며, 브레인스토밍이나 파레토 차트 등의 도구를 통해 효율성을 높인다. 이는 문제 해결의 체계성을 확보하고 조직 내 협업과 성과를 극대화하는 데 기여한다.

문제 해결을 위한 대표적인 접근 방식인 PDCA 사이클, 6시그마 DMAIC 방법론, 분임조 활동 프로세스는 구조적으로 유사하지만, 적용 목적과 활용하는 도구에서 차이가 난다.

PDCA 사이클은 품질 개선의 기본 틀로 널리 활용되는 순환형 문제 해결 방식이다. 먼저 'Plan' 단계에서 해결해야 할 문제를 정의하고, 그 원인을 분석하여 개선 계획을 수립한다. 다음 'Do' 단계에서는 세운 계획을 실제로 실행에 옮긴다. 'Check' 단계에서는 실행 결과를 평가하고 데이터를 분석하여 변화가 있었는지를 확인한다. 마지막 'Act' 단계에서는 개선 효과가 입증되었을 경우 이를 표준화하여 향후 유사한 문제에 적용할 수 있도록 한다. 이 네 단계는 반복적으로 순환되며 지속적인 개선을 이끈다.

6시그마의 DMAIC는 통계적 방법론에 기반한 체계적인 문제 해결 프로세스다. 첫 단계인 'Define(정의)'에서는 해결하고자 하는 문제를 명확히 정의하고, 프로젝트의 목표와 범위를 설정한다. 다음 'Measure(측정)' 단계에서는 현재의 프로세스를 정량적으로 이해하기 위해 데이터를 수집하고 주요 지표를 측정한다. 'Analyze(분석)' 단계에서는 수집된 데이터를 분석하여 문제의 근본 원인을 찾아낸다. 이후 'Improve(개선)' 단계에서는 원인을 제거하거나 줄이기 위한 실질적인 개선 방안을 도출하고 실행에 옮긴다. 마지막으로 'Control(관리)' 단계에서는 개선된 결과가 유지되도록 모니터링 체계를 마련하고, 변화가 지속되도록 관리한다.

분임조 활동은 실무자들이 자발적으로 참여해 현장의 문제를 개선하는 과정이다. 먼저 불량, 낭비, 안전 등 개선할 문제를 선정하고 중요도와 시급성 등을 고려한다. 그다음으로 현재 상태를 체크시트, 히스토그램 등으로 분석해 문제 규모를 파악한다.

근본 원인 분석에는 5 Why, 특성요인도, 브레인스토밍 등이 활용되며, 이를 바탕으로 실행 가능한 개선안을 도출하고 평가한다. 개선안을 실제 적용하고 효과를 측정한 뒤, 개선 전후 데이터를 비교해 효과를 검증한다. 효과가 확인되면 작업 표준에 반영하고 유사 공정이나 타 부서로 확산한다. 마지막으로 개선 결과를 보고서나 발표 자료로 공유하며 조직 내 지식 자산으로 전파한다. 이 과정은 문제 인식에서 원인 분석, 개선 조치 실행, 효과 검증, 표준화 및 확산까지 체계적·반복적으로 진행되어야 조직의 품질 개선 역량을 높일 수 있다.

Quality Chain 경영에서는 제품이나 서비스가 고객에게 전달되기까지 여러 부서와 과정이 연쇄적으로 연결되어 있다. 이 과정에서 한 부서의 품질 문제가 다음 단계에 영향을 미쳐 전체 품질에 악영향을 줄 수 있기 때문에, 부서 간 경계를 넘어서는 협업이 필수적이다.

따라서 교차기능팀(Cross Functional Team) 활동이 매우 중요하다. 교차기능팀은 설계, 생산, 품질, 영업 등 다양한 부서의 전문가들이 함께 모여 문제를 다각도에서 분석하고 해결책을 마련한다. 이를 통해 정보 단절과 분절을 줄이고, 문제 발생 시 초기부터 신속하고 효과적으로 대응할 수 있다.

또한 교차기능팀은 Quality Chain 경영 전반에 걸쳐 소통과 협력을 촉진하여 품질 문제의 원인을 근본적으로 해결하고, 예방 활동과 평가 과정을 효율화한다. 결과적으로 숨겨진 비용을 줄이고 품질 개선 효과를 극대화할 수 있다.

정리하면, Quality Chain 경영에서 성공적인 품질 관리를 위해서는 부서 간 장벽을 허물고 교차기능팀 중심의 통합적 접근이 핵심적이다.

- 기획 품질 개선 도구
- 설계 품질 개선 도구
- 구매 품질 개선 도구
- 생산 품질 개선 도구
- 물류 및 유통 품질 개선 도구
- 고객 품질 개선 도구

V

Quality Chain
경영 개선 도구

01

기획 품질 개선 도구

기획 품질 단계에서는 '고객 요구 → 제품 설계 → 리스크 예방'이라는 일관된 흐름을 통해 고객 중심의 품질 체계를 확보하는 것이 중요하다. 관련 도구로는 VOC, QFD, FMEA가 많이 사용된다. 이 세 가지 도구는 단절되지 않고 연속적인 사슬(Chain)처럼 서로 연결되어 제품·서비스 품질을 단계적으로 강화하는 데 기여한다.

먼저 VOC는 고객의 목소리를 수집하고 분석하는 과정을 말한다. 이를 통해 고객의 요구사항과 기대를 이해하고, 제품·서비스가 고객에게 어떻게 부응할지를 판단할 수 있다. QFD는 이러한 VOC를 기반으로 제품 개발 목표와 설계 요구사항을 정의하며, 다양한 기술적 해결책을 평가하고 선택하는 데 사용된다. FMEA는 제품이나 프로세스의 잠재적인 결함이나 문제점을 식별하고, 그것이 실제로 어떤 영향을 미칠 수 있는지를 평가하는 도구이다. 이 세 가지 도구를 연계하면 고객의 목소리를 체계적으로 반영하면서 제품의 설계 및 생산 단계에서 발생할 수 있는 잠재적 문제를 최소화할 수 있다.

고객의 소리(VOC)는 제품·서비스에 대해 고객이 무엇을 원하고 어떤 불만이나 기대를 가졌는지를 파악하는 것을 목적으로 한다. 이를 위해 고객 인터뷰, 설문조사, 콜센터 기록, VOC 데이터베이스 분석 등을 통해 데이터를 수집한다. 수집된 VOC는 고객의 '니즈'나 '욕구'로 정리되며, 이를 기반으로 정성적 고객 요구사항을 정량화하여 중요한 품질 요소(Critical to Quality, CTQ)를 도출한다. 예를 들어, 저소음 세탁기를 개선할 때 고객의 VOC가 "세탁기가 너무 시끄럽다"라면, 고객 니즈는 '소음이 적은 제품'이고, CTQ는 '작동 시 소음이 45dB 이하인 것'으로 정할 수 있다.

품질 기능 전개(QFD)는 고객 요구사항을 제품의 설계나 기술적 특성으로 전환하여 개발 과정에 반영하는 방법이다. 대표적인 도구로는 HOQ(House of Quality)가 있으며, 이 매트릭스에서는 왼쪽에 고객 요구사항(보통 VOC에서 도출된 CTQ), 상단에는 설계 요건이나 기술적 특성(HOWs)이 배치된다. 각 고객 요구와 설계 요건 간의 관계를 강함/중간/약함으로 평가하며, 경쟁사 비교, 기술 중요도, 난이도 등의 부가 정보를 추가할 수 있다. 예를 들어, 저소음 세탁기를 위한 CTQ를 바탕으로 다음과 같은 설계 특성을 도출할 수 있다. 모터 설계에서는 마찰을 최소화하고 정밀 제어 기능을 적용하며, 방음재 구조를 통해 소음 발생부를 외부와 격리한다. 진동 완충 구조를 적용해 소음의 주요 원인인 진동을 흡수하거나 격리한다.

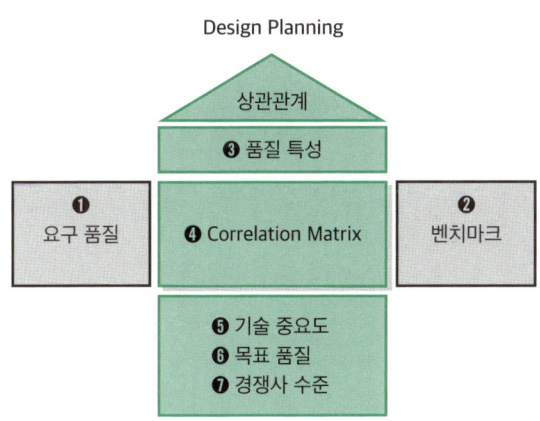

HOQ(House Of Quality)

항목 번호	시스템/ 서브 시스템	기능	잠재적 고장 형태 (Failure Mode)	고장 영향 (Effect)	심각도 (S)	고장 원인 (Cause)	발생도 (O)	현재 설계 제어 (Detection)	검출도 (D)	RPN (SxOxD)	개선 조치 제안	조치 후 S	O	D	RPN
								조치 전					조치 후		
1	모터 마운트 시스템	모터 진동 흡수 및 고정	진동이 충분히 흡수되지 않음	소음 증가, 부품 손상 위험	8	흡음재 성능 부족	6	CAD 분석, 진동 테스트	7	336	고성능 흡음재 채택, 마운트 구조 개선	8	3	4	96
2	외부 케이스	외부 충격 보호 및 견고성 유지	균열 발생	소음 증폭, 고객 불만	7	얇은 판금 재료 사용	5	재료 검토, CAE 진동 해석	6	210	두꺼운 재료 적용, 리브 보강 설계	7	2	3	42
3	배수 펌프	물 배출 기능	펌프 소음 과다	사용 중 불쾌감, 고장 오인 가능	6	펌프 고정 불량, 진동	5	성능 테스트 고장 확인	5	150	진동 완충 패드 적용	6	3	2	36
4	드럼/ 샤프트	회전 세탁 기능	중심 이탈	진동 및 소음 발생, 내구도 저하	9	조립 공차 미준수	4	정렬 공정, 공차 검사	6	216	정밀 공차 설계, 자동 정렬 가이드 적용	9	2	2	36
5	제어 PCB	소음제어 센서 신호처리	센서 오작동	노이즈 제어 실패	8	EMI 차폐 부족	3	EMI 테스트, 회로 검토	6	144	PCB 차폐 설계 강화, EMI 필터 적용	8	1	2	16
6	벨트 시스템	벨트 회전	벨트 파손	세탁물 회전 불균형, 세탁 불완전	7	환기구 막힘	4	벨트 장력 제어	4	112	벨트 장력 조정, 내구성 강화	3	2	3	18
7	배수 펌프 시스템	배수	배수 펌프 고장	배수 불량, 세탁 후 물빼짐 문제 발생	8	마찰 부품 설계 불안전	5	배수 펌프 설계	4	160	배수 펌프 청소 및 내구성 강화	2	3	2	12
8	문 잠금 시스템	문 잠금	세탁기 문 열림	세탁 중 문이 열려 세탁 불가능	9	부품 조정 불량	3	잠금 장치 설계	5	135	문 잠금 장치 개선, 센서 정확도 보완	2	2	2	8

[세탁기] DFMEA 작성 사례

FMEA(Failure Mode and Effects Analysis, 고장 모드 및 영향 분석)는 설계나 공정에서 발생 가능한 고장 모드를 사전에 예측하고 위험도를 분석해 예방 조치를 마련하는 방법이다. 일반적으로 설계 단계의 DFMEA와 공정 단계의 PFMEA로 구분되며, 먼저 기능을 정의한 후 해당 기능에서 발생할 수 있는 고장 모드를 파악한다. 이어서 고장 모드가 고객에게 미치는 영향을 분석하고, 고장 원인을 조사한다. 각 항목에 대해 심각도(Severity), 발생도(Occurrence), 검출도(Detection)를 점수로 부여하며, 이를 곱해 위험우선 순위지수(Risk Priority Number, RPN)를 산출한다. RPN 값에 따라 우선순위를 설정하고 어떻게 조치할지 계획한다. 예를 들어, 모터 작동 기능에서 '모터 과열'이라는 고장 모드가 발생하면 작동 중지나 심할 경우 화재로 이어질 위험이 있다. 그 원인은 환기구 막힘일 수 있으며, 이에 대한 예방 조치로는 열센서 추가나 통풍구 설계 변경 등을 고려할 수 있다.

요약하면 VOC 분석을 통해 고객의 요구를 체계적으로 수집하고, QFD를 활용해 이를 구체적 설계 요구사항과 가공·조립 조건으로 전환하여 각 단계 간 원활한 정보 흐름을 생성한다. 그다음으로 FMEA를 통해 설계와 제조 과정에서 발생할 수 있는 문제를 사전에 식별하고 개선하여 품질 단절과 분절을 예방한다.

이처럼 VOC, QFD, FMEA는 서로 긴밀히 연계되어 고객 요구를 설계에 정확히 반영하고 제조와 조립 단계까지 품질을 유지하는 데 활용된다. 이를 통해 설계 품질의 단절과 분절 문제를 효과적으로 해소할 수 있다.

기획 품질 단계의 셀프 체크 시트

다음은 설계 단계로 진입하기 전, 품질의 방향성과 전략을 설정하는 데 중점을 둔 점검 항목이다. 셀프 체크를 통해 단절이나 분절이 발생할 수 있는 위험 지점을 사전에 확인하고 점검할 수 있다.

1. 고객의 요구사항(VOC)이 기획 초기부터 구조화되어 품질 기획의 기준으로 반영되고 있는가?
2. 품질 목표가 전사적으로 일관되게 설정되어 각 부서(R&D, 제조, 구매) 간 정렬이 이루어졌는가?
3. 기획 품질 단계에서 제품별 또는 프로젝트별로 CTQ가 명확히 도출되었는가?
4. 유사 제품의 실패 사례, 클레임 이력, COPQ 데이터가 사전에 분석되어 반영되었는가?
5. 신제품 또는 신규 프로세스에 대한 사전 품질 리스크 분석(FMEA 등)이 체계적으로 수행되었는가?
6. 원가, 기능, 납기 등 타 부서 KPI와 품질 목표 간 균형을 고려해 계획을 수립하였는가?
7. 기획 품질 결과물(품질계획서, 사양서, 사전 검토 보고서 등)이 표준 형식으로 문서화되어 있는가?
8. 공급사 품질 기준과 기획 품질 내용이 연계되어 있으며, 초기 단계부터 품질 목표가 공유되었는가?
9. 초기 품질 계획 수립 과정에서 각 부서의 품질 관련 책임(R&R)이 명확하게 정의되었는가?
10. 기획 품질 단계의 결과에 대해 사내 품질위원회 또는 중간 검토 체계를 통해 검증·승인 절차가 이루어졌는가?

02
설계 품질 개선 도구

설계 단계에서는 제품을 더 용이하게 제조하고 조립할 수 있도록 설계해야 한다. 이 단계에서 사용되는 동시 공학(Concurrent Engineering)◎, DFM(Design for Manufacturing), DFA(Design for Assembly) 등의 도구는 비용 절감, 생산성 향상, 품질 개선에서 중요한 역할을 한다.

프론트로딩(Front-loading)은 개발 초기 단계에서 주로 활용되는 전략으로, 문제를 가능한 한 앞 단계에서 예측하고 해결하는 데 중점을 둔다. 이 접근법은 개발·설계·품질·제조 등 다양한 분야에 적용될 수 있으며, 초기 단계에만 국한되지 않는다.

제품 기획 초기에는 고객 요구를 선제적으로 반영하여 이후 발생할 수 있는 오류나 리스크를 예방하고, 설계 초기에는 제조성과 품질을 동시에 고려하여 설계 오류를 최소화해야 한다. 공정 설계 시에는 사전 검증을 통해 불량 발생 가능성을 낮춘다. 이러한 방식은 전 과정에 걸쳐 지속적으로 적용될 수 있다. 동시 공학은 프로세스 단절과 분절 문제를 해결하기 위해 다양한 부서가 초기부터 협력하고 정보를 공유함으로써 프로세스가 연속적·통합적으로 운영되도록 한다.

◎ 동시 공학: 제품 개발과 관련된 여러 부서(설계, 제조, 품질, 마케팅 등)가 병렬적으로 협력하여 제품을 개발하는 방식이다.

구분	업무 흐름	영향
기존 방식	• 업무가 단계별로 쪼개져 독립적으로 진행 • 부서 간 소통 부족, 정보 전달 지연 • 프로세스 단절과 분절 발생 빈번	• 프로세스 병렬화가 어려움 • 개발 기간 지연, 품질 문제 발생 가능
동시 공학 방식	• 부서 간 협업 강화, 정보 실시간 공유 • 업무가 병렬적으로 진행되어 단절 감소	• 프로세스 단절과 분절 최소화 • 효율적 업무 흐름으로 개발 속도 및 품질 개선

동시 공학의 효과

이처럼 프론트로딩은 각 업무 단계의 초기에 문제의 근본 원인을 파악하고 개선 조치를 마련함으로써 전체 업무 흐름의 효율성을 높이고, 최종 제품이나 서비스의 품질 향상에 기여하는 전략적 사고 방식이다.

DFM과 DFA는 Quality Chain 경영의 핵심 설계 단계로서, 제품의 제조와 조립 과정을 사전에 최적화하여 전체 품질을 높이는 역할을 한다. DFM은 제조 공정의 용이성과 일관성을 확보해 불량률을 줄이고 생산 효율을 향상하며, DFA는 조립 단계를 단순화하고 오류를 최소화하여 조립 품질과 시간을 개선한다. 이 두 설계 기법은 서로 보완적으로 작용하여 Quality Chain 내 각 단계―설계, 제조, 조립, 검사, 출하, 고객 서비스―에서 발생할 수 있는 문제를 예방하고, 제품의 신뢰성과 고객 만족도를 극대화함으로써 Quality Chain 경영 전반의 안정성을 보장한다.

설계 품질의 단절이란 설계 단계와 제조 또는 조립 단계 사이에서 정보와 요구사항이 원활하게 전달되지 않아 두 단계가 제대로 연결되지 않는 상태를 의미한다. 이로 인해 설계 의도가 제조 공정이나 조립 과정에 정확히 반영되지 못하고, 결과적으로 품질 저하나 생산 효율의 감소가 발생할 수 있다.

설계 품질의 분절이란 품질 관리 과정의 각 단계가 서로 독립적으로 운영되어 상호 협력이나 소통이 부족한 상태를 뜻한다. 이러한 분절은 전체 Quality Chain의 통합성을 약화하고, 문제 발생 시 신속하고 효과적인 대응을 어렵게 만들어 제품 완성도와 신뢰성에 부정적인 영향을 미친다.

이러한 단절과 분절 문제를 해소하기 위해 DFM과 DFA가 활용된다. DFM과 DFA는 설계 단계에서부터 제조와 조립 과정을 고려하여 설계를 최적화함으로써, 설계와 생산 단계 간의 정보 흐름을 원활하게 하고 각 단계의 협업이 유기적으로 이루어지도록 한다. 이를 통해 Quality Chain의 연속성을 유지하고 생산 효율과 제품 품질을 동시에 높일 수 있다.

DFM

DFM(Design for Manufacturing, 제조 용이성 설계)은 품질 관리의 시작점이자 핵심 통제 지점으로, 제조 품질을 설계 단계에서 확보하여 이후 제조 과정에서 발생할 수 있는 문제를 예방하는 역할을 한다.

DFM은 제품을 쉽고 저렴하게 제조할 수 있도록 설계하는 것을 목표로 한다. 이를 위해 가공 가능성, 예를 들어 절삭·성형·주조 등의 공정을 고려하며, 재료 선택 시에는 가공성과 원가를 함께 고려한다. 또한 공정의 수를 최소화하고 치수 허용차(Dimensional Tolerance)를 최적화하며, 표준 부품을 사용하도록 한다.

구체적인 예로는 복잡한 형상보다는 단순한 형상을 선택하고, 재료를 절약할 수 있는 구조로 설계하며, 여러 공정을 단일 공정으로 통합할 수 있도록 설계하는 방식이 있다.

다음은 방진 소재 적용, 부품 단순화, 정밀 조립 공정, 자동 소음 검사 등을 통해 세탁기의 저소음을 구현한 DFM 적용 사례이다.

저소음 세탁기 DFM 작성 사례

1. 재료 선택
- 내부 진동 흡수 패드 및 모터 하우징에 고강도 경량 플라스틱(예: 강화 폴리프로필렌)을 사용해 가공성과 내구성을 모두 확보한다.
- 금속 부품은 알루미늄 합금으로 교체하여 무게를 줄이고 가공 시간을 단축한다.

2. 형상 단순화
- 복잡한 형상의 진동 흡수 장치 부품을 간단한 원통형과 평판형 조합으로 재설계해 사출 금형 제작과 사출 공정을 용이하게 한다.
- 내부 드럼 고정용 브래킷은 단일 부품으로 통합해 용접 및 조립 공정을 줄인다.

3. 치수 및 공차 최적화
- 모터 베어링 부위의 치수 허용차를 ±0.05mm로 엄격히 관리해 고속 회전 시 진동을 최소화하고 불량률을 줄인다.
- 반면 비정밀 부위는 허용차를 ±0.3mm까지 확대해 불필요한 정밀 가공 비용을 절감한다.

4. 표준 부품 적용
- 나사, 볼트, 와셔 등 모든 체결 부품을 국제표준 규격으로 통일해

재고 관리 및 조달 효율성을 높인다.
- 특히 진동 흡수 패드 고정 나사는 모두 M5 규격을 사용한다.

5. 공정 수 최소화
- 드럼과 모터 연결부의 조립 공정을 기존 3단계에서 2단계로 축소하기 위해 커넥터 일체형 부품을 도입한다.
- 진동 흡수 패드 부착 공정을 자동화 가능한 스냅핏(Snap-fit) 방식으로 변경해 인건비를 절감한다.

6. 공구 접근성 개선
- 모터 하우징 내부에 공구 접근이 어려운 문제를 개선하여, 조립 중 공구가 쉽게 들어가도록 부품 위치와 형태를 조정한다.

7. 표면 처리 최적화
- 내부 금속 부품에 내식성 도금(니켈 도금)을 적용해 수명을 연장하고 유지보수 비용을 절감한다.

8. 생산성 향상
- 모듈화 설계를 도입해 모터, 진동 흡수 장치, 전자 제어판 등을 별도 공정에서 동시에 제조하고 후에 조립할 수 있도록 함으로써 생산 시간을 단축한다.

9. 비용 절감
- 사출 성형 공정에 적합하도록 부품 두께를 균일하게 조정해 변형과 수축 문제를 최소화함으로써 재작업 및 폐기율을 낮춘다.

10. 품질 안정성 확보

- 진동 흡수 패드 부착 위치에 표시 마킹을 추가해 작업자가 정확하게 부품을 배치할 수 있도록 하여 조립 불량률을 줄인다.

DFM를 통한 품질 확보 방식

DFM은 Quality Chain의 가장 앞단에서 품질을 책임지는 설계 전략이다. 제조를 고려하지 않은 설계는 불량률 증가, 생산성 저하, 조립 문제로 이어지며 전체 Quality Chain을 약화한다.

반면 제조성을 고려한 설계(DFM)는 제조 불량을 줄이고, 조립 공정과 최종 제품의 품질을 근본적으로 향상시킨다.

Quality Chain 단계	DFM이 기여하는 방식
제품 설계	가공성, 공차, 공정성을 반영하여 제조 불량 요인 사전 제거
제조(가공, 성형)	공정 조건 단순화, 공정 편차 최소화로 불량률 감소
조립 공정	부품 정밀도 및 일관성 확보로 조립 정합성 향상
검사 및 시험	검사 기준 명확화, 측정 가능성 확보
출하 및 유통	제품의 제조 용이성과 일관성 향상으로 고객에게 안정적인 제품 제공
고객 서비스	내구성, 신뢰성 향상, 오작동 및 결함 감소

DFM을 통한 Quality Chain 상 품질 확보 방식

DFA

DFA(Design for Assembly, 조립 용이성 설계)는 조립이라는 주요 제조 공정의 품질을 설계 단계에서 미리 보장하는 품질 전략으로, 단순히 조립을 쉽게 하는 것에 그치지 않고 전반적인 제조 효율성, 제품 신뢰도,

고객 만족도에 긍정적인 영향을 미친다. DFA는 불량을 사전에 차단하는 예방 중심 설계(Preventive Design)로, 사후 대응이 아닌 선제적 품질 확보를 지향하는 Quality Chain의 이상적 모델과 부합한다.

DFA의 목적은 조립 효율을 높여 비용을 절감하는 데 있다. 이를 위해 부품 수를 최소화하고, 대칭 설계를 통해 방향성 문제를 줄이며, 자동화에 적합한 구조로 설계하는 것이 중요하다. 결합 방법을 단순화하여 딸깍 소리로 체결이 확인되는 스냅핏 등의 클릭 결합 방식을 적용하고, 공구 접근성을 개선하는 점도 핵심 요소에 포함된다.

구체적인 예로는 나사 대신 클릭 방식 조립 설계를 도입하고, 좌우 대칭 부품을 사용해 방향 혼동을 방지하며, 하나의 모듈에 여러 기능을 통합하는 방식이 있다. DFA는 제품 개발 초기 단계에서 설계 최적화를 통해 비용·시간·품질 측면에서 큰 효과를 발휘하며, 특히 저소음 세탁기와 같이 정밀하고 부품 수가 많은 제품에서는 DFA 적용이 경쟁력 확보의 핵심 수단이 된다. 다음은 부품 수 최소화, 대칭 설계, 조립 방향 통일 등을 통해 세탁기 조립 공정 효율을 높이고 소음을 줄인 DFA 적용 사례이다.

저소음 세탁기 DFA 작성 사례

1. 부품 수 최소화
- 모터 브래킷과 진동 흡수 장치를 통합 설계하여 부품 수를 50개에서 38개로 줄인다.
- 통합 부품으로 조립 단계와 조립 시간을 축소한다.

2. 부품 방향성 단순화

모터와 베어링 조립 시 방향 혼동을 줄이기 위해 부품을 좌우 대칭 설계하고 맞춤 돌기를 추가하여 작업자가 쉽게 조립할 수 있도록 설계한다.

3. 부품 정렬 용이성

드럼과 외부 케이스를 연결하는 부품에 가이드 핀과 홈을 적용하여, 조립 시 자동 정렬되어 오차 없이 쉽게 결합하도록 한다.

4. 결합 방식 단순화

기존 나사 결합 방식 중 일부를 클릭 방식(스냅핏)으로 대체하여 공구 없이 손쉽게 조립할 수 있게 한다.
특히 진동 흡수 패드를 스냅핏 방식으로 고정해 조립성을 향상한다.

5. 표준 부품 사용

모든 나사·스프링·볼트는 국제표준 규격으로 통일하여 생산 및 유지보수 시 재고 관리를 효율화한다.

6. 모듈화 설계

모터 모듈, 제어판 모듈, 진동 흡수 모듈 등으로 설계해 조립 라인에서 독립적으로 조립 및 검사 가능하도록 설계한다.

7. 자동 조립 적합성

스냅핏 구조와 모듈 크기 표준화를 통해 로봇 자동화 조립에 적합하도록 부품 형태를 최적화한다.

8. 조립 공정 수 최소화

부품 수 축소와 결합 방식 개선을 통해 전체 조립 공정을 기존 15단계에서 10단계로 단축한다.

9. 조립 공구 접근성

모터 고정용 나사를 외부에서 쉽게 접근 가능한 위치로 옮겨 조립 속도를 향상한다.

10. 작업자 안전 고려

모터 회전 부품 주변에 보호 커버를 설계해 조립 시 작업자의 손 끼임 사고를 예방한다.

DFA는 설계 단계에서 조립 공정을 간소화하고 오류를 예방함으로써 제품 전체 Quality Chain의 효율성과 완성도를 높인다.

Quality Chain 단계	DFA가 기여는 방식
제품 설계	부품 수 줄이고 대칭·자동화 구조로 조립을 단순화
부품 제조	일관된 조립 기준을 반영한 설계로 제조 오차 허용
조립 공정	조립 시간 단축, 방향 오류 감소, 자동화 가능, 불량 감소
검사 및 시험	구조 단순화로 검사 포인트 감소 및 검사 시간 절감
출하 및 유통	조립 품질의 일관성 확보로 초기 불량 최소화
고객 서비스	내구성, 신뢰성 향상, 오작동 및 결함 감소

DFA를 통한 Quality Chain 상 품질 확보 방식

설계 품질 단계 셀프 체크 시트

다음은 설계 초기부터 품질을 내재화하고 전 공정과의 연계성을 확보에 중점을 둔 점검 항목이다. 셀프 체크를 통해 단절 및 분절이 발생할 위험이 있는 지점을 점검한다.

1. 고객 요구사항이 설계 사양으로 명확히 해석되어 설계 입력으로 반영되었는가?
2. 설계, 품질, 제조 부서 간 협업이 이루어져 정보가 단절되지 않았는가?
3. 설계 과정에서 제조성과 조립성을 고려한 DFM/DFA가 반영되었는가?
4. 과거 유사 설계의 실패 사례나 불량 데이터가 설계에 반영되었는가?
5. 설계 도면과 기술 문서가 정확하게 작성되고 표준화되었는가?
6. 설계 시뮬레이션 또는 검증 결과가 설계 개선에 반영되었는가?
7. 설계 변경이 발생할 경우 관련 부서 및 협력사에 즉시 공유되었는가?
8. 협력사에 제공된 사양이 명확하며 이해도 확인 절차가 있었는가?
9. 기능, 품질, 원가 간 균형점을 설계 단계에서 사전에 검토하고 합리적인 설계 결정을 내렸는가?
10. 최종 설계 결과에 대해 검토 및 공식 승인 절차가 수행되었는가?

03
구매 품질 개선 도구

구매 품질 단계에서는 원자재부터 최종 제품에 이르기까지 모든 생산 단계에서 품질이 지속적으로 유지·관리되는 것이 중요하다. 여러 도구 중 PPAP와 협력사 품질 인증 및 진단을 통해 구매 단계의 프로세스 단절 및 분절을 개선한다.

PPAP(Production Part Approval Process)는 부품 공급 단계에서 새로 개발되거나 변경된 부품이 고객의 요구사항과 품질 기준에 적합한지를 검증하는 공식적인 승인 절차로, 제품 품질을 보증하고 제조 과정의 리스크를 줄이는 핵심 도구이다. PPAP를 통해 부품이 승인되어야만 생산 공정의 다음 단계로 넘어갈 수 있으며, 이는 Quality Chain 경영 전반에 걸쳐 품질 사고를 예방하고 안정적인 제품 생산을 보장하는 역할을 한다. 따라서 PPAP는 Quality Chain 경영 내에서 품질 관리를 체계화하고 고객에게 신뢰할 수 있는 제품을 제공하기 위한 중요한 연결 고리라고 할 수 있다.

PPAP란?

새로운 부품이나 변경된 부품을 양산하기 전에 해당 부품이 설계와 규격에 맞고 품질이 안정적인지를 확인하는 공식적인 절차이다. 주로

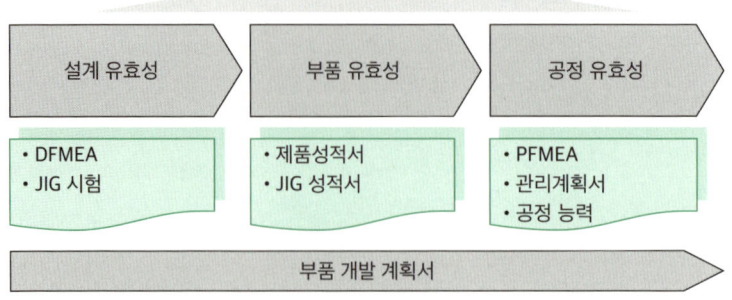

PPAP 체계

자동차, 항공, 전자 등 제조업 분야에서 많이 사용한다.

양산 투입 전, 부품의 품질을 체계적으로 검증하고 승인하는 절차를 통해 설계와 규격 요구사항이 제대로 충족되는지 확인한다. 양산 단계에서 발생할 수 있는 품질 문제를 방지함으로써 고객과 공급자 간에 신뢰를 구축할 수 있다. 또한 설계나 공정 변경 시 변경 사항이 품질에 미치는 영향을 평가하고 승인함으로써 품질 저하나 불량 발생을 최소화한다. 표준화된 승인 절차를 통해 일관된 품질 수준을 유지하여 제품 신뢰도와 고객 만족도를 높인다. 또한 이 과정에서 생성된 문서들은 체계적인 품질 이력 관리와 문제 발생 시의 신속한 원인 분석 및 대응 조치에 활용된다.

PPAP 절차의 목적은 고객, 예를 들어 완성차 업체 등에게 부품이 요구사항에 적합하다는 것을 증명하고 부품 제조 공정에서 안정적으로 제품을 생산할 수 있음을 보장하는 것이다. 그럼으로써 불량률을 줄이고 품질 사고를 예방한다. PPAP 제출 서류에는 디자인 기록(도면, CAD 파일 등), 공정 흐름도, 제어 계획서, 검사 결과 보고서(측정 시스템 분석,

치수 결과 등), 초도 샘플, 기능 및 성능 시험 결과, 그 밖에 고객사가 요구하는 문서 등이 포함된다.

PPAP 제출 수준은 고객의 요구에 따라 다르며, 보통 1~5단계로 구분된다. 레벨 1은 최소한의 문서만 고객에게 제출하는 단계이며, 레벨 2는 문서 제출에 더해 고객 요구 시에는 샘플도 제출한다. 레벨 3은 가장 일반적인 단계로, 모든 요구 문서와 샘플을 제출한다. 레벨 4는 고객이 별도로 요구하는 추가 서류나 검사를 수행하는 단계이며, 레벨 5는 현장 방문 심사를 포함하는 매우 엄격한 검증 단계이다.

이처럼 PPAP 레벨은 주로 고객사, 즉 완성차 업체나 OEM, 혹은 최종 제품 제조사가 결정한다. 고객사는 부품의 중요성, 안전성, 과거 품질 이력, 생산 규모, 리스크 평가 등을 고려해 공급업체에 요구할 PPAP 레벨을 정한다.

협력사 품질 인증 및 진단

협력사 품질 인증 및 진단은 기업이 협력사의 제품이나 서비스가 정해진 품질 기준을 충족하는지 평가하고 확인하는 과정이다. 먼저 기업은 제품의 성능, 내구성, 안전성, 생산 공정 등을 포함해 협력사가 지켜야 할 품질 기준을 명확히 설정한다. 이후 협력사의 제품이나 서비스가 이 기준에 부합하는지 품질 검사와 시험을 통해 검증한다. 평가 결과에 따라 개선이 필요한 부분을 진단하여 협력사에 개선을 요구하며, 이를 통해 품질 향상을 도모한다. 최종적으로 협력사가 품질 인증을 획득하면 기업과 강화된 신뢰를 바탕으로 안정적인 거래 관계를 유지할 수 있다. 이러한 절차를 통해 기업은 협력사로부터 우수한 품질의 제품과 서비스를 안정적으로 공급받을 수 있으며, 고객에게도 높은 품질의 제품을 제공할 수 있다.

또한 협력사의 품질 인증 및 진단은 발주 기업과의 프로세스 단절을 방지하고 안정적인 공급망을 유지하는 데 있어 매우 중요하다. 협력사가 인증된 품질 시스템을 보유하고 정기적인 품질 진단을 통해 자체 공정과 제품의 품질 수준을 점검하지 않으면 품질 문제로 인해 납기 지연, 불량 발생, 반복 클레임 등과 같은 이슈가 발생하게 된다. 이는 곧 발주 기업의 생산 일정과 운영 흐름에 직접적인 영향을 미쳐, 공급망 전체의 연속성을 저해하는 등 프로세스 단절로 이어져 기업의 신뢰도와 경쟁력을 약화할 수 있다. 따라서 협력사의 품질 인증 및 진단 체계는 단순한 요구사항을 넘어 발주 기업과의 통합된 품질 관리 체계 구축과 공급 안정성 확보의 핵심 수단이라 하겠다.

구매 품질 단계 셀프 체크 시트

다음은 공급사의 품질 리스크 조기 차단, 초기 품질 안정성, 품질 연계 체계 강화에 중점을 둔 점검 항목이다. 셀프 체크를 통해 단절 및 분절이 발생할 위험이 있는 지점을 점검한다.

1. 구매 요청 사양서가 명확하게 정의되어 있어, 사양에 대한 오해 가능성이 없는가?
2. 공급사 평가 기준이 일관되며 품질 중심으로 구성되어 있는가?
3. 초도품 및 샘플에 대한 품질 검증 절차가 적절히 수행되었는가?
4. 공급사에 도면, 사양, 검사 기준 등이 정확하게 전달되었는가?
5. 수입검사 기준이 사내 표준과 일치하여 검사 편차가 없는가?
6. 수입검사 결과는 시스템에 등록되어 내부적으로 적절히 공유되고 있는가?

7. 반복되는 불량에 대해 근본 원인 분석이 수행되고 있는가?
8. 공급사와 품질 문제에 대해 재발 방지 대책을 협의하고 실행하고 있는가?
9. 구매, 품질, 물류 부서 간 커뮤니케이션 체계가 구축되어 있는가?
10. 공급사별 품질 성과 및 이력 정보가 체계적으로 관리되고 있는가?

04

생산 품질 개선 도구

스마트 기술의 도입으로 생산 공정이 빠르게 진화하고 있다. 과거에는 사람이 직접 공정을 점검하고 문제를 찾아 해결하는 방식이었지만, 이 방식은 여러 한계를 지니고 있었다. 모든 데이터를 실시간으로 확인하기 어렵고, 문제가 발생해도 즉각적으로 대응하기 어려웠기 때문이다. 하지만 스마트 기술, 예를 들어 센서, IoT, 인공지능(AI) 덕분에 생산 현장에서 발생하는 다양한 데이터를 실시간으로 수집하고 분석할 수 있게 되었다. 시스템이 자동으로 문제를 감지하고, 어디서 어떤 문제가 발생했는지 가시화해 보여주므로 관리자가 바로 원인을 파악할 수 있다.

이러한 스마트 기술을 바탕으로 생산 전체를 통합·관리하는 공장 시스템을 스마트팩토리라고 한다. 이제는 생산 설비, 물류, 품질 관리, 에너지 관리 등 모든 공정이 연결되어 데이터를 주고받으며 자동으로 최적화된다. 인공지능은 문제를 사전에 예측해 필요한 조치를 자동으로 수행할 수 있는 수준에까지 도달했다. 결국 불량률이 줄고, 비용이 절감되며, 전체 공정은 더 유연해지고 빨라진다.

스마트팩토리는 도요타의 린 생산방식을 기술적으로 확장한 형태다. 린 생산은 불필요한 낭비를 줄이고 효율을 극대화하는 철학으로, 스마트팩토리는 여기에 센서, IoT, AI 등의 기술을 접목해 실시간으로 낭비를 감지하고 자동으로 개선 조치를 취한다. 즉 스마트팩토리는 린 생산방식의 원칙을 디지털화·자동화한, 진화된 생산 시스템이라 할 수 있다.

디지털 제조

스마트팩토리에 기반한 디지털 제조(Digital Manufacturing)는 생산 현장에서 발생하는 단절과 분절을 제거하는 효과적인 방법론으로 자리 잡고 있다. 기존의 생산방식에서는 정보 전달 지연, 부서 간 협업 부족, 현장 대응 한계 등으로 인해 설계·제조·품질·물류 간 연결이 끊기기 쉬웠다. 그러나 디지털 제조는 이러한 문제들을 시스템 중심으로 통합하여 실시간 데이터와 자동화 기술을 통해 흐름의 연속성을 확보한다.

예를 들어, 생산 설비에 부착된 IoT 센서와 MES 시스템은 공정 정보를 실시간으로 수집하고 공유한다. 설비 이상이나 품질 문제를 조기에 감지하고 관련 부서에 즉시 전달하는 것이다. 이는 문제 인식과 조치 간의 단절을 제거하며, 동시에 자율 정지, 안돈 시스템, 자공정 완결 같은 TPS 원리를 디지털 기술로 강화하는 구조를 만든다. MES와 연계된 SPC 시스템은 품질 이상을 사전에 감지하고 통계적으로 제어함으로써 검사 공정과 후속 품질 피드백 사이의 분절을 줄인다.

작업자와 관리자 간의 지시와 정보 공유는 종이 문서나 구두 전달이 아닌 디지털 기반의 표준 작업 지침(SOP)과 자동 알림을 통해 실시간으로 이루어진다. 이를 통해 현장 혼선이나 업무 지연이 줄어들고, 변화에 대한 민첩한 대응이 가능해진다. 이처럼 스마트팩토리는 디지털 기술을 통해 공정 간, 부서 간, 정보 간 연결성을 강화하며, 제조 현장의 단절과 분절을 체계적으로 제거하는 실천적 플랫폼이다. 결국 스마트팩토리는 '지속 개선(Kaizen)'을 실시간 데이터 기반의 구조적 활동으로 전환하는 핵심 수단이 된다.

디지털 제조 개념과 TPS로 대표되는 린 생산방식을 융합해 구조화한 스마트팩토리의 핵심 개념은 자율 정지, 안돈 시스템, 자공정 완결 등으로 요약된다.

생산 단계의 자율 정지는 품질 관리 실현을 위한 핵심 수단 중 하나로, 자기 공정의 문제를 스스로 멈추고 해결하는 메커니즘이다. '자공정에서 완벽한 품질을 확보해 후공정으로 넘긴다'는 Quality Cahin 경영의 핵심 원칙과 일치한다.

자율 정지, 안돈 시스템 및 자공정 완결은 현장에서의 자율적 품질 확보를 돕고, 공정 간 신뢰 체계 구축과 Quality Chain 경영의 기반이 된다.

자율 정지 현장 시스템 구축

자율 정지는 도요타 생산방식(TPS)의 핵심 원칙 중 하나로, '문제가 발생했을 때 기계나 작업자가 생산을 즉시 정지하여 불량을 만들지 않고 문제를 근본적으로 해결하는 시스템'을 의미한다. 이를 통해 불량이 다음 공정으로 넘어가는 것을 원천적으로 차단하고, 작업자에게 문제 해결의 권한을 부여함으로써 자율적인 품질 책임을 강화하는 것이 핵심이다. 이는 단순한 자동화가 아니라 문제를 인식하고 대응할 수 있는 '사고하는 자동화(Autonomation)', 즉 인간의 지혜가 반영된 자동화이다.

자율 정지 시스템은 문제 발생 지점에서 공정을 바로 멈추기 때문에 원인을 정확하게 분석할 수 있다. 작업자에게 정지 권한을 부여함으로

항목	방법
문제 감지 방법 설정	자동 센서(비전, 온도, 이상음 등) 또는 작업자의 수동 감지
정지 메커니즘 구현	기계 제어 시스템에 이상 발생 시 자동 정지 기능 탑재
이상 시 대처 절차 표준화	정지 후 조치 방법, 담당자 호출, 복구 방법 등 매뉴얼화
데이터 기록	정지 발생 시점, 원인, 조치 시간, 대응자 기록 → 개선 분석 자료로 활용

자율 정지 현장 시스템 구축 방법

써 품질 의식을 높이고 자율적인 참여를 유도할 수 있으며, 반복되는 문제는 시스템적으로 개선할 수 있어 지속적인 품질 향상에 기여한다. 전 직원 대상 교육을 통해 "문제를 발견하면 멈추는 것이 책임"이라는 품질 중심 문화를 확산하고, 관리자도 생산보다 품질을 우선하는 리더십을 발휘해야 한다.

자율 정지 현장 시스템은 안돈 시스템과 연계된다. 시각 및 청각 알림으로 관리자를 호출하고, IoT 센서와 PLC 제어기를 활용해 이상을 자동 감지해 설비를 정지한다. MES/ERP와 연동해 품질 이상 데이터를 기록하고 추적한다.

자율 정지는 단순히 멈추는 것이 아니라, 불량을 만들지 않고 지속적으로 현장을 개선하는 '품질 내재화' 시스템이다. 자율 정지의 성공 요건은 작업자가 눈치 보지 않고 자율적으로 라인을 멈출 수 있는 권한과 분위기 조성, 정지 후 즉시 책임자 대응 → 분석 → 조치 → 재가동 루틴 확립, 정지 이력 관리 및 개선 회의와의 연계를 통한 데이터 기반의 지속적 개선이다.

안돈 시스템

안돈(Andon) 시스템은 생산 현장에서 이상 발생 시 작업자나 기계가 즉시 시각적 또는 청각적으로 경고를 보내 문제를 알리고, 적시에 대응할 수 있도록 하는 시스템이다. '안돈'이라는 용어는 등불을 뜻하는 일본어에서 유래했으며, TPS의 품질 및 생산성 향상 수단으로 발전했다.

안돈 시스템은 중요한 품질 관리 도구로서, 문제가 발생하면 즉시 생산을 멈추고 관련 부서에 알릴 수 있어 불량이 다음 공정으로 넘어가는 것을 방지하고 품질 손실을 최소화한다. 작업자가 직접 문제를 감지하고 안돈을 작동해 자율적으로 품질을 관리할 수 있고 책임 의식도 높아진다. 문제 정보가 실시간으로 관리자나 관련 부서에 전달되므로 생산 중단 시간과 낭비를 줄일 수 있으며, 발생한 문제를 기록한 데이터는 반복 원인을 분석하고 개선하는 데 활용할 수 있다.

또한 안돈 시스템은 부서 간 정보 공유와 협업을 촉진하고, 생산 현장과 지원 부서 간의 커뮤니케이션을 원활하게 만든다. 특히 디지털 안돈은 IoT, MES, ERP와 연계되어 실시간 모니터링 및 통합 관리가 가능하며, 스마트팩토리 구축을 위한 핵심 기반으로 작용한다.

안돈시스템 유형

안돈 시스템은 "문제를 숨기지 않고, 드러내고, 즉시 대응할 수 있도록 하는 생산 현장의 '눈과 입'이다." 공정별로 자주 발생하는 문제 유

항목	방법
입력 장치	작업자가 당기는 줄, 버튼, 센서 등 (문제 발생 신호 입력)
표시 장치	경고등, 화면, 대시보드 (문제 발생 위치 및 상태 표시)
알림 장치	경고음, 부저, 메시지, 모바일 알림
대응 체계	관리자 호출, 조치 담당자 자동 지정
데이터 저장 시스템	발생 시간, 원인, 조치 시간 기록 및 분석

안돈시스템 유형

형을 파악하여(예: 품질 이상, 장비 정지, 부품 미투입 등) 각각에 대한 경고 신호 체계를 정의하고 구축한다. 기록된 데이터를 통해 지속적 개선을 도모한다.

자공정 완결

도요타의 '자공정 완결(Self-process Completion)'은 단순한 품질 관리 방식이 아니라, 전 직원이 '내 공정에서 품질을 완결한다'는 책임 의식을 가지고 작업에 임하는 근본적인 철학이다. 이 개념은 자공정 완결을 고안한 도요타의 생산 현장에서 매우 구체적이고 실천적인 방식으로 적용된다.

예를 들어, 도요타의 차체 용접 라인을 살펴보자. 이 공정에서는 용접 로봇이 차체의 여러 부위를 자동으로 용접한다. 도요타의 라인에서 각 작업자는 자신이 맡은 세부 공정에 대해 철저한 품질 기준을 적용하며, 용접이 잘못되었거나 위치가 어긋난 경우 즉시 라인을 멈출 수 있는 권한을 갖는다.

이러한 시스템은 도요타가 자랑하는 안돈 시스템과 연결되어 있다. 작업자는 공정 중 이상을 감지하면 라인 옆에 설치된 줄을 당기거나 버튼을 눌러 라인을 정지하고, 즉시 팀 리더가 현장으로 달려와 문제를 확인하고 해결 방안을 논의한다. 이 과정은 작업자의 잘못을 추궁하기 위한 것이 아니라, 문제를 조기에 발견하고 조직 전체가 학습하며 개선하기 위한 절차이다.

이처럼 도요타의 자공정 완결은 문제를 예방하고 원인을 제거하는 접근 방식이다. 각 공정에서 품질을 보증해야 하므로 '나 하나쯤이야'라는 태도는 배제되며, 현장 직원 개개인은 자율성과 책임감을 바탕으로 스스로 판단하고 조치할 수 있도록 훈련된다.

이 원칙은 최종 품질 검사를 위한 인력과 시간을 줄이고, 공정 내 불량률 감소, 재작업 방지, 고객 만족도 향상으로 이어진다. 도요타는 이를 단순한 기술 도입이 아닌 현장 중심의 의식 개혁과 문화 정착 관점으로 접근해 왔기 때문에 세계 최고 수준의 품질 경쟁력을 확보할 수 있었다.

MES와 SPC

스마트 기술의 발전은 제조 현장의 혁신을 이끌고 있으며, 그 대표적인 예로 MES와 SPC를 들 수 있다. 이 시스템은 관리에서 생산 실적의 모니터링까지 전반적인 제조 활동을 디지털화하여 운영의 효율성을 극대화한다.

MES(Manufacturing Execution System)는 생산 계획 수립부터 작업 지시, 자재 추적, 품질 관리까지 생산 과정을 실시간으로 관리·실행하는 시스템이다. 이를 통해 데이터를 체계적으로 수집하고 분석함으로써 신속한 의사결정과 문제 해결이 가능해진다.

SPC(Statistical Process Control)는 통계적 기법을 활용하여 제조 공정 중 발생하는 변동성을 모니터링하고 제어하는 품질 관리 방식이다. 공정 데이터를 지속적으로 수집·분석함으로써 이상 징후를 조기에 발견하고, 품질 저하를 사전에 방지할 수 있다. 이는 불량률을 줄이고 일관된 제품 품질을 유지하는 데 중요한 역할을 한다.

이처럼 MES와 SPC의 통합적 운영은 스마트팩토리 구축의 핵심 요소로 작용하며, 제조업체가 생산성과 품질을 동시에 확보할 수 있는 기반이 된다. 궁극적으로는 전반적인 제조 경쟁력 향상과 데이터 기반의 지능형 생산 환경 구현에 기여한다.

생산 품질 단계의 핵심 구성 요소: TPS와 디지털 기술 융합

TPS의 철학(5S 및 시각화를 기반으로 한 현장 중심 운영, 흐름 유지, 문제 예방)은 디지털 기술(MES, SPC, IoT, ERP 등)을 통해 구체적으로 구현된다. 이러한 융합은 제조 현장의 단절과 분절을 제거하고 지속적인 개선을 실현하는 스마트팩토리의 핵심 토대이다. 특히 품질 불량과 낭비, 공정 중단을 예방하기 위해 실시간 데이터 기반의 의사결정 및 자율적 현장 운영 체계를 구축하여 자율 정지, 자공정 완결, 지속적인 개선 활동이 자연스럽게 실행될 수 있는 환경을 마련한다.

항목	TPS 원리	디지털 기술 대응	역할 및 개선 효과
자율 정지	이상 발생 시 작업자가 즉시 설비를 정지	자동 정지 장치, IoT 기반 설비 상태 감지 시스템	불량 확산 방지, 설비 이상 조기 대응
안돈 시스템	문제 발생 시 즉시 시각적·청각적으로 알림	디지털 안돈 보드, 설비 연동 알람, 모바일 알림	공정 이상 가시화, 관리자·작업자의 즉시 대응 유도
자공정 완결	공정 내 문제는 공정 내에서 해결	자동 검사 시스템, 공정 내 불량 검출 알고리즘	다음 공정으로의 불량 전이 방지, 품질 내재화
JIT 시스템	필요한 시점에 필요한 양만큼 생산	ERP-MES-WMS 통합, 실시간 수요-공급 연동	낭비 제거, 재고 최소화, 흐름 최적화
표준 작업 지침(SOP)	작업자의 작업 방법 표준화	디지털 작업 지시 시스템, 모바일·AR 작업 안내	작업 편차 감소, 품질 안정성 향상
지속적 개선	현장 중심의 개선 제안과 실행	데이터 기반 개선 관리 시스템, AI 기반 품질 개선 알고리즘	반복 문제 제거, 개선 문화 내재화
5S 및 시각화	정리·정돈·청결·청소· 습관화, 문제의 가시화	대시보드, 실시간 현황 모니터링 보드, 시각경고 시스템	문제 인식 속도 향상, 현장 질서 확보
MES	생산 정보의 흐름을 실시간으로 연결	작업 지시, 생산 실적, 설비 이력, 품질 정보 통합 관리 시스템	부서 간 단절 제거, 실시간 흐름 제어
SPC	변동 관리를 통해 품질 안정화	통계적 품질 제어 시스템, 이상값 감지 및 경고 기능	품질 이상 사전 예방, 검사와 공정 간 분절 해소

TPS 원리 대비 지디털 기술 대응 비교표

생산 품질 단계 셀프 체크 시트

이 항목들은 디지털 제조 및 TPS 기반 스마트팩토리 개선 활동에 적합하며, 현장 자율 품질·설비 이상 대응 체계 점검에 효과적으로 사용될 수 있다. 셀프 체크를 통해 단절 및 분절이 발생할 위험이 있는 지점을 점검한다.

1. 설계 및 사양 변경 사항이 작업표준서와 작업지시서에 즉시 반영되었는가?
2. 작업자가 공정 이상을 인지했을 때 설비를 자율 정지할 수 있는 권한과 환경이 마련되어 있는가?
3. 안돈 시스템이 공정 이상 발생 시 즉각 작동하여 문제 상황이 현장 전체로 신속히 공유되는가?
4. 생산 라인에서 문제를 해당 공정 내에서 해결하고 흐름을 멈추지 않는 자공정 완결 개념이 적용되고 있는가?
5. 품질 검사 항목이 검사기준서에 명시되어 이를 교육하는가?
6. MES를 통해 생산 실적, 공정 이력, 품질 이상 등의 데이터가 실시간으로 수집 및 활용되고 있는가?
7. SPC가 주요 공정에 적용되어 공정 능력 및 이상 징후를 사전에 감지하고 있는가?
8. 설비 상태 및 이상 알림을 IoT 센서 또는 자동 진단 시스템을 통해 현장에서 즉시 확인할 수 있는가?
9. 불량이 발생했을 때 그 원인이 공정 내에서 추적(Traceability) 가능하고, 개선 활동으로 연결되고 있는가?
10. 생산 데이터를 기반으로 품질 문제를 분석하고, 설계·품질 부서와 연계된 개선 루프가 운영되고 있는가?

05
물류 및 유통 품질 개선 도구

물류 및 유통 과정에서 발생하는 단절과 분절은 공급 흐름의 비효율, 재고 과잉, 납기 지연 등 다양한 문제로 이어질 수 있다. 이러한 문제를 개선하기 위해 간판(Kanban)과 JIT(Just-In-Time) 시스템이 매우 중요한 역할을 한다.

간판 방식은 수요에 따라 자재를 공급하고 작업 지시를 시각적으로 관리함으로써 공정 간 정보의 단절을 해소하고 전체 흐름의 연속성을 확보한다. 이를 통해 생산과 물류, 유통 사이의 분절된 작업들이 하나의 유기적인 흐름으로 통합되며, 불필요한 대기 시간과 병목 현상이 줄어든다.

JIT 시스템은 필요한 물량을 필요한 시점에 정확히 공급함으로써 과잉 생산이나 불필요한 재고 축적을 방지하고 유통 과정에서의 낭비를 최소화한다. 이로 인해 단계별 작업 간의 단절이 줄어들고, 실시간으로 연계된 공급망 덕분에 전체 시스템의 반응성과 효율성이 향상된다.

결국 간판과 JIT는 물류 및 유통의 흐름을 실시간으로 연계하고 불필요한 분절을 제거함으로써 전체 공급망의 일관성과 품질을 유지하는 데 핵심적인 역할을 한다.

간판과 JIT 시스템

물류 및 유통 단계에서 중요한 것은 여러 요소의 유기적인 조화와 효율적인 운영이다. 우선 정확한 수요 예측을 통해 과잉 재고나 품절을 방지해야 한다. 재고 관리에서는 회전율을 높이고 보관 비용을 줄이는 것이 핵심이며, 실시간 재고 파악이 가능한 체계가 필요하다.

여러 가지 도구 가운데 물류 및 유통 단계에서 재고 최적화, 운영 효율성, 비용 절감 등의 측면에서 매우 중요한 역할을 하는 것이 간판과 JIT 시스템이다. 두 가지를 도입하면 재고를 최소화하여 비용과 공간 부담을 줄이고, 생산과 물류의 실시간 연동으로 납기 정확도를 높여 고객 만족도를 향상할 수 있다. 또한 재고를 적정 수준으로 관리할 수 있으므로 품질 저하 위험을 떨어뜨릴 수 있다. 문제 발생 시 신속한 대응이 가능하므로 품질 안정성이 강화된다. 아울러 불필요한 작업과 대기 시간을 줄여 운영 효율성을 극대화하며, 복잡한 공급망에서도 투명한 정보 흐름과 리드타임 단축으로 안정적인 물류 운영을 실현할 수 있다.

간판(Kanban)은 '신호' 또는 '카드'를 의미하며, 물류 창고나 유통센터에서 상품이나 부품의 재고가 일정 수준 이하로 내려갈 때 시각적 신호(카드, 전자 알림 등)가 발생한다. 간판 신호가 발생하면 자동으로 보충 요청이 전달되어 생산지나 창고에서 즉각 대응할 수 있다. 이는 공급과 물류의 연계를 강화하고, JIT 방식의 연속 생산을 가능하게 한다. 실시간 수요에 기반하여 필요한 만큼만 자재를 보충하기 때문에 재고 과잉과 부족 문제를 동시에 해소할 수 있다. 과도한 재고로 인한 비용 낭비를 줄이는 동시에, 재고 부족으로 인한 납기 지연도 예방할 수 있어 공급 안정성이 확보된다.

또한 간판 시스템은 시각적 관리 도구로서 현장의 작업 효율을 높인다. 간판 카드를 통해 작업자, 관리자, 공급자 모두가 현재의 업무 흐름과 필요한 자재 수량을 직관적으로 파악할 수 있으며, 이를 통해 커뮤니케이션 오류나 공정 병목 현상을 줄일 수 있다.

마지막으로, 간판 흐름이 중단되거나 지연될 경우 문제 발생을 즉시 인식할 수 있어 조기 대응이 가능하다. 이는 품질, 공정, 물류 등 전반적인 시스템에서의 문제를 신속히 파악하고 개선할 수 있는 기반이 된다. 따라서 간판 시스템은 단순한 자재 관리 도구를 넘어 전체 공급망의 가시성과 반응성을 높이는 핵심 수단이라 할 수 있다.

간판 시스템 구축

간판 시스템을 고안한 도요타는 출하와 물류 단계에서도 이를 적극적으로 활용하여 부품 공급의 적시성과 효율성을 확보하고 있다. 조립 라인에서 부품이 소진되면, 해당 부품에 부착된 간판이 회수되어 출하 요청 신호로 작용한다. 이 간판에는 부품 번호, 수량, 납기 시간, 공급처 등의 정보가 명시되어 있으며, 이를 통해 창고나 외부 협력업체는 필요한 부품을 정확한 시점에 출하하게 된다.

도요타는 간판이 회수되어야만 다음 출하가 가능하도록 시스템을 구성해 과잉 재고를 원천적으로 방지한다. 또한 빈 부품 용기 자체가 간판 역할을 하여 물류 창고나 공급처에 도착하면 자동으로 보충 요청이 발생한다. 물류 창고에서는 간판 보드를 활용해 출하 일정과 물류 흐름을 시각적으로 관리하며, 간판 정보를 기반으로 피킹 작업과 출하가 이뤄진다.

이러한 간판 기반의 물류 시스템을 통해 도요타는 재고를 최소화하면서도 생산에 차질이 없도록 공급의 흐름을 안정적으로 유지하고 있으며, 리드타임 단축과 물류 효율 향상을 이루었다. 최근에는 전자 간판 시스템(E-Kanban)을 도입하여 정보 전달 속도를 높이고, 물류 자동

항목	방법
재고 기준선 설정	• 상품별 적정 재고 수준(안전 재고, 최대 재고)을 명확히 정함 • 재고가 기준선 이하로 내려갔을 때 신호가 발생하도록 기준을 설계함
시각적 신호 도구 도입	• 카드, 라벨, 전자 알림 등 재고 상황을 즉시 알릴 수 있는 시각적·전자적 신호 체계를 구축함 • 가능하면 바코드나 RFID 시스템과 연동해 자동화 수준을 높임
프로세스 표준화 및 교육	• 간판 신호 발생 시 보충 주문, 입고, 검수, 재배치 등 후속 작업 절차를 표준화함
IT 시스템 연계	• ERP, WMS 등 기존 물류 관리 시스템과 간판 신호를 연동해 실시간 재고 현황과 주문 관리
지속적 모니터링과 개선	• 재고 회전율, 납기 지연률 등 핵심 성과 지표(KPI)를 지속적으로 모니터링함 • 문제 발생 시 원인을 분석하고, 간판 카드 수 조정, 프로세스 개선 등으로 대응함

간판 시스템 구축 방법

화 시스템과의 연계도 강화하고 있다.

JIT 시스템

JIT는 고객 주문에 맞춰 필요한 상품을 필요한 시점에 공급하는 방식이다. 물류 및 유통 단계에서는 불필요한 재고 축적 없이 주문 처리와 배송을 신속하게 진행할 수 있어 재고 유지 비용이 감소하고 납기 정확도가 향상된다. 공급망 전체가 고객 수요 변화에 민첩하게 대응할 수 있으므로 시장 변화에 유연하게 대처 가능하다.

JIT 시스템은 다음과 같은 장점을 통해 물류 및 유통 단계에서 효율성과 경쟁력을 제고한다.

첫째, 재고 비용 절감이 가능하다. 필요한 만큼만 입고하므로 보관비, 감가 손실, 폐기 비용 등이 줄어든다.

둘째, 납기 정확도 향상으로 고객 만족도를 높일 수 있다. 공급·물류·판매가 연계되어 정시 배송이 가능하다.

셋째, 수요 변화에 유연하게 대응할 수 있어 시장 변화에 빠르게 적응 가능하다.

넷째, 운영 효율성 향상을 통해 불필요한 입출고나 반복 작업이 줄어들고 물류 흐름이 간소화된다.

다섯째, 품질 및 손실 관리 강화로 재고 과잉에 따른 변질, 파손, 유통기한 초과 등의 위험이 줄어든다.

결과적으로 JIT는 물류와 유통의 비용 절감, 품질 유지, 납기 관리, 고객 만족을 동시에 실현할 수 있는 핵심 방법론이다.

물류 및 유통 단계에서의 JIT 적용

물류·유통 단계에서 JIT는 재고 최소화, 납기 정시화, 수요 대응력 강화, 운영 효율화, 품질 리스크 감소 등을 이루어 고객 중심의 고효율 유통 체계에서 필수적인 전략이다.

적기 물류 및 유통은 대부분의 산업에서 중요하지만, 특히 식품 산업에서는 제품의 생명주기와 소비자의 건강에 직결되기 때문에 그 중요성이 더욱 강조된다. 식품 산업에서 JIT 시스템은 필요한 식재료나 제품을 필요한 시점에 정확하게 공급함으로써 재고를 최소화하고 신선도를 유지하는 데 목적이 있다.

식품은 대부분 유통기한이 짧고 온도나 습도 등에 민감하기 때문에 물류 및 유통 과정에서의 온도 유지, 진동, 충격, 위생 상태 등이 제품의 최종 품질에 직접적인 영향을 미친다. 예를 들어 냉장 상태가 유지되지 않으면 유제품이나 육류는 쉽게 변질될 수 있으며, 과일이나 채소는 신선도를 잃거나 손상이 발생할 수 있다. 운송 품질 문제는 상품의 외형, 맛, 안전성 등의 변질을 초래하며 이는 고객 불만과 폐기율 증가로 이어질 수 있다.

따라서 식품 분야에서 JIT를 성공적으로 운영하기 위해서는 단순히

항목	방법
수요 예측 및 데이터 기반 운영 체계 구축	• 과거 판매 데이터, 시즌성, 마케팅 일정 등 기반으로 예측 모델 구축 • 예측 정보는 발주량, 입고 시점, 출고 계획의 기준이 됨
재고 최소화 정책 설정	• 안전 재고 수준 재설계: 과잉 재고를 방지하되, 급변 수요에도 대응 가능한 수준 유지 • 적시 입고-출고 체계 확립: WMS(창고관리시스템)를 통해 재고 회전률 실시간 관리
협력사와의 실시간 연동 체계 강화	• EDI, API, SCM 시스템 등을 통해 자동 주문 및 납기 연계 체계 구축
물류 프로세스 표준화 및 자동화	• 입고 → 보관 → 피킹 → 출고 흐름을 단순하고 반복 가능하게 표준화 • 자동화 설비(WMS, 바코드, RFID 등) 도입으로 리드타임 단축
지속적 모니터링과 개선	• KPI 설정: 납기 준수율, 재고 회전율, 적기 공급률, 불량 반품률 등 • 실적 데이터를 기반으로 공급 리드타임, 재고 정책, 협력업체 성과 지속 개선

JIT 적용 방법

적시에 공급하는 것만으로는 부족하며, 운송 중의 품질 보장 체계가 반드시 함께 구축되어야 한다. 이를 위해 콜드체인 시스템과 같은 온도 관리 물류, IoT 기반 실시간 모니터링, 전문화된 식품 운송 업체 활용 등의 전략이 병행되어야 한다.

결론적으로 식품 산업에서 JIT는 운송 품질과 불가분의 관계에 있으며, 적시성과 함께 운송 중 품질 유지가 철저히 관리되지 않으면 상품이 변질될 수 있다는 점에서 위험 요소와 품질 확보 요소가 공존하는 복합적인 시스템이라 할 수 있다.

간판 + JIT과 Quality Chain 경영의 연결 고리

간판과 JIT는 필요한 제품을 필요한 시점에 정확히 공급하여 과잉·결품을 방지하고, 납기와 품질 안정성을 확보한다. 이는 생산·물류·납품 전 과정의 Quality Chain을 끊김 없이 유지함으로써 전 공정의 품질 일관성과 고객 신뢰를 높이는 핵심 연결 고리다.

항목	간판 & JIT의 작동 방식	Quality Chain 경영과의 관계
정확한 공급 시점	필요 시점에만 생산/공급	재고 장기 보관으로 인한 품질 저하 방지
과잉 생산 제거	수요 기반 생산	불필요한 가공/공정이 덜 발생하여 품질 리스크 축소
공정 흐름 투명화	실시간 부품 이동·관리	불량 발생 원인 추적 용이(추적성 확보)
작업자 책임 강화	셀 단위 자율 운영	현장 품질 책임감 제고하여 자율 품질 보증
즉각적인 피드백	이상 발생 시 즉시 생산 중단 가능	결함이 확산되기 전 차단하여 Quality Chain 경영 보호

물류 및 유통 품질 단계 셀프 체크 시트

이 항목들은 공급부터 고객 대응까지의 흐름에서 발생할 수 있는 단절과 분절을 사전에 점검하여, 물류 정확성과 납기 신뢰도 향상에 효과적으로 사용될 수 있다. 셀프 체크를 통해 단절 및 분절이 발생할 위험이 있는 지점을 점검한다.

1. 입고된 자재나 제품에 대해 품질 검사가 수행되고 있는가?
2. 입고 시 품번, 수량, 일자가 정확하게 시스템에 입력되는가?
3. 실제 재고와 시스템상의 재고가 일치하는가?
4. 보관 위치와 방식이 규칙에 따라 혼재 없이 관리되고 있는가?
5. 출고 우선순위(FIFO, 유통기한 등)가 적용되고 있는가?
6. 출하 지시와 실제 출하 결과가 일치하며 추적 가능한가?
7. 운송 정보(차량, 납기, 배송 상태)가 실시간으로 공유되는가?
8. 파손, 지연, 누락 등 문제 발생 시 즉각적인 고객 대응이 가능한가?
9. 물류 정보가 ERP, WMS 등 시스템과 연동되어 흐름이 단절되지 않는가?
10. 납기 이행률, 물류 불량율 등 성과 지표가 분석되어 개선에 활용되는가?

06

고객 품질 개선 도구

고객 서비스 및 지원 단계에서 발생하는 단절과 분절은 고객 불만의 누락, 문제 해결 지연, 서비스 일관성 부족 등의 문제로 이어질 수 있다. 이러한 문제를 개선하기 위해서는 VOC 관리와 NTF 규명이 매우 중요하다.

VOC 관리는 고객의 의견·불만·제안 등을 체계적으로 수집하고 분석하여, 서비스 과정에서 놓치기 쉬운 단절된 고객 경험을 통합적으로 파악할 수 있게 한다. 이를 통해 고객의 기대와 실제 서비스 간의 간극을 줄이고, 고객 접점 간 정보 공유와 연계를 강화하여 서비스의 일관성과 만족도를 높일 수 있다.

NTF는 고객이 문제를 제기했음에도 기술적으로 이상이 없다고 판단되는 경우를 말하며, 이를 단순히 종료하는 것이 아니라 근본 원인을 규명하고 반복 발생을 방지하는 것이 중요하다. NTF의 정확한 분석은 고객과 내부 부서 간의 인식 차이로 인한 분절과 그에 따른 불필요한 대응 비용을 줄이며, 고객 신뢰 회복에도 기여한다.

고객 서비스와 지원에서 중요한 요소는 신속하고 친절한 응답, 명확한 소통, 문제 해결 능력, 일관된 서비스 제공, 고객 피드백 수용, 다양한 접근 채널 확보 등이다. 특히 고객의 목소리를 체계적으로 관리하는 VOC 관리와 문제 재현이 어려운 클레임을 신속하게 처리하는

NTF 관리는 서비스 품질을 높이고 고객 만족과 신뢰를 강화하는 필수 개선 도구다.

VOC 관리

VOC(Voice of Customer)는 고객이 직간접적으로 표현하는 의견, 불만, 제안, 요구사항 등을 의미한다. VOC 관리는 고객의 목소리를 수집, 분류하고 분석하여 문제 원인을 파악한 후 개선 활동에 반영해 고객 만족도와 비즈니스 성과를 높이는 과정이다.

먼저 콜센터, 이메일, 웹사이트, SNS, 리뷰, 오프라인 설문 등 다양한 채널을 통해 VOC를 수집한다. 수집된 VOC는 유형과 중요도에 따라 분류하고, 고객 정보와 접수 일자, 담당자 정보를 함께 등록한다. 이후 빈도 분석과 트렌드 파악, 텍스트 마이닝 등의 기법을 활용해 이슈의 원인과 패턴을 분석한다. 분석 결과를 바탕으로 고객에게 신속히 피드백하고 문제를 해결하며, 반복적으로 발생하는 이슈에 대해서는 근본 원인 제거를 위한 개선 활동을 진행한다.

이 과정에서 얻은 데이터를 제품 개선, 프로세스 개선, 서비스 정책 변경 등에 반영하고, VOC 처리율과 고객 만족도 등을 통해 성과를 측정한다. 최종적으로는 경영진에게 보고하며 지속적인 개선 활동으로 연결한다.

VOC 관리 시스템 구축

VOC 관리 시스템을 구축해 고객 의견을 통합 관리하고, 실시간 대응으로 클레임을 예방하며, 분석 기반의 개선 활동을 전개해 고객 만족도와 브랜드 신뢰도를 향상시킨다.

NTF 관리

NTF(Not to Find, 재현 불가)란 클레임이 발생했지만 명확한 원인(불량, 오류, 문제 등)을 찾아내지 못한 상태, 즉 '원인 미확인' 또는 '원인 불명' 상태를 말한다.

이러한 재현 불가 클레임이 발생하면 고객의 불편을 최소화하면서도 신뢰를 유지할 수 있도록 교환, 환불, 보상 등 임시 조치를 제공한다. 관련 내용은 이력으로 기록·관리하며, 유사 사례에 대비해 사후 모니터링을 지속한다. 또한 고객에게는 원인 규명이 어려운 상황임을 투명하게 설명하고, 내부적으로는 해당 클레임이 향후 재발하거나 누적될 경우를 대비해 분석 기반으로 활용할 수 있도록 관리 체계를 갖추는 것이 중요하다. 상세한 재현 불가 클레임 대응 절차는 다음과 같다.

첫째, 고객이 제기한 문제 상황을 최대한 상세하게 수집하고 재구성한다. 고객과의 추가 소통을 통해 증상, 발생 조건, 사용 환경 등을 구체적으로 파악한다.

둘째, 유사 사례와 과거 데이터를 분석해 패턴이나 공통점을 찾아내고, 문제 발생 가능성이 있는 원인을 추정한다.

셋째, 문제 재현을 위한 실험이나 테스트를 다양한 조건에서 시도하며, 가능하다면 현장 방문이나 제품 직접 확인도 진행한다.

넷째, 내부 관련 부서와 협력하여 기술 검토와 원인 분석을 다각도로 진행한다.

다섯째, 임시 조치를 통해 고객 불만을 해소하면서도 조사 진행 상황을 고객에게 투명하게 알리고 신뢰를 유지한다.

마지막으로, 규명이 어렵거나 원인이 명확하지 않은 경우에는 해당 사례를 체계적으로 기록·관리하여, 누적 데이터를 장기적인 분석과 개선에 활용한다.

항목	방법
수집(입력)	콜센터, 이메일, 웹사이트, 챗봇, SNS 등 다양한 채널 통합
분류/등록	유형별(불만, 건의 등), 중요도별 자동 분류
분석	통계, 키워드, 트렌드 분석, 텍스트 마이닝
처리/배정	부서별 이관, 업무 처리 현황 추적, SLA(Service Level Agreement: 서비스 수준 협약) 설정
피드백	고객 대응 현황, 처리 결과 회신, 만족도 조사
리포팅	KPI 리포트, 대시보드, 월간/분기별 이슈 보고서

VOC 시스템 구축 방법

클레임 분류 기준표 활용

클레임 분류 기준표는 고객 불만 또는 품질 이슈 발생 시에 원인, 유형, 영향도, 조치 필요성 등을 명확히 분류하여 체계적으로 관리하고 분석할 수 있도록 만든 표이다. 이는 VOC 관리, 품질 개선, NTF 분석, 고객 만족도 향상 등의 핵심 자료로 활용된다. 또한 NTF율을 지표로 삼아 원인 불명 클레임이 얼마나 되는지 확인하고, 관련 목표를 설정하고 관리해야 한다.

데이터 기반 사전 진단 시스템 구축

NTF 규명을 위한 데이터 기반 사전 진단 시스템은 문제 발생 전후의 데이터를 수집·분석하여 이상 징후를 조기에 감지하고, 클레임 발생 시 원인 추정에 필요한 근거를 제공하는 데 목적이 있다. 이는 문제 재현의 어려움을 줄이고 신속하고 정확한 대응을 가능하게 하며, 고객 신뢰 확보와 품질 개선, 불필요한 비용 절감에 중요한 역할을 한다.

데이터 기반 사전 진단 시스템은 IoT 센서와 제품 내장 로그를 통해 사용 중 발생한 이상 징후를 정량적으로 추적하고, AI 분석을 통해 클

구분	분류 항목	세부 유형 및 설명
클레임 유형	제품 불량	기능 이상, 초기 불량, 외관 손상
	서비스 불만	응대 불친절, A/S 지연, 안내 부족
	배송 문제	지연, 파손, 오배송
	설치/설정 이슈	설치 오류, 작동 안 됨, 사용법 미숙
	사용자 실수	설정 오류, 비정상 조작
	기타	알 수 없음, 복합 이슈
원인	제품 설계 결함	구조적 문제, 재질 선택 오류
	제조/공정 불량	조립 실수, 품질 관리 미흡
	물류/포장 문제	배송 중 파손, 포장 문제
	사용자 오사용	잘못된 사용법, 오작동
	환경 요인	전원 불안정, 외부 환경 영향
	CS/서비스 문제	정보 미흡, 응대 지연
영향도	1등급(중대)	안전 위험, 화재, 감전 등
	2등급(심각)	작동 중단, 사용 불가
	3등급(일반)	일부 기능 오류, 사용 가능
	4등급(경미)	소음, 진동, 외관 흠집
	5등급(무관)	문제 없음, NTF 사례
조치 필요성	리콜/긴급 공지	고객 안전 관련 대응
	제품 교환/수리	품질 문제로 인한 교환/수리
	CS 응대/설명 강화	사용자 교육, 응대 강화
	시스템 개선/서비스 교육	정보/시스템 개선
	원인 미확인/보류	추가 확인 필요

클레임 분류 기준표 활용 사례

레임의 원인을 사전에 파악할 수 있는 체계를 구축한다. 특히 NTF 발생 시 실제 사용 환경 데이터를 바탕으로 문제 여부를 확인할 수 있어, 고객 응대의 정확도를 높이고 서비스 비용 절감에 기여한다.

항목	방법
IoT 센서 내장	• 제품 내부에 온도, 전압, 진동, 소음, 습도, 모터 회전수 등 센서를 부착 • 실시간 또는 주기적으로 상태 데이터를 수집하여 저장
제품 자체 로그 기록 기능	• 사용자 조작, 에러코드 발생, 설정 변경, 작동 시간 등을 비휘발성 메모리에 자동 저장
AI 기반 이상 감지 / 예측 모델 적용	• 수집된 데이터를 바탕으로 정상/비정상 패턴 분류 • 시계열 이상 탐지(Anomaly Detection), 분류(Classification), 예측(Prediction) 모델 적용
고객 서비스 연동	• 로그 및 AI 진단 결과를 서비스센터, CRM, 고객 앱과 연계 • 고객이 문의하기 전, 앱에서 고장 예측 알림 수신 가능

데이터 기반 사전 진단 시스템 구축 방법

NTF와 Quality Chain 경영 간의 관계

NTF는 고객이 불편을 제기했으나 제품 이상이 실제로 발견되지 않는 사례를 의미하므로, 단순 종결 시 고객 불신을 높이고 품질 개선 기회도 놓치게 될 수 있다. Quality Chain 경영은 NTF 사례도 품질 데이터로 분석하고, 설계·제조·서비스 단계에 반영하여 전사적 품질 개선과 고객 신뢰 회복을 동시에 달성한다.

항목	방법
고객 피드백의 단절 방지	• NTF는 고객 불만이 존재하나 '문제 없음'으로 처리되어 품질 개선 Loop에서 제외될 위험이 있음 • Quality Chain 경영은 이 불만도 의사소통 체계에 포함시켜야 함
설계-제조-서비스 연계의 약점 보완	• NTF는 설계 결함, 환경 조건, 사용자 인터페이스 불편 등의 이유로 발생 가능 • Quality Chain 경영에서는 이러한 비명시적 문제도 데이터화하여 전 단계로 피드백
데이터 기반 품질 개선 연결	• Quality Chain 경영은 데이터 기반 문제 흐름 추적을 강조 • NTF 이력도 로그, 사용자 조작, 환경 정보 등으로 구조화하여 실질적 문제로 전환 가능
선제 대응 체계 구축	• 반복되는 NTF 유형을 Quality Chain 경영 내에서 AI 진단, UX(User Experience) 개선, 매뉴얼 개선 등 선제적 조치로 전환 • 고객 불신과 비용을 동시에 줄일 수 있음

NTF와 Quality Chain 경영 간의 관점별 설명

NTF는 고객의 불만이 실제 품질 개선으로 이어지지 못하는 단절을 야기할 수 있다. Quality Chain 경영은 이러한 NTF 사례를 고객 경험 데이터로 재해석하고, 설계·제조·서비스 전 과정에서 공유·개선하는 통합된 품질 경영 체계를 지향한다. 따라서 NTF는 단순 무이상 처리로 끝나는 것이 아니라, 품질 개선 루프의 중요한 데이터 소스로 관리되어야 한다.

고객 품질 단계 셀프 체크 시트

이 항목들은 고객 요구에 대한 신속한 대응과 품질 개선으로 이어지는 피드백 체계의 구축 여부를 점검하는 데 효과적으로 사용될 수 있다. 셀프 체크를 통해 단절 및 분절이 발생할 위험이 있는 지점을 점검한다.

1. 고객 불만이나 문의 사항이 누락 없이 VOC 시스템에 등록되고 있는가?
2. 접수된 VOC가 유형별로 분류되어 적절히 대응되고 있는가?
3. 고객 불만이 관련 부서(설계, 품질, 생산 등)에 신속히 전달되는가?
4. 반복되는 클레임에 대해 근본 원인 분석(RCA)이 수행되고 있는가?
5. 고객 응대 기준이 매뉴얼화되어 일관성 있게 적용되는가?
6. 부서 간 책임 구분이 명확해 대응에 혼선이 없는가?
7. 고객 대응 결과가 시스템에 기록되어 이력 추적이 가능한가?
8. VOC가 제품 설계나 품질 개선에 반영되는 구조가 마련되어 있는가?
9. NTF 사례가 정리되고 개선 활동으로 이어지고 있는가?
10. 고객 만족도 조사 결과가 내부 개선 지표로 활용되는가?

각 단계별 셀프 평가 평가 기준은 각 항목에 대해 구체적인 기준을 설정하여 정의한다.

예를 들어, "Yes/No" 방식으로 간단하게 체크하거나, "우수", "양호", "보통", "미흡" 등으로 세분화하여 평가할 수 있다. 평가 결과에 따라 품질 개선 활동을 계획하고, 이를 통해 품질 향상을 지속적으로 유도한다. 평가 후에는 피드백을 제공하여 지속적인 품질 개선 문화를 확립할 수 있다.

품질 성숙도 평가모델
현대자동차 품질 인증 제도
볼보건설기계 VPS 성숙도 평가
AB인베브 VPO 성숙도 평가

VI

Quality Chain 경영 성숙도 평가모델

01

품질 성숙도 평가모델

기업에는 조직의 품질 관리 수준을 단계별로 진단하고, 약점과 개선 방향을 제시하여 체계적인 품질 경영으로 발전시키기 위한 도구가 필요하다. 이를 통해 사전 예방 중심의 품질 체계를 구축할 수 있으며, 협력사 평가, 공급망 품질 향상, 고객 대응 기준 마련 등에도 활용해 품질 경쟁력과 수익성을 확보할 수 있다.

품질 성숙도 평가모델(Quality Maturity Model, QMM)은 조직이 품질 관리를 체계적으로 평가하고 개선할 수 있도록 돕는 체계이다. 기업들이 활용하는 모델은 대부분 단계별 구조로 구성되며, 프로세스 중심 평가와 정량적 지표 기반의 진단을 통해 품질 수준을 객관적으로 파악한다. 또한 이런 모델은 지속적 개선을 유도하고 전사적 품질 관리와 연계해 조직 전체의 품질 성숙도를 향상시키는 데 활용된다. 즉 QMM을 이용하여 기업들은 품질 관리 성숙도를 단계적으로 구분하여 현재 상태를 파악하고, 더 높은 수준으로 발전하기 위한 로드맵을 수립할 수 있다.

QMM의 각 단계는 Quality Chain 경영의 성숙도를 반영한다. Quality Chain 경영이 원활한 조직일수록 QMM 평가에서 상위 수준으로 분류된다. 성숙도가 낮은 초기 단계에서는 품질 활동이 개별 부서 중심으로 이루어지고, 문제가 발생한 뒤에 대응하는 방식이 일반적이다. 중간 단계에서는 품질 관리가 표준화되고, 부서 간 협업이 이루어지기 시작한다. 고도화 단계에 이르면 고객 중심의 사고가 정착되며, 전사적 차원은 물론 공급망 전반에서 품질이 통합적으로 관리된다. 이는 곧 Quality Chain 경영이 체계적으로 확립되었음을 의미한다.

품질 성숙도 평가모델 유형

품질 성숙도 평가모델은 조직의 품질 역량과 프로세스 수준을 단계별로 진단하고 체계적인 개선 방향을 제시하는 데 활용된다. 대표적인 모델로는 6시그마 성숙도 모델, EFQM 모델, CMMI가 있다.

6시그마 성숙도 모델은 품질 개선과 비용 절감을 목표로 하며, 품질 관리를 5단계로 구분한다. 초기 단계에서는 품질 문제가 반복적으로 발생하고, 예측 가능 단계에서는 주요 문제를 식별하고 관리할 수 있다. 이후 프로세스와 결과의 일관성이 확보되는 일관화 단계, 통계적 기법을 활용해 품질을 정량적으로 관리하는 정량적 관리 단계, 지속적인 개선과 혁신을 추구하는 최적화 단계로 발전한다.

EFQM 모델(European Foundation for Quality Management Model)은 유럽에서 널리 사용되는 품질 성숙도 모델이다. 리더십, 전략, 사람, 파트너십과 자원, 프로세스, 제품과 서비스, 고객 결과, 사람 결과, 사회적 결과 등 9가지 평가 기준을 바탕으로 조직의 전반적인 운영과 성과를 진단한다. 이 모델은 균형 잡힌 품질 경영 체계를 구축하는 데 중점을 둔다.

CMMI(Capability Maturity Model Integration)는 소프트웨어 및 디지털 품질 관리 분야에서 많이 활용되며, 조직의 프로세스를 초기, 관리, 정의, 정량적 관리, 최적화의 다섯 단계로 구분하여 성숙도를 평가한다.

각 단계는 점진적인 프로세스 개선을 통해 조직의 품질 역량을 강화하는 데 목적이 있다.

이러한 모델들은 기업이 현재 품질 수준을 객관적으로 파악하고, 지속 가능한 개선 전략을 수립하는 데 중요한 기준을 제공한다. IT나 제조업 등 다양한 산업에서 활용한다.

다국적 기업을 중심으로 많은 기업들이 자사 품질 수준을 평가하기 위한 모델을 자체적으로 마련해 운영하고 있다. 현대자동차, 볼보건설기계, AB인베브 등이 대표적인 사례다.

02
현대자동차 품질 인증 제도

현대자동차의 품질 5스타 제도와 SQ(Supplier Quality) 인증은 협력 업체의 품질과 생산성을 높이고, 지속적인 품질 개선을 통해 글로벌 경쟁력을 확보하기 위한 제도이다. 이 제도들은 현대자동차의 공급망에서 품질을 관리하고, 협력사와의 동반 성장을 도모하기 위해 설계되었다.

품질 5스타 제도는 현대자동차가 차량 품질을 5단계로 체계적으로 관리하고 평가하는 시스템으로, 제품 개발부터 생산, 출고까지 전 과정의 품질 수준을 엄격하게 점검한다. 이를 통해 고객에게 일관되고 우수한 품질의 차량을 제공하는 것을 목표로 한다. 이 제도는 품질 관리를 전사적으로 강화하여 Quality Chain 경영 내 각 단계에서 품질이 확보되도록 하는 핵심 메커니즘이다.

품질 5스타 제도가 고도화되면서 '그랜드 5 스타'로 발전했고, 이는 기존 5 스타 제도를 확장한 협력업체 품질 평가 및 관리 프로그램이다. 품질, 생산 역량, 지속 가능성 등을 종합적으로 평가해 최고 수준의 글로벌 경쟁력을 갖춘 협력사로 인증하는 제도이다.

SQ 인증 제도는 협력사의 품질 관리 역량을 평가하고 인증하는 제도로, 공급망 전반의 품질 수준을 높이기 위한 것이다. 협력사는 현대자동차의 엄격한 품질 기준을 충족해야 하며, 이를 통해 부품 및 소재 단계부터 품질을 확보함으로써 최종 제품의 품질 경쟁력을 높인다. 이는

Quality Chain 경영에서 공급망 품질 관리의 중요한 축을 담당한다.

결과적으로, 품질 5스타 제도와 SQ 인증 제도는 현대자동차의 Quality Chain 경영을 실현하는 핵심 수단으로, 전사적 품질 관리와 공급망 품질 통합을 통해 최종 고객에게 높은 품질의 제품을 제공하는 데 기여한다.

현대자동차 5스타 제도(품질/기술/납입)

현대자동차의 5스타 제도는 협력업체의 품질 수준을 체계적으로 평가하고 개선을 유도하기 위해 도입된 품질 평가 제도다. 이 제도는 협력사가 품질·기술·생산성 등 다양한 분야에서 자립 역량을 키울 수 있도록 지원하며, 전반적인 경쟁력 강화를 목표로 한다.

5스타 평가는 다섯 가지 핵심 영역을 중심으로 이루어진다. 첫째, 품질 관리 항목에서는 공정 및 제품의 불량률, 품질 개선 활동, ISO 9001 및 IATF 16949 같은 품질 시스템의 적용 여부를 평가한다. 둘째, 기술 혁신 부문에서는 신기술 개발 역량, 연구개발 투자, 친환경 기술 도입 여부 등이 평가 대상이다. 셋째, 생산 역량은 대량 생산의 안정성, 공정 효율성, 납기 준수 능력 및 공급망 관리 등을 포함한다. 넷째, 지속 가능성은 친환경 공정, 폐기물 관리, 윤리적 경영, 근로자 안전, 사회적 책임(CSR) 등을 종합적으로 평가한다. 마지막으로, 글로벌 경쟁력 항목에서는 품질 신뢰도, 글로벌 표준 준수, 브랜드 경쟁력 등을 국제 시장 관점에서 진단한다.

협력업체는 이 다섯 영역에서의 평가 결과를 바탕으로 5스타 등급(★★★★★)을 부여받으며, 최고 등급인 '그랜드 5스타'에 도달할 경우 현대차와의 협력에서 우선권을 획득하거나 글로벌 시장 진출의 기회를 추가로 부여받게 된다. '그랜드 5스타'는 현대차가 2002년부터 시행한 '5스타' 제도를 강화한 것으로, 부품 협력업체의 품질 수준을 평가해 글로벌 최고 수준을 달성한 업체에 부여된다. 이 제도는 현대/기아차의 품질 경영 의지를 반영하며, 협력업체의 지속적인 품질 개선을 유도하는 역할을 한다.

이 제도의 최종 목표는 세계적으로 인정받는 품질, 기술, 생산 역량, 지속 가능성을 갖춘 최고 수준의 협력사를 육성하고, 지속적인 품질 개선과 기술 혁신을 통해 현대자동차와 협력업체 간의 상생 협력을 실현하는 데 있다. 이 체계를 통해 현대차는 공급망의 품질과 지속 가능성을 보장하고, 협력사와 함께 글로벌 시장에서 성공적인 입지를 다질 수 있었다.

현대자동차 SQ 인증 제도

SQ 인증은 현대자동차와 기아가 협력업체의 제품 품질과 생산 역량을 종합적으로 평가해 인증하는 제도이다. 이 제도는 협력사가 현대차 및 기아의 품질 기준을 충족하는지를 검증하고, 고품질의 부품을 안정적으로 확보하기 위해 운영된다.

평가 항목은 품질 관리 시스템, 생산 공정 관리, 납기 및 공급 능력, 환경·안전 관리, 기술 개발 역량 등 다양한 분야로 구성된다. 예를 들어 ISO 9001, IATF 16949 등 국제 품질 기준의 적용 여부, 불량률 관리 체계, 설비 안정성과 품질 관리 기법(SPC, Poka-Yoke) 도입, 생산 및 재고 관리 체계, 친환경 공정과 작업자 안전 관리, R&D 투자 및 신기술 개발 능력 등이 세부 기준으로 평가된다.

SQ 인증은 협력업체의 품질 경쟁력을 객관적으로 검증하고, 지속적인 개선과 성장을 유도하는 품질 보증 체계로 기능한다. 이는 현대자동차와 기아의 협력사로서 필수적인 인증 체계이며, 품질과 생산성 향상을 통해 협력사와 현대차 간의 신뢰 관계를 강화하는 중요한 도구이다. 이 인증은 협력업체의 글로벌 경쟁력을 높이고, 현대차의 안정적이고 고품질의 공급망을 유지하는 데 중요한 역할을 한다.

현대자동차의 SQ 인증은 2, 3차 협력업체가 1차 협력업체에 부품을 납품하기 위한 품질 인증이며, 5스타 제도는 1차 협력업체를 대상으로 협력사의 품질 수준을 정량적으로 평가하고 개선을 유도하는 제도이다.

항목	SQ 인증	5 스타 제도
목적	특정 제품 및 공정 품질 관리 기준 충족 확인	협력업체의 전반적인 역량 평가 및 개선
평가 대상	특정 제품 및 생산 공정	품질, 생산성, 경영 안정성, 환경 등 종합 평가
인증 형태	인증서 발급	등급 부여(1~5 스타)
적용 범위	협력업체의 특정 제품군(2차 협력업체)	협력업체 전체(1차 협력업체)

SQ 인증과 5 스타 제도의 차이점

03
볼보건설기계 VPS 성숙도 평가

볼보건설기계의 VPS(Volvo Production System)는 볼보 그룹에서 운영 효율성과 품질 향상을 위해 도입한 생산 관리 시스템이다. 이는 제조 및 조립 공정을 체계적으로 관리하고, 낭비를 최소화하며, 품질과 생산성을 극대화하기 위해 린 생산원칙을 기반으로 설계되었다.

VPS는 트럭, 버스, 건설 기계 등 볼보 제품의 품질을 지속적으로 유지하고 개선하기 위한 핵심 도구로, 생산 과정 전반에서 품질 문제를 사전에 예방하고 즉각적으로 대응하는 체계를 갖추고 있다. 공급망 내 협력사와의 긴밀한 협력과 품질 기준 공유를 통해 공급망 전반에 걸친 품질 통합을 실현한다. 또한 문제 발생 시 원인을 신속히 파악하고 개선하는 '문제 해결 문화'를 강조해, Quality Chain 경영에서 요구하는 전 과정 품질 관리와 연속성을 실현한다.

요약하면, VPS는 Quality Chain 경영을 뒷받침하는 구체적 실행 체계로서, 전사적 품질 관리와 공급망 품질 통합을 통해 볼보의 품질 경쟁력을 높이는 핵심 시스템이다.

VPS의 특징

VPS는 도요타의 린(Lean)을 기반으로 한 생산방식으로, 낭비를 줄이고 효율을 극대화하는 데 중점을 둔다.

VPS는 사람 중심의 접근을 강조하며, 작업자의 역량 개발과 참여를 통해 자율적이고 지속적인 개선(Continuous Improvement, CI)을 유도한다. 또한 생산 과정에서의 오류를 최소화하기 위해 체계적인 품질 관리 체계를 적용하고, 처음부터 정확하게 작업하는 "Right First Time(처음부터 제대로)" 원칙을 실천한다. Right First Time은 제품이나 서비스를 처음부터 오류 없이 정확하게 수행하여 재작업이나 수정 없이 완성하는 것을 의미하는 품질 관리 개념이다.

볼보에서 품질 혁신을 위해 도입한 BIQ는 Built-In Quality(품질 내재화)의 약자로, 제품 개발 초기 단계부터 생산 및 품질 관리까지 전 과정에서 품질을 내재화하는 전략이다. 이 접근 방식은 상품 기획 단계에서부터 유사 모델의 품질 문제를 분석하고, 이를 바탕으로 요구사항을 정의하여 품질 문제를 사전에 방지하는 데 중점을 둔다.

이러한 BIQ 시스템은 스마트팩토리 구현에도 기여해, 볼보는 린 생산방식과 ICT 기술을 접목한 스마트팩토리의 모범 사례로 평가받고 있다.

VPS 성숙도 평가 항목

다음은 VPS의 성숙도를 평가할 때 고려하는 항목들이다.

1. 리더십과 조직 문화: 제조 기업의 경쟁력을 확보하는 핵심 기반이다. 개선 활동은 경영진과 팀 리더의 주도 아래 이루어지며, 작업자의 자발적인 참여와 지속적인 개선을 이끌어내기 위해서는 조직 내 열린 소통과 협업 문화가 정착되어야 한다.
2. 지속 가능성: 에너지 절감, 탄소 배출 감소, 폐기물 재활용 등 환

경적 책임만이 아니라 친환경 소재 사용과 법규 준수를 통한 사회적 책임 이행도 중요하다.
3. 작업자 안전과 건강이 보장되는 작업 환경: 위험 요소를 식별하고 제거하는 체계적인 안전 관리와 인체공학적 설계를 반영한 쾌적한 작업 환경 조성은 작업자의 생산성과 만족도를 높인다.
4. 공급망 관리: 협력사와의 긴밀한 협업과 품질 보증을 기반으로 하며, 자재 흐름의 효율화와 유연 생산방식 도입을 통해 물류 최적화가 이루어져야 한다.
5. 생산성 향상: 가치 지도(Value Stream Mapping, VSM)을 통해 낭비 요소를 분석하고, JIT 시스템 구축과 OEE(Overall Equipment Effectiveness, 설비종합효율) 등의 지표를 통해 효율성을 지속적으로 개선해야 한다.
6. 품질 관리: 공정 내에서의 SPC 적용, 작업표준 준수, 실수 방지(Poka-Yoke)와 근본 원인 분석(Root Cause Analysis)을 기반으로 결함을 사전 예방하고, 불량률을 체계적으로 관리하는 시스템이 필요하다.
7. 프로세스 표준화: SOP(표준 작업 지침)를 통해 일관성을 유지하고, 우수 사례를 조직 내 공유함으로써 변동성에 대한 대응력을 높일 수 있다.
8. 지속적인 개선 문화: PDCA 사이클을 기반으로 문제를 체계적으로 해결하며, KPI 등 데이터 기반의 성과 측정을 통해 개선 활동의 효과를 관리하고 확산시키는 것이 중요하다.

VPS 성숙도 평가 단계

VPS 성숙도 평가는 공장이나 부서의 현재 운영 상태를 다섯 단계로 나눈다. 초기(Initial) 단계에서는 표준화된 프로세스가 없고 품질과 생산성의 변동성이 크다. 관리(Managed) 단계에서는 기본적인 품질 관리 및 생산 절차가 확립되어 문제 발생 시 대응에 집중한다. 정의(Defined) 단계에서는 프로세스가 표준화되고 효율성이 향상되며, 지속적인 개선 활동이 시작된다. 정량적 관리(Quantitatively Managed) 단계에서는 데이터와 KPI를 활용해 성과를 관리하고 예방적 품질 관리 체계를 갖춘다. 최적화(Optimizing) 단계에서는 린 생산방식으로 지속 가능성을 극대화하며, 혁신과 개선이 조직 문화로 완전히 자리 잡는다.

VPS 성숙도 평가는 조직의 현재 상태를 진단하고 개선 방향을 제시하여 품질, 생산성, 안전성, 지속 가능성을 향상하는 데 이바지한다. 이를 통해 불량률 감소, 운영 효율화, 비용 절감, 작업자 안전 강화 및 친환경 목표 달성이 가능하며, 데이터 기반 관리를 통해 경쟁력을 강화하고 혁신과 지속적 개선을 조직 문화로 정착시킨다.

04
AB인베브 VPO 성숙도 평가

세계 최대 맥주회사인 AB인베브(Anheuser-Busch InBev)의 VPO(Virtual Plant Optimization, 가상 공장 최적화)는 맥주 생산 및 운영의 효율성을 극대화하기 위해 설계된 운영 관리 시스템이다. 이 시스템의 목표는 생산 공정의 품질·생산성·안전성 향상이며, 전 세계 공장에서 표준화된 방식으로 운영된다.

오비맥주의 글로벌 본사인 AB인베브는 버드와이저, 코로나, 호가든, 스텔라 아르투아 등 500개 이상의 글로벌 브랜드를 가지고 있다. VPO 모델은 AB인베브가 세계 어디에서 생산·운영하든 품질과 생산성, 지속 가능성을 통합적으로 관리할 수 있게 해주는 핵심 도구로, 글로벌 시장에서 리더십을 유지하는 기반이 된다. 이 시스템은 운영 효율을 극대화하고, 고객 만족도를 높이며, 나아가 환경적 책임 이행에도 기여한다.

Quality Chain 경영이 제품 기획부터 최종 고객에 이르기까지 전 과정에서 품질을 보장하고 공급망을 최적화하는 방식이라면, VPO 평가모델은 특히 생산 단계에서의 가치 실현과 품질 수준을 구체적으로 측정하고 개선하는 데 초점을 맞춘다. 프로세스 효율성, 품질 관리, 지속적 개선, 비용 절감 등을 중심으로, '생산 현장에서 발생하는 모든 활동이 고객에게 전달되는 가치와 직결된다'는 관점에서 품질과 생산성을 동시에 관리한다.

즉 VPO 모델은 생산 조직의 품질 성과와 운영 효율성을 체계적으로 점검하고 개선함으로써 Quality Chain 경영 전반의 품질 안정성과 경쟁력 강화에 기여하는 핵심 평가·관리 체계이다.

VPO 모델 주요 특징

VPO 체계는 안전, 품질, 환경, 유지보수, 물류, 사람, 조직 등 7가지 기둥(Pillars)으로 구성되는 AB인베브의 생산·운영 시스템의 핵심 요소

AB인베브 VPO House

로, 각 기둥은 공장 운영의 특정 측면을 강화하며 전체적으로 조화를 이루어 생산성과 경쟁력을 극대화한다.

AB인베브의 모든 제조 공장은 일관된 품질과 생산 효율성을 보장하기 위해 표준화된 운영 최적화 시스템을 도입했다. 모든 생산 공정은 동일한 기준과 절차에 따라 운영해 품질 편차를 최소화하며, 전 세계 제조 현장에서 균일한 제품 품질을 유지한다.

이 시스템은 가상 시뮬레이션, 데이터 분석, 실시간 모니터링 등 첨단 기술을 활용해 생산 공정을 체계적으로 관리한다. 생산 과정에서 발생하는 문제는 데이터 분석으로 파악하고 해결하며, 린 생산방식과 지속적 개선(CI) 원칙을 적용해 효율성과 품질 향상을 지속적으로 추진한다.

VPO 성숙도 평가 항목

1. 안전: 작업자의 안전을 최우선으로 하여 위험 요소를 제거하고, 안전 교육과 사고 대응 체계를 통해 사고를 예방한다. 이를 통해 사고율을 줄이고 안전 지표를 지속적으로 개선한다.
2. 품질: 고객 요구를 충족하는 무결점 제품 생산을 목표로 하며, 처음부터 올바르게 생산하고, 통계적 공정 관리와 품질 검사를 강화한다. 문제 발생 시 근본 원인을 분석해 재발을 방지한다.
3. 생산성: 자원을 효율적으로 활용하고 낭비를 제거하며, 설비 종합효율 개선과 공정의 표준화 및 흐름 최적화를 추진한다.
4. 환경: 에너지와 자원 사용을 줄이고, 폐기물 재활용률을 높이며, 친환경 기술을 도입해 탄소 배출을 최소화한다.
5. 유지보수: 설비의 안정적 운영을 위해 예방 및 예측 유지보

수를 실시하고, 정기 점검을 통해 고장을 사전에 방지하며, MTBF(Mean Time Between Failures, 시스템이 고장 없이 작동하는 평균 시간) 및 MTTR(Mean Time To Repair, 고장 발생 시 이를 복구하는 데 걸리는 평균 시간)을 개선한다.
6. 물류: JIT 시스템을 활용해 재고를 최적화하고, 창고 관리와 운송 경로 개선을 통해 비용을 절감하고 공급 안정성을 확보한다.
7. 사람과 조직: 작업자 교육과 지속 개선 활동 참여를 통해 역량을 강화하고, 성과 관리와 동기 부여를 통해 협력적인 조직 문화를 구축한다.

VPO 성숙도 평가의 단계

VPO 성숙도 평가는 공장의 운영 수준을 기준으로 다섯 단계로 구분한다. 초기 단계는 표준화와 효율성이 낮고, 문제가 발생할 때마다 대응하는 방식의 운영이 주를 이룬다. 기초 단계에서는 기본적인 품질 관리와 표준 절차가 도입되어 운영이 일정 수준의 체계를 갖추기 시작한다. 성숙 단계에 이르면 지속적인 개선 활동이 이루어지며, 데이터에 기반한 운영 체계가 구축된다. 최적화 단계에서는 린 생산방식과 환경 지속 가능성 요소가 통합되어 운영 효율이 극대화된다. 마지막으로 혁신 단계에서는 글로벌 수준의 모범 사례를 적용하며, 혁신을 통해 경쟁력을 지속적으로 강화하는 수준에 도달한다.

VPO 성숙도 평가는 공장의 운영 상태를 진단하고 개선 방향을 제시하여 품질, 생산성, 안전성, 지속 가능성을 극대화한다. 이를 통해 공정의 표준화, 낭비 제거, 에너지 절감, 불량률 감소를 실현하며, 작업자 안전과 역량 강화도 촉진한다. 또한 데이터 기반 관리와 지속적 개선 문화를 정착시켜 국제 경쟁력을 강화하고, 환경적 책임을 이행하며 운영 효율성을 최적화한다.

- 스마트팩토리의 개념과 구성 요소
- 제조 데이터 수집 및 활용
- 인공지능 및 데이터 기반 품질 예측
- QMS 기반 실시간 품질 모니터링
- 지속 가능한 스마트팩토리와 친환경 품질 경영
- 스마트팩토리 도입을 위한 실행 전략

VII

스마트팩토리와 Quality Chain 경영

01 스마트팩토리의 개념과 구성 요소

스마트팩토리란 무엇인가?

스마트팩토리란 최신 정보통신기술(ICT)을 활용하여 생산 공정을 자동화하고 최적화하는 지능형 공장을 말한다. IoT, AI, 빅데이터, 클라우드 등을 접목해 제조 공정을 실시간으로 분석·모니터링하며, 생산 효율성과 품질 관리, 에너지 절감을 동시에 실현한다. 스마트팩토리는 단순한 자동화를 넘어 제조업의 혁신을 주도하는 핵심 기술이다. 비용 절감, 품질 향상, 유연한 생산, 친환경 운영까지 가능하게 해주므로, 4차 산업혁명 시대에 반드시 필요한 선택이다.

기존 공장은 효율성과 유연성이 부족하고, 인력 및 비용 문제를 겪고 있다. 이를 해결하기 위해서는 스마트팩토리 도입이 필수적이며, 자동화·디지털화를 통해 생산성을 향상하고, 운영의 지속 가능성을 확보한다.

스마트팩토리는 품질 관리에서도 핵심적 역할을 한다. IoT와 AI를 활용해 생산 공정을 실시간 모니터링하고, 데이터 분석으로 품질 문제를 예방한다. 자동화 시스템은 일관된 품질을 보장하며, 예측 유지보수를 통해 기계 고장을 방지한다. 이를 통해 품질 문제를 최소화하고 고객 만족도를 높이며, 제조 경쟁력을 강화한다.

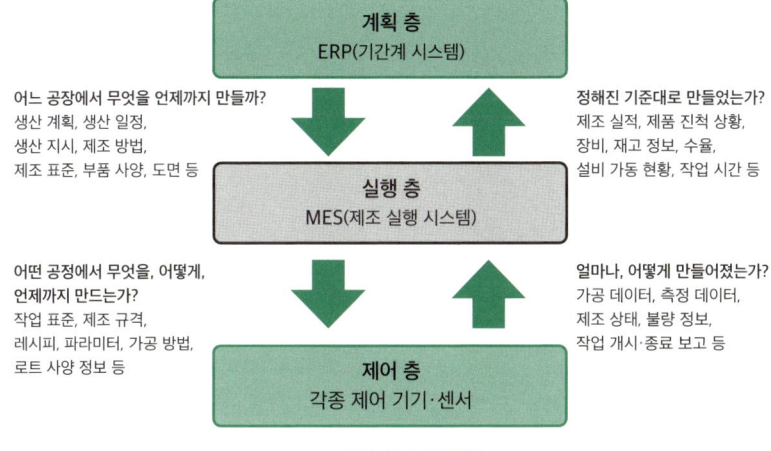

생산 시스템 역할

스마트팩토리를 구축하여 품질 관리의 효율성을 극대화하려면, 다음과 같은 주요 구성 요소가 필요하다.

Quality Chain 경영과 스마트팩토리

Quality Chain 경영과 스마트팩토리는 생산 현장에서 품질 관리를 효과적으로 수행하기 위해 서로 긴밀하게 연결되어 있다. Quality Chain 경영은 제품이 기획부터 최종 소비자에 이르기까지 모든 과정에서 일정한 품질을 유지하고 관리하는 체계적인 품질 관리 프로세스를 의미한다. 스마트팩토리는 IoT, 빅데이터, AI 등 첨단 기술을 활용하여 생산 공정을 자동화하고 실시간으로 모니터링하며 최적화하는 생산 시스템이다.

스마트팩토리는 Quality Chain 경영이 요구하는 전 과정의 품질 관리와 데이터 기반의 품질 이력 관리, 문제 발생 시 신속한 원인 분석 및 대응을 가능하게 하여 Quality Chain 경영의 효과적인 운영을 지원한다. 따라서 스마트팩토리는 Quality Chain 경영의 기술적 구현 수단으로서, 품질 관리의 정확성과 효율성을 높여 생산 현장의 품질 향상에 중요한 역할을 한다.

스마트팩토리 추진 시 고려 사항

스마트팩토리를 도입한 2개사를 비교해보자. A사는 스마트팩토리 구축을 위해 자동화 시스템과 IoT 센서 시스템을 설치해 생산 속도가 빨라졌다. 하지만 시간이 지나도록 품질 문제나 불량률이 여전히 존재했고, 일부 공정에서 예기치 못한 문제가 발생했다. B사는 스마트팩토리 구축 시 자동화 로봇과 생산 관리 시스템을 도입했다. 그러나 이는 대부분 기계적 자동화에 집중된 시스템으로, 데이터를 수집하고 관리하는 방식이 표준화되어 있지 않았다. 생산 과정에서 발생하는 다양한 데이터가 서로 다른 형식으로 저장되어 분석이 어려웠고, 실시간으로 문제를 예측하거나 해결하는 데 한계가 있었다.

A, B사는 생산 공정에서 품질 이탈이 발생하는 패턴을 데이터 분석으로 찾아낸 후, 해당 공정의 변수(온도, 습도, 작업 속도 등)를 최적화하여 불량률을 대폭 줄일 수 있었다. 또한 AI 품질 예측 기능을 도입하여 공정 중 불량품 발생 가능성을 사전에 예측하고 예방했다.

결과적으로, 표준화된 데이터를 기반으로 공정 개선 활동을 지속적으로 이어나가면서 생산성과 품질을 향상한 것은 물론 불량률을 크게 줄이고 비용을 절감할 수 있었다.

스마트팩토리 시스템을 단순히 도입하는 것만으로는 효과를 볼 수 없다. 시스템이 제대로 작동하더라도 데이터가 체계적으로 관리되지 않거나, 데이터 분석이 공정 개선으로 이어지지 않으면 스마트팩토리 구축의 효과를 극대화할 수 없다. 표준의 확립이 일관된 데이터 관리와 효율적 운영의 핵심이다. 즉 표준 없이 시스템을 구축하면 데이터 불일치로 신뢰성이 떨어지고, 시스템 간 연동이 어려워진다. 유지보수가 복잡해지고 확장성이 제한되며, 공정 개선을 위한 데이터 분석도 어렵다. 데이터 기반의 지속적인 피드백과 공정 개선이 이루어져야만 스마트팩토리의 진정한 가치를 실현할 수 있다.

스마트팩토리 추진 및 개선 프로세스는 체계적인 관리와 지속적인 개선을 통해 공정의 효율성과 품질을 극대화하는 것을 목표로 한다. 이 과정은 다음과 같은 단계로 논리적으로 전개된다.

우선 스마트팩토리 구현을 위해 우선적으로 관리가 필요한 핵심 항목을 선정한다. 이는 생산성과 품질에 직접적인 영향을 미치는 주요 변수들을 식별하는 단계로, 공정 전반의 모니터링 및 분석 기반을 마련하기 위함이다.

다음으로 선정된 핵심 항목에 대해 표준을 정의하고 이를 준수할 수 있도록 데이터베이스(DB)를 구축한다. 이 표준은 제품 품질, 설비 성능, 공정 조건 등과 같은 요소들을 포함하며, 관련 데이터를 체계적으로 수집하고 저장함으로써 신뢰할 수 있는 데이터 기반을 확보하게 된다.

이후에 구축된 데이터를 기반으로 실시간 공정 관리를 수행하고, 축적된 데이터를 분석하여 이상 징후나 문제 발생 요인을 사전에 감지한다. 이를 통해 생산 과정에서 발생하는 품질 저하나 낭비 요인을 파악할 수 있다.

분석 결과를 바탕으로 문제의 근본적인 원인을 식별하고, 이에 대해 구체적인 개선 조치를 수립 및 실행한다. 이 단계는 단순한 현상 조치가 아닌, 반복적인 문제 발생을 방지하기 위한 구조적 접근이다.

마지막으로 개선 결과를 반영하여 기존 관리 항목을 재검토하고, 기

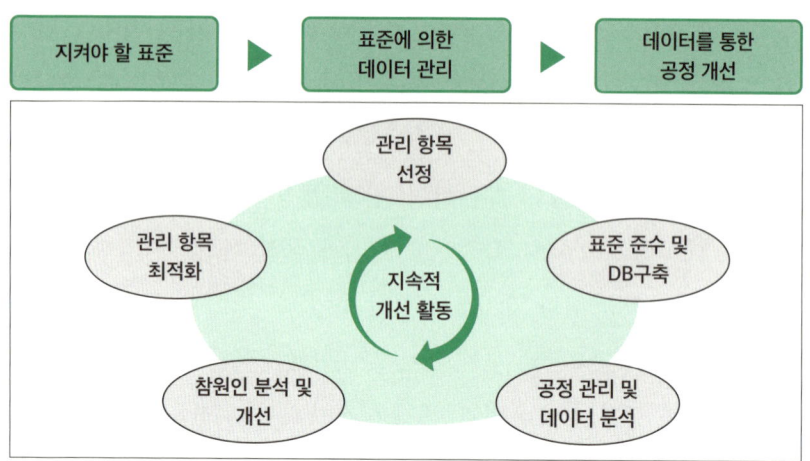

스마트팩토리 개선 활동 단계

준을 최적화하여 관리 항목 체계를 재정의 및 개정한다. 이 과정을 통해 관리 체계는 점차 고도화되며, 스마트팩토리는 지속적인 개선과 자율적 품질 확보 능력을 갖추게 된다.

이러한 일련의 프로세스를 반복함으로써 스마트팩토리는 데이터 기반의 선제적 대응 체계를 강화하고, 생산성과 품질의 동시 향상을 추구하는 방향으로 진화하게 된다.

주요 구성 요소

스마트팩토리의 주요 기술로는 IoT, AI, 빅데이터 및 클라우드, ERP, MES, QMS 등이 있다.

IoT

생산 공정의 각 단계에서 온도, 압력, 진동 등 다양한 데이터를 실시간으로 수집하는 IoT 센서는 품질 관리의 핵심 데이터 기반을 제공한다. 이를 통해 불량률이나 공정 이상 징후를 조기에 파악할 수 있고, 통합 품질 관리 시스템(QMS)과 연계하여 전사적 품질 경영의 기반이 되는 '데이터 중심 의사결정'을 지원한다.

AI

AI 기술은 수집된 데이터를 분석하여 이상 징후를 사전에 감지하고, 예측 유지보수를 가능하게 한다. 분석 결과는 품질 관리를 위한 의사결정에 직접 활용되어, 기계 고장을 예방하고 설비의 안정성을 높이는 데 이바지한다. 이는 품질 경영 전략의 핵심 요소인 '예방적 관리'를 실현해준다.

빅데이터 및 클라우드

대용량의 생산 및 품질 데이터를 저장·처리·분석할 수 있는 빅데이터 플랫폼과 클라우드 서비스는 전사적 품질 KPI를 실시간으로 모니터링하고 지속적으로 개선할 수 있도록 지원한다. 이를 통해 각 부서 간 데이터 연계 및 협업이 원활해져 통합 품질 관리 체계의 효율성을 극대화할 수 있다.

자동화 및 로봇

공정 자동화 및 로봇 기술은 반복 작업에서 발생할 수 있는 인적 오류를 최소화하고, 생산 과정에서 품질의 일관성을 유지하도록 한다. 이는 품질 경영의 기본 원칙 중 하나인 '표준화'와 '지속적 개선'의 실천에 직접적인 영향을 미친다.

실시간 모니터링 및 제어 시스템

생산 라인의 상태를 실시간으로 모니터링하고 이상 발생 시 즉각적인 경고와 대응이 가능한 제어 시스템은, 품질 경영에서 핵심적인 '실시간 관리' 기능을 수행한다. 문제 발생 시 신속한 시정 조치가 이루어져 전반적인 품질 수준이 향상된다.

데이터 시각화 및 대시보드

품질 관리 성과와 공정 데이터를 시각화하는 대시보드는 관리자와 현장 직원 모두에게 품질 상태를 쉽게 파악할 수 있게 해준다. 이를 통해 품질 관련 의사결정이 신속하고 정확하게 이루어지고, 전사적 품질 경영의 투명성과 책임성이 높아진다.

사이버 보안 시스템

스마트팩토리는 다양한 데이터와 시스템이 네트워크로 연결되어 있기 때문에, 견고한 사이버 보안 시스템을 통해 데이터 무결성과 품질 관리 시스템의 안전한 운영을 보장해야 한다. 이는 품질 경영의 신뢰성 확보와 직결된다.

ERP

ERP(Enterprise Resource Planning), 즉 전사적 자원 관리 시스템과의 연계를 통해 생산·물류·품질 관리를 단일 플랫폼에서 통합 관리함으로써 조직 전체의 운영 효율성과 품질 경영 체계의 일관성을 강화할 수 있다.

QMS

QMS(Quality Management System), 즉 통합 품질 관리 시스템은 조직이 제품이나 서비스를 일관되게 고품질로 제공하고, 고객 요구와 규제 요구사항을 효과적으로 충족할 수 있도록 설계된 절차·프로세스·정책·문서로 만들어진 정보의 체계이다.

MES

MES(Manufacturing Execution System), 즉 제조 실행 시스템은 현장의 생산 활동을 실시간으로 관리·모니터링·제어하는 시스템이다. 원래 MES의 역할은 제조 공정을 파악하고 관리하며, 작업자에게 지시나 지원 등을 제공하는 것이다. 광의적으로는 생산 관리 시스템의 일종으로 볼 수 있으며, 공장 내 생산 라인의 각 제조 공정 및 설비와 유기적으로 연동된다.

일본 모노즈쿠리◎ 정신을 바탕으로 발전을 촉진하는 엔지니어링진흥협회(Engineering Advancement Association of Japan, ENAA)는 스마트팩토리 구현을 위한 기술과 운영 노하우를 연구하기 위해 '스마트팩토리 연구회'를 운영하고 있다. 이 연구회에서는 기존의 MES에 더해 더 포괄적인 개념으로서 제조·품질·보전·재고의 네 가지 업무 영역을 통합 관리하는 MOM(Manufacturing Operation Management, 제조 오퍼레이션 매니지먼트)가 스마트팩토리의 핵이 될 것으로 보고, 다음 그림과 같은 스마트팩토리 개념도를 제시한다.

스마트팩토리 내에서 발생하는 모든 품질 관련 데이터를 통합 관리

◎ 모노즈쿠리(物作り): 장인정신과 지속적인 개선을 바탕으로 최고의 품질을 추구하는 일본식 제조 철학.

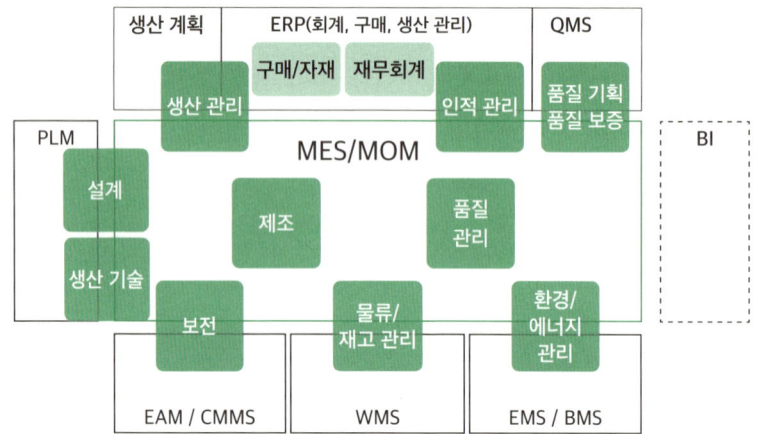

일본 엔지니어링진흥협회(ENAA)의 MES/MOM 관계 구조도

하는 품질 관리 시스템(QMS)과 제조 실행 시스템(MES)은 설계부터 생산, 물류, 고객 서비스까지 품질을 지속적으로 유지하는 데 필수적인 요소이다. 이러한 시스템은 품질 경영의 체계적인 데이터 수집, 분석, 피드백 과정을 지원하여 지속적인 품질 개선을 실현한다.

스마트팩토리의 주요 기술 구성 요소들은 단순한 생산 자동화와 효율성 증대를 넘어, 전사적 품질 경영 체계와 긴밀히 연계되어야 한다. 이를 통해 품질 데이터를 기반으로 한 예방적 관리, 실시간 문제 대응, 지속적 개선을 실현함으로써 제조업의 경쟁력 강화와 고객 만족도 향상에 이바지할 수 있다.

스마트팩토리 추진 사례

스마트팩토리 우수 사례는 세계경제포럼(WEF)이 주관하는 세계 스마트팩토리 등대공장(Global Lighthouse Factories)에서 찾아볼 수 있다. 이 네트워크는 스마트 제조 및 디지털화를 선도하는 기업들의 세계 최고 수준의 공장들을 선정하여 소개한다. 스마트팩토리 기술을 활용하여 혁신적인 생산성 향상과 효율적인 운영을 달성한 공장으로, 독일 지멘스 암베르크(Amberg) 공장, 독일 보쉬 스마트 공장, 한국 포스코, LG전자, 삼성전자 평택 반도체 공장, 대만 폭스콘(Foxconn) 스마트팩토리, 프랑스 슈나이더 일렉트릭(Schneider Electric)을 들 수 있다.

그중에서도 대표적으로 프랑스의 슈나이더 일렉트릭은 스마트팩토리를 구축해 설계부터 고객 서비스에 이르는 전체 Quality Chain 경영에서 의미 있는 성과를 이루어냈다. 프랑스 공장인 리옹뿐만 아니라 모로코, 중국, 멕시코 등 해외 공장까지 등대공장으로 선정되어 있다. 슈나이더는 전 세계에 183개 생산 공장과 94개 물류 센터, 약 1만 4,000개 공급업체를 보유한 글로벌 제조 기업이다.

슈나이더의 스마트팩토리 및 물류센터 수는 2020년에 80개가 넘었고, 2023년에는 150개로 늘어났다. 슈나이더는 공장 운영 방식을 매뉴얼화한 '슈나이더 퍼포먼스 시스템(SPS)'을 갖추고 있다. 여기에는 카이젠 활동 등도 포함되며, 어떤 틀을 도입해야 하는지, 어떤 점을 디지털화해야 하는지, 언제 어디까지 진행해야 하는지 등이 모두 규칙으로 정해져 있다.

프랑스 공장에는 현장에서 수집한 데이터가 MES까지 연계되어 누구나 볼 수 있도록 대시보드로 시각화된다. 또한 불필요한 비용이 들지 않도록 데이터에 기반해 주문이 이루어지고 있다.

미국 켄터키주 렉싱턴 공장에서는 EcoStruxure 플랫폼을 활용하여 에너지 관리와 운영 효율성을 개선했다. 이 공장은 AOA(Augmented Operator Advisor, 증강 현실 작업 지원 시스템)와 같은 디지털 도구를 도입하여 장비 가동 중단 시간을 20% 줄이고, 에너지 비용을 연간 3.4% 절감했다. 이러한 디지털 전환을 통해 공장은 운영 효율성 향상과 에너지 절감 효과를 동시에 누렸다.

  미국의 리서치 기업인 가트너의 '서플라이 체인 순위 2024'에서 슈나이더는 2년 연속 1위로 선정됐다. 이는 재무 안정성과 운영 효율 측면에서 높게 평가받은 결과이다.

미래의 스마트팩토리 전망

  스마트팩토리는 4차 산업혁명의 핵심 기술을 활용하여 자동화와 지능화를 극대화하는 미래형 생산 시스템이다. 기존의 공장이 단순한 기계적 자동화에 머물렀다면, 미래의 스마트팩토리는 기존의 공장 운영 방식과는 완전히 다른 형태로 변화할 것이다. AI 및 빅데이터를 기반으로 한 생산 최적화, 디지털 트윈을 활용한 시뮬레이션, 초연결 네트워크와 5G 기반의 실시간 모니터링, 협업 로봇과 자동화 시스템, 친환경 기술, 맞춤형 생산방식의 확산이 이러한 변화를 주도할 것이다. 기업들은 이러한 트렌드에 맞춰 디지털 전환을 가속화하고, 스마트팩토리 구축을 위한 전략적 투자를 강화해야 한다. 결국 스마트팩토리는 효율성과 지속 가능성을 모두 충족하는 혁신적인 제조 방식으로 자리잡을 것이다.

02

제조 데이터 수집 및 활용

제조 데이터 관리의 중요성

제조업의 핵심 목표는 생산 공정의 효율성과 제품 품질을 극대화하는 것이다. 이를 달성하기 위해 기업들은 데이터를 활용하여 운영을 최적화한다. 제조 데이터는 원자재 입고부터 제품 출하까지의 전 과정에서 생성되는 다양한 정보를 포함하며, 이를 효과적으로 관리하면 다음과 같은 이점을 얻을 수 있다.

- 생산성 향상: 설비 운영 데이터를 분석하여 공정 병목을 제거하고 생산 효율을 극대화할 수 있다.
- 품질 개선: 실시간 품질 데이터를 활용하면 불량률을 낮추고, 선제적인 대응이 가능하다.
- 비용 절감: 데이터 분석을 통해 원부자재 사용량을 최적화하고, 원부자재 낭비를 최소화할 수 있다.
- 예방 유지보수: IoT 센서 및 AI 기반 예측 분석을 통해 설비 고장을 사전에 감지하고 유지보수 비용을 절감할 수 있다.

제품의 기획부터 생산, 유통, 고객 서비스에 이르기까지 전 과정에서 품질을 체계적으로 관리하는 Quality Chain 경영에서 제조 데이터의 수집과 활용은 품질 관리의 근간이 된다. 공정 조건, 장비 상태, 불량률, 검사 결과 등 제조 현장에서 발생하는 다양한 데이터를 실시간으로 수집함으로써 품질 문제를 신속하게 발견하고 원인을 정확히 분석할 수 있다. 또한 수집된 데이터를 분석해 공정 최적화와 품질 개선, 품질 이력 관리와 추적성 확보에도 활용할 수 있다. 따라서 제조 데이터의 체계적인 수집과 효과적인 활용은 Quality Chain 경영의 핵심 요소로, 품질 안정성과 생산 효율성을 동시에 높이는 데 결정적인 역할을 한다.

제조 데이터 활용 트렌드

최근 제조업에서는 데이터 활용이 점점 더 중요해지고 있으며, 이러한 변화는 기술 발전과 함께 빠르게 이루어지고 있다. 제조업체들이 데이터 활용의 중요성을 인식하고 데이터를 실시간으로 수집하고 분석하는 방향으로 나아가고 있는 이유는 공정 효율성 향상, 품질 개선, 비용 절감 등 여러 가지 이점을 제공하기 때문이다.

스마트팩토리는 제조업에서 데이터를 활용하는 가장 중요한 트렌드 중 하나로, IoT(사물인터넷) 기술을 활용하여 생산 라인의 모든 설비와 장비를 연결하고 실시간으로 데이터를 수집하는 시스템이다. 센서와 기계 장치들이 서로 연결되어 데이터를 상호 교환하고, 이 데이터를 통해 생산 공정의 상태를 모니터링할 수 있다.

데이터 분석 기술은 제조 공정에서 실시간 모니터링과 예측 분석의 중요한 도구로 자리 잡고 있다. 예를 들어, 생산 라인에서 발생하는 다양한 데이터를 실시간으로 분석하여 이상 징후를 조기에 발견하고 이에 대응할 수 있다. 생산 중 발생할 수 있는 문제들을 예측하고 예방하는 기술은 고장으로 인한 가동 중단을 최소화하고 품질 향상에 기여한다.

AI와 데이터 분석 기술을 활용한 품질 관리 시스템은 불량률을 줄이고 생산성을 높이는 데 큰 역할을 한다. 이미지 인식 기술을 통한 자동화된 품질 검사 시스템 덕분에 빠르고 정확한 품질 검사가 가능하다. AI 기반의 예측 모델을 사용하면 생산 공정에서 발생할 수 있는 문제를 예측하고 공정을 최적화하는 방향으로 조정할 수 있다. 이러한 기술들은 제품 품질의 일관성을 유지하고, 공정 내 자원 활용을 극대화하는 데 이바지한다.

이처럼 제조업에서의 데이터 활용은 단순히 생산 공정을 효율화하는 데 그치지 않고 품질 개선, 예측 분석, 보안 및 규제 준수 등 다양한 분야에 걸쳐 이루어지고 있다. 앞으로의 제조업은 데이터 중심으로 발전해나가며 스마트팩토리, AI, IoT 등의 기술을 점점 더 적극적으로 활용하는 방향으로 나아갈 것이다.

제조 데이터의 정의 및 유형

제조 데이터란 생산 과정에서 발생하는 시스템 데이터, 생산 설비 데이터, 작업 데이터 등 모든 종류의 데이터를 말한다. 제조 데이터는 제품을 설계하고 생산하는 전 과정에서 생성되며 각종 장비·기계·센서·시스템을 통해 수집된다. 제조 데이터는 공정의 성능 모니터링, 품질 관리, 생산성 최적화에 중요한 역할을 한다.

공장에서는 일반적으로 생산 관리와 생산 지시를 담당하는 상위 시스템을 도입해 운영한다. 이러한 시스템들을 통해 생산 계획이나 생산 실적 등의 데이터를 수집하여 사전에 수립한 생산 계획에 따라 문제 없이 생산이 이루어지고 있는지를 정량적인 데이터로 확인할 수 있다. 기업 전체의 핵심 시스템으로 기간계 시스템인 ERP(전사적 자원 관리)를, 공장 내 효율적 제조에 특화된 실행 층 시스템으로 MES(제조 실행 시스템)를 꼽을 수 있다.

제어 층(Control Layer)에서는 각종 제어기기 및 센서로 다양한 생산 설비로부터 직접 데이터를 수집한다. 생산 현장의 상세한 상황을 파악할 수 있기 때문에 가동률 저하나 품질 불량 등의 과제를 해결하기 위한 실마리가 될 수 있다.

생산 설비에서는 다양한 방법으로 데이터를 수집한다. 신 설비라면, 생산 설비의 동작을 제어하는 PLC(Programmable Logic Controller)나 CNC(Computer Numerical Control)나 센서(Sensor) 등으로 데이터를 수집하는 경우가 많지만, 설비 메이커마다 데이터 수집 방법이 다를 수 있다. 이러한 과제를 해소하기 위해 업계의 공통 규격인 오픈 네트워크에 대응하는 설비도 있다.

그러나 오래된 장비의 경우 데이터 수집 수단이 없는 경우가 많다. 이러한 경우에는 표시등이 점등한 색상의 데이터로부터 가동 상황을 파악하는 안돈 시스템을 활용할 수 있다. 설비의 계측기를 카메라로 촬영하고 수치 데이터로 변환해 자동으로 데이터를 수집해주는 기기도 등장하고 있다.

공장에서 일하는 작업자의 움직임을 데이터로 캡처해 작업자 데이터를 수집하는 것도 가능하다. 작업자에게 스위치를 누르도록 하는 간단한 장치부터, 카메라로 촬영한 영상 데이터와 AI를 조합해 작업 내용을 자동으로 보여주는 고급 방법까지 다양하다. 또한 공장 내에서 GPS, 비콘, RFID 등을 이용해 위치 정보를 수집하여 작업자의 동선을 해석하는 등의 노력도 있다.

그 밖에 공장에서 작업자가 기록한 점검 결과나 고장 대응 결과 등도 중요한 데이터다. 종이에 작성돼 충분히 활용되지 못하는 이러한 데이터를 시스템으로 관리하면, 종전에는 문서로만 확인할 수 있었던 정보를 전자화하여 유지보수 부문에서 공유 가능한 데이터로 활용할 수 있다.

데이터의 수집 및 활용 목적

스마트팩토리는 데이터를 기반으로 생산 공정을 최적화한다. IoT 센서를 통해 장비와 공정을 실시간으로 모니터링하여 이상 징후를 조기에 발견하고, 병목 현상을 분석해 공정 흐름을 개선한다. 품질 관리 측면에서는 데이터를 활용해 불량률을 낮추고 품질을 일정하게 유지하며, 결함 원인을 분석해 문제를 사전에 제거한다. 또한 에너지 소비 데이터를 분석해 자원을 효율적으로 사용하고, 수요 예측과 생산 데이터를 기반으로 재고를 최적화함으로써 비용을 절감할 수 있다.

장비 유지보수에서도 데이터는 핵심 역할을 한다. 장비 상태 데이터를 분석해 고장을 예측하고 계획적으로 유지보수를 실시함으로써 설비의 가동률을 높이고 다운타임을 최소화한다. 더불어 생산 및 시장 데이터를 통합 분석해 전략적인 의사결정을 가능하게 하며, 시뮬레이션과 예측을 통해 새로운 공정이나 제품 개발에 따르는 리스크를 줄인다.

고객 맞춤형 생산도 데이터 분석을 통해 실현할 수 있다. 고객 요구를 반영한 제품 설계가 가능해지고, 시장 변화에 따라 생산 계획을 유연하게 조정할 수 있다. 이러한 일련의 과정은 결국 제조 공정의 자동화와 디지털화를 이끌어 스마트팩토리 구축으로 이어지며, 생산 라인부터 공급망, 물류에 이르기까지 다양한 데이터를 통합적으로 관리할 수 있게 된다.

이 모든 목적은 제조업체가 경쟁력을 유지하고, 변화하는 시장 환경에 민첩하게 대응할 수 있도록 하는 데 초점이 맞춰져 있다.

제조 데이터 수집 및 활용의 단계

데이터는 장치 설치, 수집, 저장, 분석 단계를 거쳐 활용된다.

첫 번째는 공정별 데이터 수집 여부 및 수집 방법을 정의하는 단계이다. 제조 데이터 관리계획서에 의해 공정 순서대로 데이터의 수집

공정명	항목	측정 단위	공정 개요	데이터 유형	측정 주기	관리 기준	수집 여부	수집 방법	데이터 예시
성형 공정 (사출 성형 M/C)	온도	℃	플라스틱 주형 성형	수치 데이터	1시간 마다	160~180℃	○	센서 자동 수집(온도센서)	200℃ (현재 온도)
	압력	Bar	플라스틱 주형 성형	수치 데이터	1시간 마다	5 bar 이상	○	센서 자동 수집 (피에조저항형 압력센서)	5 Bar (현재 압력)
	주입 시간	초(s)	성형 공정에서 주입되는 시간 측정	수치 데이터	실시간	3~5s	×	타이머 및 센서	45s (현재 시간)
	금형 상태	상태 (정상/비정상)	금형의 상태를 실시간으로 모니터링하여 이상 유무 확인	상태 데이터	실시간	정상/비정상	○	금형 센서 (온도, 압력 센서)	정상 (금형 상태)
절삭 공정 (공작 기계 M/C)	치수	mm	부품의 정확한 치수 가공을 위한 절삭 작업	수치 데이터	실시간 (매 작업마다)	±0.05 mm 이내	○	자동 측정 (CNC 센서)	25.00 mm (목표값) ±0.05 mm
	공구 마모 상태	% (마모도)	공구의 마모 상태 모니터링	수치 데이터	매 1시간마다	마모도 20% 이하	○	자동 측정 (광학센서)	15% (현재 상태)
	절삭 유체 유량	상태 (정상/비정상)	절삭 유체의 흐름 사태를 모니터링하여 유량 이상 여부 확인	상태 데이터	실시간	정상/비정상	×	유체 상태 센서 (유량 센서)	정상 (유체 흐름)
	경고 알림	경고/알림 메시지	공정 중 발생한 경고나 알림 메시지를 수집하여 알림 제공	경고/알림 데이터	실시간	경고 시 알림	○	안돈 시스템 (소프트웨어)	공구 마모 80% 경고
	공구 교체 시점	이벤트 (교체/점검)	공구의 교체 또는 점검 시점을 기록하여 교체 주기 관리	이벤트 데이터	교체 주기 마다	500 시간마다 교체	○	자동 점검 (CNC 시스템)	교체 필요: 500시간 경과

데이터 수집 관리계획서 작성 사례

여부 및 데이터 수집 방법을 정의한다.

관리계획상 '공정명, 관리 항목, 측정 단위, 공정 개요, 데이터 유형, 측정 주기, 관리 기준, 데이터 수집 여부, 수집 방법, 데이터 예시' 순으로 작성한다.

표에서 제시한 것은 사출성형기로 작업하는 성형 공정 사례로, 온도와 압력을 관리하는 것은 플라스틱 또는 금속 성형과 관련이 있다. 절삭 공정은 공작 기계로 작업하여 치수와 표면 마찰 계수를 측정하는 것으로, 정밀한 금속 부품 가공(예: 절삭 공구, 금형, 베어링 등)이 대표적으로 해당한다.

두 번째는 데이터 수집 장치 설치 단계이다. 어떠한 센서와 장치를 선택하느냐에 데이터 수집의 정확도와 효율성이 좌우된다. 이 단계에서는 수집할 데이터 종류, 설비 환경, 목표 등을 고려하여 각종 센서와 장치를 선택해야 한다. 예를 들어 공작 기계 사용 시 가공 데이터(예: 생산설비, PLC, CNC)와 물리적·환경적 데이터, 영상 및 음성 데이터를 수집하기 위한 진동 센서, 온도 센서, 유량 센서, 진단 센서, 영상 카메라, 음성 센서 등을 설치한다.

세 번째는 데이터 수집 단계이다. 제조 공정에서는 물리적 데이터, 환경적 데이터, 화학적 데이터, 영상 및 음성 데이터 등을 수집하게 된다. 수집 데이터는 생산 설비의 동작 개시부터 종료까지의 전 과정을 1사이클로 기록하며, 이상 징후가 감지되면 설비에서 경고 신호를 보낸다.

데이터 수집 장치는 생산 설비의 모든 정보를 해석하기 쉬운 형식으로 정리한다. 기존 설비에는 개별적으로 설치할 수 있으며, 입력 방법과 수집 주기가 다른 데이터를 통해 생산 중 발생하는 이상 징후를 판단할 수 있다.

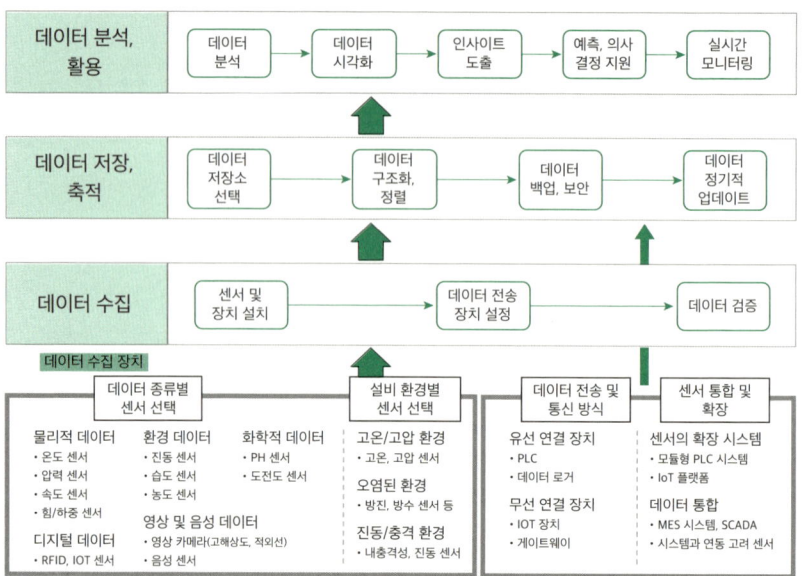

데이터 수집 및 활용 체계

    네 번째는 데이터 저장 및 축적 단계이다. 데이터베이스에 라이브러리를 생성하여 각 데이터의 시간 축에 맞게 정렬하고 CSV 파일(텍스트 기반 데이터 형식)로 축적한다. 데이터는 파형 데이터뿐만 아니라 영상 및 음성 데이터와도 연계할 수 있으며, 데이터 배분 조건을 설정하여 필요한 데이터만 선택하여 전송할 수 있다. 목적에 맞게 다양한 알림 설정도 가능하다.

    다섯 번째는 데이터 분석 및 활용 단계이다. 현장에서 수집된 데이터를 심층적으로 분석하기 위해 해석 및 시각화하여 유의미한 정보를 도출한다. 분석을 통해 생산 효율성 향상, 이상 징후 예측, 품질 개선 등의 목표를 달성할 수 있다.

    여섯 번째는 데이터 수집 관리 계획(Control Plan)에 따라 표준을 등록하고 지속적으로 관리하는 단계이다.

이러한 프로세스를 통해 전 세계 기업들은 혁신적인 성과를 이루어 냈다. 고객 데이터를 분석하여 맞춤형 서비스를 제공함으로써 매출을 크게 증가시켰고, 제조 데이터를 실시간으로 분석하여 장비의 효율성을 개선하고 비용을 절감했다. 또한 고객 행동 데이터를 분석해 맞춤형 마케팅 전략으로 매출 성장을 견인했다. 이러한 사례들은 데이터 기반 의사결정이 기업 경쟁력 강화를 위한 핵심 요소임을 입증한다.

다양한 산업 분야의 선도기업 사례들을 살펴보면, 데이터 기반 의사결정이 기업의 경쟁력을 어떻게 강화하고 새로운 가치를 창출하는지에 대한 중요한 인사이트를 얻을 수 있다.

지금부터 일본 물류 전문회사 UPR의 《제조업의 데이터 활용 사례 15선: 타사 사례에서 배우는 성공 포인트》에 수록된 사례 네 가지를 소개한다.

인텔의 데이터 활용 사례

미국의 반도체 소자 메이커인 인텔 사는 반도체 칩의 테스트 공정에서 난관에 직면해 있었다. 반도체 칩의 품질을 유지하기 위해 인텔에서는 약 19,000종이나 되는 품질 테스트를 실시해왔지만, 이처럼 방대한 테스트가 생산 비용을 높이는 요인이 되었다.

따라서 인텔은 반도체 칩 제조 공정에서 얻은 빅데이터로 테스트 결과를 상세하게 분석하여 품질 보증에 필수적인 테스트를 식별하는 구조를 구축했다. 칩 제조 과정에서 발생하는 방대한 양의 센서 데이터, 로그 데이터, 테스트 결과 데이터를 수집하고 이를 머신러닝에 활용했다. 데이터는 웨이퍼 수준, 칩 수준, 환경 조건, 제조 장비 상태 등 다양한 측면에서 분석되었다.

특히 머신러닝 알고리즘을 통해 특정 테스트 결과와 최종 제품 품질 사이의 상관관계를 식별하는 것이 중요했다. AIoT(Artificial Intelligence of Things, 지능형 사물인터넷) 솔루션을 적용한 인텔은 웨이퍼 Bin Map 이미지 데이터◎를 분석하여 불량 유형을 에지 불량, 스크래치 불량, 브리지 불량 등 13가지로 분류했다. 불량 형태를 정확하게 분류하고 예방하여 공정의 수율을 높인 덕분에 품질 및 생산성이 향상되었다.

데이터를 활용한 덕분에 인텔은 반도체 칩 생산 라인당 수십만 달러, 전체적으로는 수백만 달러의 코스트를 절약할 수 있었다. 이는 인텔이 반도체 칩 테스트 분야에서 효율성과 품질을 높이기 위해 지속적으로 혁신하고 있음을 보여준 사례이다.

할리데이비슨의 데이터 활용 사례

미국 오토바이 제조업체인 할리데이비슨은 생산 공정의 각 단계를 추적·기록하는 실시간 성능 관리 시스템과, 다양한 장비 및 프로세스의 성능을 측정·관리하는 소프트웨어와 센서를 도입했다. 공급망 관리에 온습도 데이터가 중요하게 활용되는데, 오토바이의 페인트 품질이 공장의 온도와 습도에 따라 크게 달라지기 때문이다. 지금까지는 작업자들이 수작업으로 온도나 습도를 조정했지만, 오토바이 도장에 얼룩이 생길 가능성이 있었다. 할리데이비슨은 페인트 품질을 균일화하기 위해 공장의 온습도를 모니터링하는 원격 솔루션을 도입했다. 공조기기를 자동으로 제어하여 오토바이 도장에 최적인 환경을 유지하

◎ Bin Map 이미지 데이터: 반도체 제조 공정에서 웨이퍼의 각 다이가 정상적으로 작동하는지를 시각적으로 나타낸 데이터.

는데, 특정 임계값(온도, 습도)이 벗어날 경우 시스템이 공조 장비(히터, 에어컨, 가습기·제습기 등)를 자동으로 제어하여 환경을 조정한다.

이를 통해 페인트 도장 환경을 항상 일정하게 유지할 수 있었을 뿐만 아니라, 수집된 데이터를 분석하여 장비의 이상 상태를 조기에 감지하고 유지보수를 예측적으로 수행함으로써 다운타임을 줄였다. 온습도 관리를 인간의 감각에 의존하지 않고 객관적 데이터에 근거해 실시하여 합리적이고 일관성 있는 품질 관리 체제를 실현할 수 있었다.

PING 사의 데이터 활용 사례

미국의 골프 용품 메이커인 PING 사는 '최고 품질주의'를 슬로건으로 내걸고 조립 공정의 효율화를 추진했다. 기존의 업무 흐름에서는 커스텀 오더를 받고 나서 골프 클럽의 원재료를 확보하고 조립하기 때문에 48시간 이내 납품 목표를 달성하기가 어려웠다. 이에 마케팅에서 얻은 빅데이터를 활용하여 커스텀 골프 클럽의 수요 예측을 개선했다.

구체적으로는 고객의 취미 기호나 과거의 주문 이력(예: 특정 클럽의 색상, 샤프트 길이, 그립 타입 등), 골프용품 시장 동향 등의 데이터를 조합하는 것으로, 수주 전에 커스텀 오더의 내용을 예측해 제조 라인을 사전에 확보하는 구조를 만든 것이다. AI 예측 모델을 기반으로 머신러닝 알고리즘을 활용하여 주문량을 예측하고 고객별 맞춤형 주문 확률을 제시했다. 시장에서의 인기 제품 모델을 예측하고, 특정 시즌이나 대회 직전 수요가 급증하는 경향도 반영했다.

제조 라인 사전 준비란 예측 데이터를 바탕으로 제조 라인에서 필요한 설비 및 재료를 사전에 마련하는 것이다. 예상 수요가 높은 커스텀 옵션(예: 특정 길이의 샤프트나 특정 색상의 헤드)을 미리 제조하거나 재고로 확보하고 주문이 실제로 들어오면 예측 모델과 비교하여 필요한 제조 계획을 실시간으로 조정했다. 이를 통해 주문 처리 속도를 높이고 생산 효율을 극대화할 수 있었다.

그 밖에도 컬러코드 시스템으로 골퍼의 신체 치수, 스윙 속도, 궤도 등 다양한 데이터를 수집하고 분석하여 샤프트 길이, 라이 각도, 그립 크기 등을 개인 맞춤형으로 조정한다. 이를 통해 골퍼들은 자신에게 가장 적합한 클럽으로 추천 받을 수 있다. 반복되는 스윙 데이터를 통해 개인의 강점과 약점을 파악하고, 이를 기반으로 맞춤형 레슨 프로그램을 개발하여 활용하는 등 PING은 기술 혁신을 통해 골프 산업뿐만 아니라 골퍼 개인의 발전에도 기여하고 있다.

다이킨 사의 데이터 활용 사례

일본 공조기기·화학제품 메이커인 다이킨 사는 '베테랑 노동자의 숙련 기술을 어떻게 젊은 인재에 계승하는가'라는 과제에 직면해 있었다. 그리하여 IoT와 빅데이터를 베테랑 노동자의 기술 전수에 활용하고 있다. 직원들과 협력하여 공장 내 센서나 카메라로 취득한 데이터를 활용하는 기능 훈련 시스템을 개발한 것이다.

주요 제조 공정에서 사용되는 장비와 작업 공간에 센서와 고해상도 카메라를 설치하여, 작업 중 사용된 힘, 위치, 온도, 압력 등의 데이터를 센서를 통해 실시간으로 기록한다. 작업자의 손 움직임, 도구 사용 방식, 공정 순서를 카메라로 촬영하여 3D 모델로 변환했다.

수집된 장인의 기술 패턴 데이터를 분석해 작업 패턴, 속도, 미세한 기술적 차이를 추출하여 기능 훈련 시스템 개발에 연계했다. 예를 들어 공조기기의 제조 공정에서 필요한 '납땜' 기술을 데이터화하고 노하우를 디지털화하는 데 성공했다. 구체적으로는 화상 카메라나 서모 카메라로 브레이징 현상의 계측을 실시하는 한편, 마이크로소프트의 AI 모델 개발 도구인 Azure Kinect 솔루션이나 물체의 움직임과 자세를 측정하는 관성 센서 등으로 작업 동작을 계측했다. 계측 데이터를 분석함으로써 작업자의 기술 수준과 개선점을 파악하는 것이다. 이를 젊은 인재 훈련과 해외 거점 교육 프로그램에도 활용하고 있다.

제조 데이터 관리 문화 정착

제조 데이터를 효과적으로 활용하려면 기술뿐만 아니라 조직 문화의 변화가 필요하다. 전사적으로 데이터 기반 의사결정 문화를 정착시키기 위해 데이터 활용 교육을 실시하고, 데이터 분석팀과 현장팀 간 협력을 강화하여 통합된 조직 문화를 만들어야 한다.

제조 기업에서는 DX나 스마트팩토리 실현을 위해 데이터를 수집하고 있지만, 이를 제대로 활용하지 못하는 경우가 많다. 데이터를 효과적으로 활용하려면 다양한 원천에서 데이터를 수집하고 이를 통합적으로 관리할 수 있는 기반을 구축해야 한다. 이를 위해 IoT와 센서 네트워크 확대, 사일로화된 데이터를 통합할 수 있는 데이터 플랫폼이 필요하다. 통합된 데이터는 조직 전반에서 활용 가능하며, 정확하고 시의적절한 의사결정의 토대가 된다.

제조 데이터는 실질적인 문제 해결에 초점을 맞춰 활용해야 하며, 품질 관리 강화와 예측 유지보수 실행을 통해 장비 다운타임을 줄이고 비용을 절감할 수 있다. 또한 생산 공정 최적화와 낭비 감소로 운영 효율성을 높일 수 있다.

03
인공지능 및 데이터 기반 품질 예측

인공지능(AI)은 컴퓨터나 기계가 인간의 지적 능력을 모방하거나 대체할 수 있도록 설계된 기술과 시스템을 말한다. AI는 학습, 추론, 문제 해결, 패턴 인식, 자연어 처리, 시각 인식 등 인간의 지적 작업을 수행하거나 보조할 수 있는 능력을 갖추고 있다. 약한 AI는 특정 작업에 특화된 인공지능이며, 강한 AI는 인간 수준의 전반적 지능을 목표로 한다. 초인공지능은 인간을 초월하는 지능을 뜻한다.

   AI는 효율성과 혁신을 통해 현대 사회에서 필수적인 기술로 자리 잡고 있으며, 제조뿐만 아니라 의료, 금융, 교육 등 다양한 산업에서 생산성을 높인다. 또한 자율주행, 질병 진단, 자연어 처리 등 혁신적인 응용으로 인간의 삶을 개선한다. 특히 AI는 방대한 데이터를 활용해 통찰력을 제공하고, 복잡한 문제를 해결하며, 새로운 기술 발전을 이끌어 지속 가능한 미래를 위한 기반을 제공한다.

   특히 제조업에서 AI는 효율성과 경쟁력을 강화하는 핵심 기술이다. 머신러닝을 활용한 데이터 분석은 제품 수요를 예측하고 재고 관리를 최적화하며, 로봇 공학은 정밀한 작업을 가능하게 한다. AI는 생산 공정의 자동화, 품질 관리, 예측 유지보수를 통해 비용을 절감하고 생산성을 향상시킨다. 또한 결함 감지 및 공정 최적화를 통해 제품 품질을 개선하고, 에너지 사용을 최적화해 지속 가능성을 지원한다. AI는 제조업체가 신속하게 변화하는 시장 요구에 대응하고 혁신을 이끄는 데 필수적인 역할을 한다. 스마트팩토리는 단순한 생산 자동화가 아니라, 제조업 전반에서 Quality Chain 경영을 혁신하는 핵심적인 전략이다. 기존 제조 방식에서는 품질 검사가 공정의 마지막 단계에서 이루어졌다면, 스마트팩토리는 전 과정에서 AI와 실시간 데이터를 활용하여 사전 예방적 품질 관리가 가능하다.

Quality Chain 경영은 제품의 기획부터 생산, 유통, 고객 서비스에 이르기까지 전 과정에서 품질을 체계적으로 관리하는 것을 목표로 한다. 여기에 AI와 데이터 기반 품질 예측 기술이 도입되면 대량의 제조 데이터와 품질 정보를 분석하여 미래의 품질 문제를 사전에 예측하고 대응할 수 있다. AI는 공정 중 발생할 수 있는 불량 원인을 자동으로 식별하고, 이상 징후를 조기에 감지함으로써 불량률을 감소시키고 품질 안정성을 높인다. 또한 데이터 기반 예측은 생산 공정을 최적화하는 데 필요한 인사이트를 제공하여, 품질 개선과 비용 절감 효과를 동시에 거둘 수 있다. 따라서 AI와 데이터 기반 품질 예측은 Quality Chain 경영의 효율성과 정확성을 크게 향상시키는 핵심 기술로 자리매김하며, 품질 관리의 혁신을 가능하게 한다.

AI의 주요 개념과 원리

AI는 데이터를 학습하고 문제를 해결하는 기술을 기반으로 한다. 데이터에서 패턴을 학습하여 예측을 수행하는 기계 학습은 크게 지도 학습(정답 제공), 비지도 학습(패턴 탐색), 강화 학습(보상 기반 학습)으로 구분된다. 딥러닝은 인공 신경망을 활용해 복잡한 데이터를 분석하며, 이미지 처리에는 CNN, 시계열 데이터에는 RNN이 주로 사용된다. 자연어 처리는 인간 언어를 이해하고 생성하는 기술이며, 컴퓨터 비전은 이미지와 영상을 분석해 정보를 추출한다. AI는 다양한 응용 분야에서 혁신을 지원한다.

AI는 데이터 기반 학습과 알고리즘 설계로 작동한다. 방대한 데이터를 분석해 패턴을 학습하며, 학습된 모델로 새로운 데이터에 대해 예측(추론)을 수행한다. 최적화를 통해 정확도를 높이고, 병렬 처리와 고성능 컴퓨팅을 활용한다. AI 모델은 학습 데이터를 벗어나도 잘 작동하도록 일반화하는 것을 목표로 한다. AI의 성능은 데이터 품질, 손실 함수의 최적화, GPU 등의 고성능 하드웨어 사용에 크게 영향을 받는다.

AI는 계산 효율성과 정확성을 결합해 다양한 문제를 해결한다. 이러한 기능은 일반적으로 '학습'과 '추론'의 두 단계로 수행된다. 학습을 통해 유용한 지식을 수집하고 뇌내 신경과 같은 학습된 모델을 생성한다. 그런 다음 추론 단계에서 '학습된 모델'을 적용하여 최적의 솔루션을 출력한다.

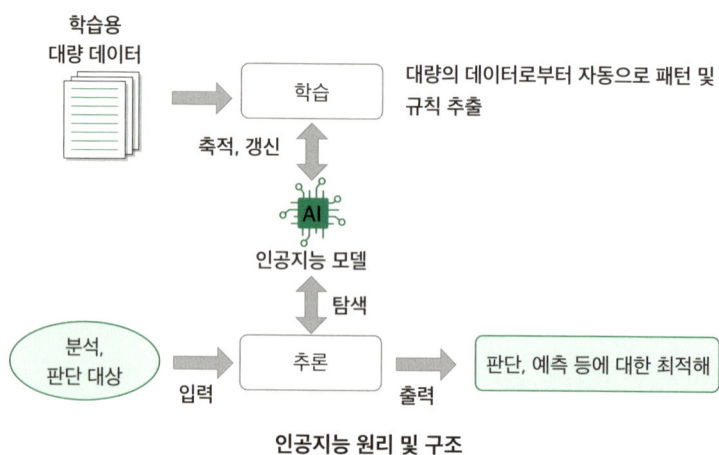

인공지능 원리 및 구조

AI를 활용한 품질 관리 업무

스마트팩토리는 품질 경영 측면에서 데이터 기반의 품질 혁신이라는 뚜렷한 차별점을 가진다. 전통적인 품질 문제 해결 방식은 사후 대응에 초점이 맞춰져 있었다. 하지만 AI, IoT, 빅데이터 등의 첨단 기술을 활용하면 품질 관리를 실시간으로 수행하고, 문제가 발생하기 전에 조치할 수 있다. 그럼으로써 불량률을 획기적으로 줄이고 운영 비용을 절감하며, 생산성과 품질의 균형을 유지할 수 있다. 이러한 자동화된 품질 관리 시스템은 단순한 검사를 넘어 Quality Chain 경영 전체의 효율성을 극대화하는 혁신적 접근 방식을 제공한다.

AI를 활용한 품질 관리는 인간의 주관적 요소를 배제하여 품질을 보장하는 효과적인 수단으로 평가받고 있다. 기존에는 육안 검사에 의존해 한계가 있었고, 정밀도 역시 낮다는 과제가 있었다. AI의 딥러닝 덕분에 고정밀·고효율의 검사 체계가 점차 구현되고 있다. 현재 품질 관리 분야에서는 품질 검사, 제조 공정, 품질 개선 등 세 가지 주요 영역에 AI 기술이 활발히 적용되고 있다.

1. 외관 검사 자동화

전통적으로 인체에 의존하던 제품의 외관 검사를 AI로 자동화함으로써 검사의 정확성과 효율성이 향상되었다. 예를 들어 AI를 활용하면 여러 검사 항목을 동시에 고정밀도로 수행할 수 있어 현장의 부담을 줄이고 인력 효율화를 기대할 수 있다.

2. 불량 요인 분석과 공정 최적화

제조 과정에서 불량품 발생의 요인을 AI가 분석하여 최적의 제어 파라미터를 설정함으로써 품질의 안정화와 향상이 가능하다. 예를 들어 AI를 활용하여 제조품의 불량 요인을 분석하고 공정 최적화를 도모하는 사례가 있다.

3. 이상 감지와 예측 유지보수

센서나 카메라로부터 취득한 데이터를 AI가 실시간으로 해석해 설비나 제품의 이상을 조기에 감지한다. 이로 인해 고장의 예방과 생산 라인의 정지를 미연에 방지할 수 있다. 예를 들어, AI 기반의 이상 감지를 통해 제조 라인의 품질 관리를 강화하는 사례가 늘고 있다.

4. 작업자의 안전 관리

AI로 작업 환경의 영상 데이터를 해석하여 작업자의 안전도 확보할 수 있다. 예를 들어, 출입 금지 구역에 있는 작업원을 감지하는 시스템 등이 개발되고 있다.

5. 품질 검증 및 개선

AI는 제품의 품질 검증, 공정 능력 감시, 품질 예측 및 이상 탐지 등 품질 관리 및 개선 프로세스에 활용되며, 이를 통해 업무의 정밀도와 효율성을 높인다.

6. 생산 시뮬레이션 및 디지털트윈

AI와 시뮬레이션 모델을 활용해 실제 공정을 가상으로 재현하고 실시간 데이터를 반영함으로써 문제를 사전에 예측하고 최적의 운영 조건을 테스트한다.

AI와 머신러닝을 활용한 품질 예측 및 이상 탐지

여기서는 스마트팩토리의 핵심 요소인 AI가 어떻게 예측 품질 관리에 적용되는지 구체적으로 설명하고자 한다.

과거에는 품질 이상이 발견되면 공정 중단과 재작업이 불가피했지만, AI 기반 품질 예측 시스템은 이러한 문제를 사전에 감지하고 예방 조치를 수행할 수 있다. 머신러닝 모델은 과거 데이터를 학습하여 패턴을 인식하고, 특정 결함이 발생할 가능성을 조기에 탐지할 수 있다.

1. 비전 검사의 진화

제조업의 비전 검사기는 카메라나 센서 등으로부터 얻은 화상을 바탕으로 대상물의 외관이나 치수를 검사하는 장치로, 제품의 미세한 결함을 자동 감지하고 육안 검사 대비 정확도를 향상시켰다. 육안 작업은 부품 및 제품의 품질 유지 및 보증을 위해 여전히 널리 수행되며, 비전 검사기는 이를 보완하여 개인차나 피로에 의한 검사 정밀도의 편차 발생을 막는다.

비전 검사기는 다양한 분야의 제조 라인에서 사용된다. 주요 용도는 다음과 같다.
- 공장의 부품 등의 흠집이나 얼룩, 결손 여부 검사
- 포장되는 제품이나 부품 수의 과부족 검사
- 제품이나 부품의 치수 및 크기 차이 검사
- 제품이나 부품의 색상 검사

비전 검사기의 도입은 휴먼 에러를 줄이고, 24시간 안정적인 가동과 검사 속도 향상을 가능하게 한다. 최근 비전 검사 기술은 지속적으로 진화하고 있으며, 인간의 눈보다 더 정밀하고 빠른 검사 능력을 갖출

뿐 아니라 자율학습 기반 비전 검사 기능으로 데이터가 쌓이면 스스로 기준을 세우고 개선하는 수준으로까지 발전하고 있다.

고해상도·고속 카메라의 발전으로 초고해상도 카메라(100MP 이상)와 고속 촬영 기술이 적용되어 미세 결함도 감지할 수 있게 되었다. 기존 룰 기반 비전 검사는 복잡한 패턴이나 예외에 약했지만, 딥러닝 모델(CNN, Transformer 등)을 이용해 비정형 결함도 학습하고 스스로 판단하여 NG/OK 판단뿐 아니라 결함 유형 분류, 위치 표시, 원인 추정까지 가능하다. 멀티 센서 융합기술로 2D 이미지만이 아니라 3D 비전, 열화상, X-ray 등 다양한 센서를 조합하여 외관뿐 아니라 내부 결함도 탐지할 수 있다.

2. 예측 유지보수와 품질 개선

장비 고장과 이에 따른 품질 저하는 생산성을 저하할 뿐만 아니라, 기업의 신뢰성을 떨어뜨리는 요소가 된다. 예측 유지보수(Predictive Maintenance)는 IoT 센서를 활용해 장비의 동작 데이터를 수집하고, 이를 AI가 분석하여 장비의 이상 징후를 조기에 발견하는 방식이다. 이러한 시스템을 적용하면 계획되지 않은 가동 중단을 방지할 수 있으며, 유지보수 비용을 절감하고 제품 품질을 안정적으로 유지할 수 있다.

예측 유지보수 시스템은 공작 기계의 진동 패턴을 AI가 분석하여 기계 부품의 마모도를 예측하고, 정비 시점을 사전에 결정하여 다운타임을 최소화한다. 이러한 방식으로 AI는 공정 데이터와 결합하여 단순한 결함 감지를 넘어 품질 문제의 근본 원인을 분석하고 예방하는 역할을 수행한다.

3. 스마트 센서를 활용한 품질 문제 예방

IoT 기반 스마트 센서는 공정 내 데이터를 실시간으로 수집하여 공정 중 발생할 수 있는 품질 문제를 조기에 감지하고 자동 대응한다.

IoT 기반 스마트 센서와 AI가 결합하면 단순히 데이터를 수집하기만 하는 것이 아니라, 수집된 데이터를 기반으로 공정 내 품질 변수를 자동 조정하는 기능까지 수행할 수 있다. 예를 들어 반도체 제조 공정에서 특정 온도가 기준치를 초과할 경우, AI가 실시간으로 감지하여 냉각 시스템을 자동 조정함으로써 품질 저하를 방지한다. 자동차 부품 생산 라인에서는 초음파 센서를 활용하여 용접 강도를 실시간 분석하고, 기준치를 벗어나면 즉각적인 피드백을 제공하여 불량률을 줄인다.

이처럼 품질 관리 시스템은 사후 품질 검사에서 품질 문제를 예방하는 방식으로 전환한다.

4. 실시간 데이터 분석과 자동 품질 최적화

스마트팩토리에서는 데이터 기반 자동 최적화 시스템이 공정 내 모든 변수(속도, 압력, 온도 등)를 최적화하여 품질 변동을 실시간으로 감지하고 즉각적인 피드백을 제공한다.

예를 들어, 금속 가공 공정에서는 온도 변화가 감지되면 냉각 시스템이 즉시 조정되고, 플라스틱 사출 성형에서는 재료 흐름에 이상이 발생할 경우 압력이 자동으로 조절되며, 섬유 생산 공정에서는 습도 변화에 따라 건조 속도가 자동으로 제어된다.

이처럼 실시간 데이터 분석 시스템은 기존의 수동적인 품질 관리에서 벗어나, 생산 공정이 스스로 최적의 품질을 유지하도록 자동으로 조정한다. 이러한 자동화된 품질 제어 시스템을 도입하면, 공정에서 발생하는 불량을 줄이고 제품의 일관성을 유지할 수 있다. 특히 공정 내 불량률이 일정 임계치를 넘어서면 자동으로 생산 속도를 조정하거나 특정 설비를 점검하는 등 신속한 대응이 가능하다.

데이터 기반 자동 품질 개선의 효과

- 불량률 감소: 실시간 감지 및 AI 분석을 통해 품질 이상을 사전에 방지.
- 비용 절감: 유지보수 비용 절감과 동시에 생산 공정 최적화를 통해 원가 절감.
- 생산성 향상: 예측 유지보수를 통해 장비의 안정성을 확보하여 생산성 증대.
- 품질 일관성 유지: 실시간 모니터링을 통해 제품의 균일한 품질을 보장.

AI와 데이터 분석 기술은 품질 예측과 자동화를 가능하게 하며, 이를 통해 제조업체들은 불량률을 낮추고 생산성을 극대화할 수 있다.

품질 관리 업무에 AI를 활용한 사례

다국적 기업들은 방대한 품질 데이터를 실시간으로 분석하고, 머신러닝 알고리즘을 활용하여 품질 이상을 예측하며, 공정 최적화를 이루고 있다.

1. 아우디: 프레스 공장의 품질 관리를 AI로 자동화

독일의 주요 자동차 제조업체인 아우디는 자동차 부품의 품질 관리에 AI를 활용하고 있다. 프레스 공장에서 제조되는 부품의 균열을 검사하는 업무이다.

　지금까지 아우디의 프레스 공장에서는 직원이 육안으로 검사하고 소프트웨어를 통해 내시경 촬영 화상을 판정하는 2단계 검사를 거쳤다. 그러나 육안 검사는 큰 수고가 들고, 화상 소프트웨어 검사는 내시경을 통과하는 시간이 오래 걸려 결코 효율적이라고 할 수 없었다. 또한 빛의 방향에 따라 오판정이 발생하는 경우도 있어 정밀도도 떨어졌다.

　그래서 아우디에서는 AI를 이용한 화상 인식으로 균열을 자동 감지하는 시스템을 도입했다. 당연히 AI를 높은 정밀도로 활용하려면 학습용 데이터가 필요하므로, 개발팀이 수백만 장에 달하는 샘플 이미지를 수집했다. 수많은 시간과 노력을 들여 대량의 데이터를 학습시킨 결과, 빛의 상태가 다른 경우까지 포함하여 균열을 정확하게 감지하고 몇 초 만에 검사를 완료할 수 있는 시스템을 개발하는 데 성공했다.

2. 네슬레의 AI 활용 사례

　네슬레는 세계 최대 식품 및 음료 회사로, 품질 관리와 생산 효율화를 위해 AI 기술을 적극적으로 도입하고 있다. AI와 데이터 과학을 활용해 식품 생산과 관련된 복잡한 과제를 해결하고 보다 지속 가능하도록 효율화하기 위한 혁신 노력의 일환이다. AI와 스마트 농업으로 새로운 영역을 개척하고, 신제품 개발에도 AI를 활용하고 있다.

　네슬레는 고객 만족도를 개선하고 브랜드 충성도를 강화하기 위해 개별 소비자의 요구와 선호도에 맞춘 맞춤형 서비스를 시행하고 있는데, 여러 사례 가운데 AI 기반 외관 검사를 통해 제품 품질 향상과 불량률 감소에 성공한 사례가 주목된다. 네슬레의 컴퓨터 비전 기술은 산업 운영 방식에 혁신을 가져오는 사례로, 문제를 조기에 감지하고 제품 품질을 보장함으로써 불필요한 낭비를 줄이는 데 기여하고 있다.

네슬레는 킷캣(KitKat) 생산 설비에 AI를 통합하여 실시간으로 제품 품질을 모니터링하는 시스템을 만들었다. 킷캣을 제조할 때 AI를 이용하여 제품의 모양과 무게, 포장 상태 등을 확인하고 규정된 품질 기준을 충족하는지 확인한다. 이 시스템은 다음과 같은 기능을 가지고 있다.

- 센서 기술: 다수의 센서를 생산 설비에 배치하여 제품의 각 속성 (예: 웨이퍼 두께, 경화 정도 등)을 실시간으로 측정한다.
- AI 알고리즘: 센서에서 수집된 데이터를 분석하여 품질 이상을 감지한다.
- 자동 조정: 이상이 감지되면 시스템은 자동으로 제조 공정을 조정하고 품질을 유지한다.

AI를 활용한 품질 관리의 장점

현재 고령화, 저출산, 노동시장 구조 변화 등으로 인해 제조 현장은 심각한 인력 부족 문제에 직면하고 있다. 동시에 제품 제조 공정이 점점 더 복잡해지면서 품질 문제나 사고가 지속적으로 발생하는 상황에서 AI를 활용하면 품질을 유지하면서도 업무 효율성을 높일 수 있다.

또한 사람의 작업은 피로나 집중력 저하로 인해 휴먼 에러가 발생하기 쉽다. 정형화된 업무는 AI를 통해 보다 정확하고 신속하게 처리할 수 있어 오류를 크게 줄일 수 있다. 더 나아가 AI 기술의 발전으로 고난도의 세밀한 판별 작업까지 자동화할 수 있었으며, 인간이 판단하기 어려운 미세한 이상 상태도 AI를 통해 감지할 수 있어 품질 관리의 정밀도와 신뢰성이 크게 향상되었다.

특히 딥러닝을 기반으로 한 AI 모델은 비약적인 발전을 이루어, 화상 인식뿐만 아니라 기계 소리를 활용한 이상음 검출 등 다양한 분야에서 활용되고 있다.

또한 사람의 판단은 편차가 생기기 쉬운 반면, AI는 데이터 기반으로 일관된 기준을 제시하고 판단할 수 있다. 이를 위해 여러 센서의 데이터를 통합해 분석하는 '센서 퓨전' 기술이 널리 활용된다.

AI를 활용한 품질 관리는 인력 문제 해결, 휴먼 에러 감소, 고정밀도 판단이라는 이점을 통해 제조업 및 품질 관리 프로세스의 혁신을 이끌고 있다.

AI에 의한 데이터 혁신이 Quality Chain 경영에 가져올 변화

스마트팩토리의 핵심은 '데이터와 AI 중심의 운영'이다. 기업이 보유한 모든 품질 관련 데이터를 통합하고, 이를 바탕으로 지속적인 개선을 수행하는 것이 스마트팩토리의 궁극적인 목표다. 기존의 수동적인 품질 검사에서 벗어나 AI와 IoT를 활용한 자동 품질 관리 시스템을 도입하면 불량률을 최소화할 수 있으며, 소비자 신뢰도 또한 높일 수 있다.

스마트팩토리의 AI 및 데이터 기반 혁신은 효율성 향상, 품질 관리, 비용 절감이라는 기업의 핵심 목표를 다양한 스마트 기술로 뒷받침하고 있다. 특히 품질 관리는 제품의 신뢰성과 고객 만족도를 확보하는 데서 중요하다.

이제 스마트팩토리는 단순한 제조 혁신을 넘어 기업 경쟁력의 필수 요소로 자리 잡고 있다. 데이터 기반 품질 예측과 자동화를 도입하는 기업들은 더 높은 수익성과 시장 경쟁력을 확보할 수 있으며, 지속적인 기술 발전과 함께 제조업의 미래를 선도하게 될 것이다.

04
QMS 기반 실시간 품질 모니터링

스마트팩토리에서 실시간 품질 모니터링은 공정의 품질을 유지하고 이상이 발생하기 전에 신속한 조치를 가능하게 한다. 기업들은 통합 품질 관리 시스템(QMS)을 활용하여 생산 과정에서 생성되는 방대한 품질 데이터를 관리하고, 실시간으로 이상을 감지하고 대응한다. 이는 제조업에서 품질 불량률을 낮추고 생산성을 극대화하는 중요한 전략이다. 현대 제조업 환경에서는 데이터가 곧 경쟁력이 되며, 품질 관리는 더 이상 사후 조치가 아닌 실시간 최적화 과정으로 발전하고 있다.

Quality Chain 경영과 QMS 기반 실시간 품질 모니터링은 긴밀하게 연결되어 있다. Quality Chain 경영은 제품의 기획부터 생산, 유통, 고객 서비스에 이르기까지 전 과정에서 품질을 체계적으로 관리하는 경영 방식으로, 품질 문제를 사전에 예방하고 지속적으로 개선하는 것을 목표로 한다. 이러한 과정에서 QMS는 품질 관리의 표준화된 절차와 규정을 제공하며, 실시간 품질 모니터링 기능을 통해 제조 현장의 데이터를 즉시 수집하고 분석할 수 있도록 지원한다.

QMS를 활용한 실시간 품질 모니터링 및 공정 최적화

과거 품질 검사는 일정한 주기에 따라 이루어졌으며, 문제가 발생한 후에 대응하는 방식이 일반적이었다. 그러나 스마트팩토리에서는

QMS가 실시간으로 데이터를 수집하고 분석하여 공정 이상을 사전에 감지한다. QMS는 공정 내 IoT 센서와 연계해 데이터를 자동으로 수집하여 클라우드 기반으로 통합 관리한다. 품질 기준에서 벗어나는 이상이 감지되면 즉각적으로 조치하고, 생산 속도, 공정 조건, 원자재 사용량 등을 최적화하여 공정의 안정성을 유지한다.

QMS와 실시간 데이터 기반 품질 혁신

스마트팩토리에서는 다양한 품질 데이터가 실시간으로 생성되며, 이를 효과적으로 관리하고 분석하는 것이 필수적이다. QMS는 이 데이터를 통합 관리하고, 실시간 모니터링을 통해 품질 이상을 감지하며, 자동화된 개선 프로세스 수행을 지원한다.

QMS의 주요 기능

AI 기반 품질 관리 시스템은 데이터를 실시간 분석해 이상에 즉시 대응하며, 개별 설비나 부서에 국한하지 않고 클라우드 기반의 중앙화된 QMS로 품질 정보를 통합 관리 및 공유해 전사적 모니터링을 가능하게 한다.

품질 데이터가 지속적으로 축적되면 시스템은 이를 자동으로 분석해 리포트를 생성하고, 품질 개선을 위한 방향을 제안함으로써 지속적인 품질 향상을 지원한다. 또한 QMS 데이터를 기반으로 생산 공정의 속도, 원자재 사용량, 품질 기준 등을 자동으로 조정하여 최적의 품질 수준을 유지할 수 있다.

아울러 기존의 품질 문제 패턴을 학습한 시스템은 이상이 감지될 경우 자동으로 해결책을 실행하거나 품질 담당자에게 경고를 전송하는 방식으로 신속한 대응이 가능하다. 이러한 통합된 품질 관리는 클라우

(● = 주요 기능 포함, ○ = 일부 연계 가능, - = 해당 없음)

기능 영역	주요 기능	설계 및 개발	생산 및 공정	품질 검사	불량 및 개선	고객 지원
문서 관리	설계 문서 관리	●	○	○	○	○
	변경 관리(ECO/ECR)	●	○	○	○	○
설계 및 검증	설계 검토 및 승인	●	○	○	○	-
	리스크 평가(FMEA)	●	○	○	●	-
	시험 및 검증 데이터 관리	●	○	●	●	-
SPC(통계적 공정 관리)	실시간 데이터 수집 및 모니터링	○	●	●	○	-
	이상 탐지 및 경고 알림	○	●	●	●	-
	공정 능력 분석(Cp, Cpk)	○	●	●	●	-
	품질 트렌드 분석 및 리포트	○	●	●	●	○
생산 및 공정 관리	BOM이나 원자재 관리	○	●	○	○	-
	공정 데이터 수집 및 실시간 모니터링	○	●	●	○	-
	설비 유지보수 및 보전 관리	○	●	○	○	-
	작업 지시 및 실행	○	●	○	○	-
품질 검사	수입 검사(IQC)	-	○	●	○	-
	공정 검사(PQC)	-	●	●	○	-
	최종 제품 검사(FQC/OQC)	-	○	●	○	-
	검사 데이터 및 이력 관리	○	○	●	●	○
불량 및 개선 관리	부적합품 관리(NCR)	○	●	●	●	○
	시정 및 예방 조치 관리	○	○	●	●	○
	품질 감사 및 인증 관리	●	●	●	●	●
	고객 불만 분석, 개선 조치	○	○	●	●	●
고객 관리	고객 피드백 및 VOC 관리	○	○	○	●	●
	유지보수, 보증 서비스 관리	○	○	○	●	●
품질 대시보드	품질 현황(품질 KPI)	●	●	●	●	●
	COPQ 현황	●	●	●	●	●
	품질 개선 과제 추진 현황	●	●	●	●	●

QMS 기능 구조

드 환경에서 실시간으로 이루어져 공정 전반의 효율성과 품질 안정성을 크게 향상한다.

QMS는 각 Quality Chain 단계에 맞춰 품질 문서 관리, 변경 이력 추적, 불량 및 이슈 관리, 내부 감사, 교육 이력, 시정 및 예방 조치(Corrective and Preventive Action) 관리 등 품질 관련 프로세스를 디지털화함으로써 효율성과 추적 가능성을 높인다. 이러한 기능은 관련 부서 간의 협업을 통해 활용된다.

글로벌 기업의 QMS 적용 사례

다음은 Quialty Chain 경영에 의한 QMS를 성공적으로 도입한 글로벌 기업 사례이다. 글로벌 선도기업들은 AI를 활용하여 품질 관리의 효율성을 극대화하고 있으며, 특히 자동차·전자·화학·식품 등의 산업에서 두드러진 효과를 보인다.

1. 도요타

도요타는 TPS(Toyota Production System)와 연계된 품질 관리 시스템을 통해 전사적 품질 혁신을 실현하고 있다. 도요타의 QMS는 공장 내 품질 데이터를 실시간으로 분석하여 이상 발생 시 즉각적인 조치를 가능하게 한다. 특히 '자율 정지' 개념을 적용하여 공정 중 품질 이상이 감지되면 자동으로 생산을 중단하고 즉시 점검한다. 또한 '안돈 시스템'을 통해 작업자들이 실시간으로 품질 문제를 보고하고 데이터 기반 해결책을 즉시 실행할 수 있도록 한다. QMS와 MES(제조 실행 시스템)를 연계함으로써 공정 간 품질 데이터를 중앙에서 통합 관리하며, 이를 통해 생산 효율성과 품질 안정성을 극대화한다.

도요타는 QMS를 단순한 IT 시스템으로 활용한 것이 아니라, TPS의 철학(현장 중심, 자율적 개선, 표준화 등)과 유기적으로 연결하여 전사적 품질 혁신 시스템으로 발전시켰다. 이 덕분에 불량률을 낮추고, 신뢰성 높은 제품을 지속적으로 제공하고 있다.

2. GE 에어로스페이스

GE 에어로스페이스는 디지털 QMS와 MES를 통합하여 항공기 엔진 생산의 품질 관리 체계를 혁신하고 있다. GE의 클라우드 기반 QMS는 전사적인 품질 데이터를 중앙에서 통합하고 표준화된 프로세스를 적용하여 글로벌 생산 라인의 일관성을 유지한다. 실시간 품질 데이터 공유 시스템을 통해 항공기 엔진 부품의 제조 공정을 정밀하게 제어하고 있으며, 이를 통해 미세한 공정 이상도 즉각 감지할 수 있다. MES를 통해서는 실시간 데이터 수집과 분석을 수행하여 생산 공정의 투명성을 높이고, 품질 문제를 예방한다. 또한 QMS와 IoT 센서를 연계하여 공정 이상이 발생하기 전에 예측 유지보수를 수행하며, 이를 통해 가동 중단을 최소화하고 제품 신뢰성을 극대화한다.

3. 폭스바겐

폭스바겐은 전 세계 공장의 품질 데이터를 중앙에서 통합 관리하는 클라우드 기반 QMS를 구축하여 품질 경쟁력을 강화하고 있다. 폭스바겐의 QMS는 IoT 데이터를 연계하여 각 공장의 품질 데이터를 실시간으로 분석하며, 이를 통해 불량률을 줄이고 생산 공정의 표준화를 실현한다. AI 기반 분석 시스템을 활용하여 품질 이상 패턴을 사전에 감지하고 즉각적인 조치를 수행하는 것이 특징이다. 또한 QMS는 자동으로 품질 리포트를 생성하여 관리자가 실시간으로 공정 최적화 방안을 수립할 수 있도록 지원하며, 이를 통해 제조 비용 절감과 품질 향상을 동시에 이룬다.

폭스바겐은 QMS를 단순한 내부 관리 시스템이 아니라 전사적 디지털 플랫폼으로 확장하여 공장 간 품질 표준화와 우수 사례의 신속한 전파를 실현하고 있다. AI, IoT, 클라우드 기술을 융합해 제조 품질에서 예방 중심으로 패러다임을 전환했다.

글로벌 기업의 QMS 적용 시사점

QMS 기반 품질 관리 시스템을 도입한 기업들은 실시간 데이터 분석을 통해 불량률을 낮추고 생산성을 높이며, 전사적인 품질 혁신을 실현하고 있다. 개별 공정의 품질 데이터를 중앙에서 통합 관리함으로써 공정 간 편차를 최소화하고, 사후 대응에서 예방 중심으로 품질 관리 체계를 전환한다. 또한 QMS와 클라우드 기반 실시간 모니터링을 결합해 공정 중단을 방지하고 제조 비용을 절감하며, 품질 안정성과 글로벌 경쟁력을 동시에 강화한다.

글로벌 기업은 ERP, MES, QMS를 연계 운영함으로써 실시간으로 생산, 품질, 자원 관리 데이터를 통합 관리할 수 있다. 이는 품질 문제를 즉시 감지하고 대응할 수 있게 하며, 생산 자원을 효율적으로 배분하여 낭비를 줄이는 데 기여한다. 또한 품질 데이터를 분석해 공정을 개선하고, 규제 및 표준을 준수하는 데 도움을 준다. 연계된 시스템은 실시간 의사결정을 지원하고, 불량률을 줄여 생산성을 향상시키며 비용 절감을 이끈다.

05
지속 가능한 스마트팩토리와 친환경 품질 경영

스마트팩토리는 자동화와 효율성 향상을 넘어 지속 가능한 제조 환경 조성에도 중요한 역할을 한다. 글로벌 제조업체들은 탄소중립, 에너지 효율성 증대, 친환경 공정 설계를 통해 지속 가능한 생산 체계를 구축하고 있으며, 이는 품질 경영과도 밀접하게 연계된다. 탄소중립 공정을 도입한 기업들은 태양광, 풍력, 수소 연료 등 재생 가능 에너지를 활용해 탄소 배출을 줄이고 있으며, 원자재 조달부터 생산 공정까지 자원 재활용과 폐기물 저감 기술을 적용하고 있다. IoT 및 AI 기반의 에너지 관리 시스템을 도입하여 실시간 에너지 소비를 최적화하고, 공정 내 불량률을 줄이는 방식으로 생산 효율을 극대화한다.

이러한 친환경 제조 방식은 Quality Chain 경영과 깊이 연결된다. Quality Chain의 각 단계에서 친환경 전략이 적용될 때 품질 경쟁력을 높이는 동시에 지속 가능성을 확보할 수 있다. 기업들은 ESG(Environment, Social, Governance) 기반의 품질 관리 체계를 구축하여 환경 보호, 사회적 책임, 윤리적 경영을 반영한 품질 전략을 수립하고 있으며, 공정 자동화와 스마트팩토리 기술을 활용하여 온실가스 배출량을 줄이고 친환경 원자재 사용을 확대하는 노력을 기울이고 있다. 친환경 KPI를 도입하고, 실시간 데이터 분석을 통해 공정별 탄소 배출량, 에너지 소비량, 폐기물 발생량을 지속적으로 관리하며 품질을 개선한다.

글로벌 탄소 규제 및 표준화 동향

　탄소중립 실현을 위한 글로벌 규제와 표준화 움직임이 가속화되고 있다. 유럽연합의 '탄소국경조정제도(CBAM)'는 고탄소 배출국에서 수입되는 제품에 탄소 비용을 부과하는 정책으로, 제조업체들이 친환경 생산 시스템을 도입하도록 유도한다. 미국 또한 청정 에너지 인센티브 및 탄소 배출 감축을 위한 정책을 확대하며 탄소 저감 기술을 도입하도록 독려하고 있다. 아시아 지역에서도 한국의 탄소중립 기본법과 중국의 '탄소 배출권 거래제(ETS)' 등이 기업의 탄소 배출 감축을 유도하는 방향으로 운영된다.

　이러한 글로벌 규제들은 Quality Chain 경영 전반에 걸쳐 심대한 영향을 미친다. 제품 개발 단계에서는 친환경 원자재 사용이 강조되며, 제조 공정에서는 에너지 효율성을 극대화하고 탄소 배출량을 줄이는 생산방식이 필수적으로 요구된다. 시장 출시 이후에도 지속적인 탄소 배출 모니터링과 친환경 패키징을 통한 품질 개선이 이루어져야 한다. 이를 지원하기 위해 국제표준화기구(ISO)와 글로벌 기업들은 탄소 배출 감축을 위한 품질 관리 시스템을 강화하고 있다. ISO 14001은 환경경영시스템(EMS)의 국제표준으로, 기업들이 지속 가능한 생산을 유지할 수 있도록 가이드라인을 제공한다. ISO 50001은 에너지 경영 최적화를 통해 공정 내 에너지 소비를 줄이는 데 초점을 맞춘 표준으로, 스마트팩토리 운영과도 밀접한 연관이 있다. 세계경제포럼(WEF)은 제조업의 지속 가능성 평가 지표를 개발하여 글로벌 기업들이 탄소 감축 목표를 체계적으로 관리할 수 있도록 지원하고 있다.

친환경 스마트팩토리의 경제적 가치

친환경 스마트팩토리의 도입은 기업의 사회적 책임을 다하는 것에 그치지 않고, 장기적으로 기업의 생산성과 경쟁력을 강화하는 핵심 전략으로 작용한다. Quality Chain 경영의 모든 단계에서 친환경 혁신이 적용될 경우, 품질 관리의 효율성이 향상될 뿐만 아니라 운영 비용 절감과 지속 가능한 성장을 동시에 실현할 수 있다. 친환경 공정은 에너지 효율성을 극대화하여 장기적인 비용 절감 효과를 주며, 탄소 배출 규제 대응과 브랜드 이미지 개선에도 중요한 역할을 한다. 글로벌 환경 규제 강화로 인해 친환경 생산을 실천하는 기업들이 지속적으로 경쟁 우위를 확보하는 사례가 늘어나고 있다. 기업들은 기존의 생산방식에서 벗어나 친환경 원자재 사용, 에너지 절감 기술 도입, 폐기물 재활용을 통한 순환 경제 모델 구축 등 지속 가능한 품질 경영 전략을 다각도로 모색한다.

이러한 변화 속에서 글로벌 기업들도 친환경 스마트팩토리 구축을 통해 지속 가능한 제조 환경을 조성하고 있다. 테슬라는 태양광 발전소와 친환경 배터리 시스템을 활용하여 공장 내 탄소 배출을 최소화하고 있으며, 전기차 생산 공정에도 친환경 원자재를 적극 활용하고 있다. 애플은 글로벌 공급망에서 100% 재생 에너지를 사용하겠다는 목표를 설정하고 있으며, 제품 생산 과정에서도 재활용 가능한 소재의 비중을 확대하고 있다. 지멘스는 AI 및 IoT 기반의 에너지 절감 솔루션을 도입하여 제조 과정에서의 에너지 효율성을 극대화하고 있다. 이러한 기업들은 Quality Chain 경영의 모든 과정에 친환경 요소를 반영하여 지속 가능성과 품질 경쟁력을 동시에 강화하고 있다.

스마트팩토리 환경에서는 빅데이터 분석을 통해 생산 과정의 비효율적인 요소를 파악하고 개선하여 최적의 에너지 소비 패턴을 설계할 수 있으며, 공정 자동화를 통해 인적 오류를 최소화하고 일관된 품질을 유지할 수 있다. 실시간 모니터링 시스템을 도입하면 환경 영향을 실시간으로 평가하고 신속하게 조치할 수 있다.

주요 활용되는 스마트 기술로는 IoT 센서를 통해 온도, 압력, 유해가스, 에너지 사용을 실시간으로 측정하고, MES와 POP 시스템을 연계하여 생산 공정별 에너지와 자원 사용 현황을 기록하며 폐기물을 추적하는 것이 있다. 또한 AI 기반 공정 최적화와 설비 유지보수를 통해 에너지를 절감하고, 디지털 트윈을 활용해 공정을 가상 모델로 시뮬레이션함으로써 자원과 에너지 사용을 최적화하며, 빅데이터 분석을 통해 생산 및 환경 데이터를 종합적으로 분석하여 개선 포인트를 발굴하는 방식으로 활용된다.

스마트팩토리와 친환경 품질 경영은 제조업의 지속 가능한 미래를 위한 필수 요소로 자리 잡고 있다. 기업들은 Quality Chain 경영 전반에서 품질 혁신뿐만 아니라 환경 보호와 지속 가능성을 고려한 전략을 수립해야 하며, 데이터 중심의 실시간 모니터링과 자동화 시스템을 활용하여 친환경 제조를 더욱 정교하게 구현해야 한다. 스마트팩토리의 미래는 기술 혁신을 넘어 환경과 조화를 이루는 방향으로 나아가야 하며, 이를 통해 지속 가능한 성장과 기업 경쟁력 강화를 동시에 실현할 수 있을 것이다.

06

스마트팩토리 도입을 위한 실행 전략

스마트팩토리 도입은 단순한 자동화가 아니라, 제조 환경과 운영 방식을 혁신하는 과정이다. 이를 효과적으로 실행하기 위해서는 체계적인 접근 방식과 단계별 실행 전략이 필수적이다. 특히 Quality Chain과 연계된 스마트팩토리는 생산성 향상과 품질 혁신을 동시에 달성하는 핵심 요소로 작용하므로, 단순한 IT 기반 자동화가 아니라 현장 운영 기술(OT)과 정보기술(ICT)을 통합하여 최적화된 제조 환경을 구현해야 한다. 이를 위해 스마트팩토리는 단계적인 실행 절차를 통해 기업의 운영 방식과 생산 프로세스에 맞게 적용되어야 한다.

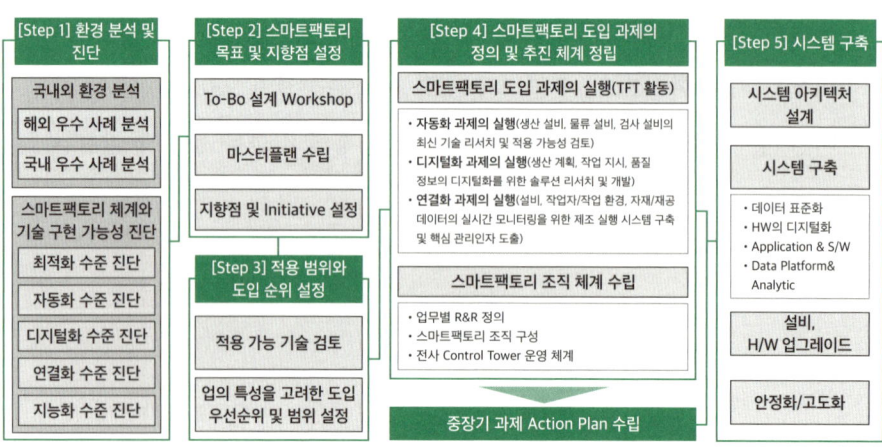

KMAC 스마트팩토리 구축 프로세스

1단계: 환경 분석 및 수준 진단

　스마트팩토리를 효과적으로 도입하기 위해서는 우선 기업의 제조 환경과 공정 운영 방식을 분석해야 한다. 현재의 생산 체계를 점검하고, 공정 자동화 수준과 디지털화 가능성을 평가해야 한다. 이를 위해 최적화, 자동화, 디지털화, 연결화, 지능화 등 다섯 단계로 스마트팩토리 수준을 진단하고, 기업이 현재 어느 수준에 있는지 파악한다. 또한 글로벌 스마트팩토리 구축 사례를 참고하여 벤치마킹할 요소를 찾아내고, 현장과 경영진의 요구를 반영한 실행 방안을 수립해야 한다.

2단계: 목표 및 지향점 설정

　스마트팩토리 도입의 목표는 단순한 자동화가 아니라, 데이터 중심의 제조 운영을 구축하는 것이다. 이를 위해 MES와 QMS를 연계하여 실시간 품질 데이터를 분석하고, 품질 이상이 발생하기 전에 예방할 수 있는 체계를 마련해야 한다. 또한 제조 과정에서 생성되는 데이터를 자동으로 수집하고 분석하여 품질 관리의 신뢰성을 높이고, 인적 오류를 최소화하는 것이 필수적이다. 이를 통해 기업은 생산성을 극대화하고 불량률을 줄일 수 있다.

3단계: 적용 범위와 도입 순위 설정

　스마트팩토리는 전 공정에 일괄 적용하기보다 단계적으로 확장해 나가는 방식이 효과적이다. 초기에는 기본적인 공정 자동화 및 데이터 수집 체계를 구축하고, 그다음에 디지털 작업 지시와 품질 검사 자동화를 추진해야 한다. 이를 위해 공정별 우선순위를 정하고, 도입 가능성을 평가한 후 실행하는 절차가 필요하다. 예를 들어, 기존 수작업 공정에 IoT 센서를 도입해 데이터를 수집하고, 이를 클라우드 기반 분석 시스템과 연계해 품질 예측 기능을 추가하는 식으로 점진적 발전을 이루어야 한다.

4단계: 스마트팩토리 도입 과제 및 추진 체계 정립

스마트팩토리 구축의 핵심 과제는 자동화, 디지털화, 연결성, 지능화의 네 가지로 나뉜다. 자동화 과제에서는 설비의 자동화 및 생산 라인 최적화를 우선 추진해야 하며, 디지털화 과제에서는 생산 계획, 품질 정보의 실시간 분석 및 시각화를 구현해야 한다. 연결화 과제는 설비, 작업자, 자재 간의 데이터를 통합 관리하는 것으로, 생산 프로세스의 실시간 모니터링과 자동 조정 시스템을 구축하는 것이 핵심이다. 마지막으로, 지능화 과제에서는 AI 기반의 품질 예측 및 유지보수 자동화 기술을 도입하여 공정 운영을 최적화해야 한다.

5단계: 성과 평가 및 지속적 개선

스마트팩토리 구축 이후에는 실시간 성과 분석을 통해 운영의 효율성을 평가하고 지속적으로 개선해야 한다. 생산성과 품질 개선 효과를 정량적으로 측정하고, 데이터 기반으로 공정 최적화 전략을 수립해야 한다. 공정별 데이터를 축적하여 AI 분석을 활용한 품질 이상 예측 모델을 발전시키고, 생산 과정에서 발생하는 변수를 실시간으로 조정할 수 있는 체계를 마련해야 한다. 또한 도입된 자동화 기술이 현장에서 효과적으로 운영되는지 평가하고, 필요에 따라 추가적인 시스템 업그레이드를 진행한다.

스마트팩토리 도입은 기업의 제조 운영 방식과 품질 관리 체계를 근본적으로 혁신하는 과정이다. 이 과정은 단순히 기술을 도입하는 것에 그치지 않고, 기업 전반의 운영 효율성 및 품질 개선을 위한 구조적 변화를 요구한다. 성공적인 스마트팩토리 구현을 위해서는 우선 환경 분석과 수준 진단을 통해 현재 기업의 상태를 정확히 파악하는 것이 중요하다. 이를 바탕으로 자동화와 디지털화의 도입이 단계적으로 이루어져야 하며, 각 단계에서의 기술적 요구사항과 도입 시점이 잘 설정되어야 한다.

또한 스마트팩토리는 Quality Chain 경영과 유기적으로 연계되어야 한다. 데이터 기반의 품질 관리 시스템을 강화하고, 실시간 모니터링 및 최적화를 통해 생산성과 품질을 지속적으로 향상시키는 것이 필수적이다. 실시간 데이터를 활용한 문제 해결 및 개선은 품질 관리의 신속성과 정확성을 높이는 중요한 요소가 된다.

스마트팩토리의 도입은 단기적인 효율성 증대에 그치지 않고, 장기적으로 기업의 경쟁력을 확보하는 핵심 요소가 될 수 있다. 이를 통해 기업은 지속적인 혁신을 이루며 글로벌 제조 환경에서 경쟁 우위를 차지할 수 있을 것이다. 스마트팩토리는 기업이 변화하는 시장 요구와 기술 발전에 적응하며, 미래 지향적인 성장 전략을 추진하는 중요한 기반이 된다.

- 건전한 품질 문화 확산
- 품질 마케팅으로의 전환
- 품질 최우선 전략 추진
- 품질 리더에서 벗어나 파이오니어 되기

VIII
성숙한 성장을 위한 Quality Chain 경영

01

건전한 품질 문화 확산

조지프 주란(Joseph Juran) 박사는 품질 경영에서 '적합성' 개념을 확립하고 품질이 단순한 기술 문제가 아니라 경영 전반에 걸친 핵심 과제임을 강조했다. 그는 품질을 조직의 모든 단계에서 고려해야 하며, 품질은 단지 비용을 절감하기 위한 수단이 아니라, 궁극적으로 가치를 창출하는 중요한 요소라고 보았다.

한편 필립 크로스비(Philip Crosby)는 '무결점(Zero Defects)'이라는 품질 개념을 통해, 품질은 단순한 성과의 결과가 아니라 조직의 철학과 문화에 뿌리를 두고 있다는 점을 부각했다. 그는 품질을 조직 전체의 책임으로 보았으며, 특히 경영진의 리더십이 품질 문화 형성에 결정적인 역할을 한다고 강조했다. 그는 《품질은 무료(Quality is Free)》라는 저서에서 품질을 올바르게 관리하면 오히려 비용이 절감된다는 점을 역설했다.

이처럼 두 석학 모두 품질을 조직 문화의 중심에 두어야 한다는 공통된 관점으로 건전한 품질 문화의 중요성을 강조했다. 건전한 품질 문화란 조직 내에서 품질을 최우선으로 두고, 모든 구성원이 품질 관리에 적극적으로 참여하며 지속적으로 개선해나가는 조직 문화를 의미한다. 이는 단순히 품질 관련 규정이나 절차를 따르는 수준을 넘어, 조직의 모든 활동에서 품질을 핵심 가치로 인식하고 실천하는 것을 목표로 한다.

 이를 위해서는 조직의 리더가 품질에 대한 명확한 비전과 방향을 제시하고, 이를 실천하는 데 적극적으로 참여해야 한다. 리더는 품질 목표를 조직의 전략과 정책에 반영하고, 모범적인 행동으로 구성원에게 품질에 대한 책임감을 심어주어야 한다. 구성원들 또한 품질 개선에 능동적으로 참여하고 자신의 역할에 대한 책임을 인식하며, 문제 해결에 주도적으로 나서는 태도를 가져야 한다. 이와 함께 협업과 팀워크를 통해 품질 목표 달성에 기여하려는 문화가 형성되어야 한다.

 고객의 요구와 기대를 정확히 파악하고 이를 충족하거나 초과 달성하기 위한 노력이 뒷받침되어야 하며, 고객 피드백을 적극적으로 수집하고 이를 품질 개선에 반영하는 체계가 필요하다. 문제가 발생했을 때는 이를 특정 개인의 책임으로 전가하기 보다는 조직 전체가 함께 문제를 공유하고, 근본적인 해결책을 찾기 위한 협력을 통해 지속 가능한 개선을 이끌어야 한다.

 품질과 관련된 정보는 조직 내에서 투명하게 공유되어야 하며, 직원들이 우려 사항을 자유롭게 제기할 수 있는 열린 의사소통 환경이 조성되어야 한다. PDCA(Plan-Do-Check-Act)와 같은 품질 개선 방법론을 적극적으로 활용하고, 실수나 실패를 학습의 기회로 삼아 재발을 방지하는 시스템을 마련해야 한다.

 명확한 품질 표준과 절차를 수립하고 이를 철저히 준수하며, 동시에 법적·규제적 요구사항 및 산업 표준도 충족해야 한다. 직원들에게는 품질 관련 기술과 지식을 지속적으로 교육하고, 품질 관리 도구 및 기법에 대한 훈련을 통해 문제 해결 능력을 강화하려는 노력을 병행해야 한다.

 품질 성과를 측정할 수 있는 명확한 지표를 설정하고, 정기적인 평가와 피드백을 통해 개선을 유도하는 시스템도 중요하다. 기존의 품질 관행을 유지하면서도 창의적이고 혁신적인 사고를 통해 문제를 해결하고, 변화하는 환경에 유연하게 대응하는 능력을 키워야 한다.

모든 품질 활동은 정직하고 공정하게 이루어져야 하며, 윤리적인 기준에 따라 책임감 있게 수행되어야 한다. 품질 개선에 기여한 직원들에

전략 요소	구체적인 실행 방법	기대 효과
1. 품질 비전 및 목표 설정	• 품질 목표를 SMART 원칙에 따라 설정 • 조직 전반에 목표 공유 및 교육	• 품질 방향성 명확화 • 직원들의 품질 목표 이해 및 동기 부여
2. 리더십과 경영진 역할 강화	• 경영진이 품질 개선 회의, 교육에 직접 참여 • 품질 목표를 KPI에 반영	• 품질 우선 문화 조성 • 조직 전체의 품질 인식 제고
3. 문제에 대한 개방성과 투명성 확보	• 문제 제기 시스템 구축 • 품질 문제 전사 공유	• 실수나 문제 제기 강화 • 자발적 참여 및 협력 증대
3. 품질 교육 및 역량 강화	• 품질 기본 교육 및 전문가 육성 (린 생산방식, 6시그마 등) • 품질 실패 사례 공유 세션 운영	• 직원들의 품질 이해도 향상 • 실무 적용 가능 역량 강화
4. 품질 프로세스 개선 및 표준화	• 품질 점검 체크리스트 도입 • ISO 9001, 린 생산방식 등 표준 적용	• 불량률 감소 • 업무 효율성 증가
5. 품질 KPI 설정 및 모니터링	• 실시간 품질 데이터 분석 시스템 구축 • 핵심 품질 지표(KPI) 관리	• 품질 이슈 사전 예방 • 지속인인 품질 개선 가능
6. 품질 개선 활동 추진	• 6시그마, 개선 등 품질 개선 기법 활용 • 직원 제안 제도 운용	• 자발적인 품질 개선 유도 • 전사적 품질 혁신 가능
7. 협업 및 커뮤니케이션 강화	• 부서 간 품질 정보 공유 시스템 구축 • 정기적인 품질 회의 운영	• 협업을 통한 문제 해결 속도 증가 • 품질 관리의 일관성 확보
8. 고객 중심 품질 전략 실행	• VOC(고객의 소리) 시스템 운영 • 고객 만족도 조사 및 피드백 반영	• 고객 신뢰도 상승 • 제품 및 서비스 개선 효과 극대화
9. 품질 문화 확산 및 보상 제도	• 품질 우수 직원 포상 제도 운용 • 품질 인식 개선 캠페인 진행	• 직원들의 품질 개선 참여율 증가 • 지속 가능한 품질 문화 정착

* SMART: 목표가 Specific(구체적), Measurable(측정 가능한), Achievable(달성 가능한), Relevant(관련성 있는), Time-bound(시간 제한이 있는) 다섯 가지 기준을 충족해야 함

건전한 품질 문화 정착 방법 및 기대 효과

게는 정당한 인정과 보상을 제공함으로써 동기를 부여하고, 우수 사례를 조직 내에 널리 공유하여 긍정적인 품질 문화를 확산하는 것이 바람직하다.

이러한 문화는 긴밀히 연결된 채 조직 전체로 확산될 때 지속 가능한 성과와 경쟁력 확보의 기반이 된다.

건전한 품질 문화를 정착시키기 위한 전략은 핵심 요소별로 체계화되어 있으며, 이를 바탕으로 각 조직의 특성에 맞는 세부 실행 계획을 수립함으로써 실질적인 정착을 도모할 수 있다. 이러한 전략적 접근은 조직 내 모든 구성원이 품질을 중요한 가치로 인식하고 실천할 수 있도록 돕는다.

02
품질 마케팅으로의 전환

Quality Chain 경영에서의 품질 마케팅(Quality Marketing)은 단순한 홍보나 광고의 수단을 넘어, 고객 신뢰 형성과 기업 경쟁력 확보에 핵심적인 역할을 한다. 고객은 제품 그 자체보다는 '품질에 대한 신뢰'를 기반으로 구매를 결정한다. 따라서 품질 마케팅은 기능이나 스펙 소개를 넘어 기업의 품질 철학, 정밀한 생산 과정, 체계적인 품질 관리 활동 등 눈에 보이지 않는 품질의 가치를 스토리로 풀어내 고객에게 전달함으로써 신뢰를 구축하는 활동이다.

이러한 신뢰 기반의 마케팅은 기업을 '고품질과 높은 신뢰성을 갖춘 브랜드'로 인식하게 하여 브랜드 가치를 제고하고, 결과적으로는 가격 경쟁이 아닌 고객 충성도와 프리미엄 시장 진입이라는 전략적 이점을 제공한다. 아울러 고객으로부터 수집되는 VOC는 단순한 피드백을 넘어 Quality Chain 시스템에 직접 반영되어 품질을 지속적으로 개선하는 선순환 구조를 형성한다.

여러 기업이 품질 마케팅을 실천하고 있지만, 현대·기아자동차는 그중에서도 대표적인 성공 사례로 자주 언급된다. 2009년 '글로벌 품질 전략 컨퍼런스'에서 향후 10년을 위한 전략적 방향으로 '퀄리티 마케팅'을 선언하며, 단순한 판매 전략이 아닌 브랜드 이미지 혁신의 도구로서 품질을 최우선 성장 동력으로 삼겠다는 비전을 제시했다. 특히

'10년 무고장 품질 달성'을 기반으로 고객의 브랜드 인지도를 끌어올려 'Best Buy Brand', 즉 가장 사고 싶은 브랜드로 도약하겠다는 포부를 밝혔다.

이를 실현하기 위한 핵심 과제는 '5대 의식 변화(High 5)', 즉 '무고장·무결점 실현', '품질 저하 없는 비용 절감', '신속하고 완벽한 품질 개선', '가장 안전한 차량 생산', '고품질 생산 문화 정착'이다. 이는 기존의 품질 혁신 활동인 'GQ(Global Quality)-3355' 전략을 한 단계 끌어올리는 조치로, 제품 품질을 3년 내 세계 3위 수준으로, 브랜드 인지도를 5년 내 세계 5위 이내로 끌어올리는 것이 목표이다.

실제로 현대자동차 그룹은 품질 혁신과 마케팅 전략의 성과로 2022년 기준 약 684만 대의 판매를 기록하며 글로벌 자동차 산업 'Top 3'에 진입하는 쾌거를 이뤘다. 이는 단순한 기술 혁신이 아닌, 품질 중심의 장기적 마케팅 전략이 위기 극복과 글로벌 기업 도약의 견인차가 되었음을 보여준다.

품질 마케팅은 우수한 품질을 단지 유지하는 데 그치지 않고, 그것이 고객 경험에 어떤 가치를 제공하는지를 명확하게 전달한다. 내구성, 안전성, 성능, 디자인 등 다양한 품질 요소를 고객이 체감할 수 있도록 설계된 마케팅 메시지를 통해 전달하여 고객에게 기대를 충족되거나 초과 달성되는 경험을 제공하며, 구매 전후와 사용 과정 전반에서 일관된 품질 인식을 형성한다.

또한 현대자동차는 브랜드 신뢰를 형성하기 위해 제품의 신뢰성과 일관성을 강조하며, 고성능 배터리, 세계 최고 수준의 안전 시스템, 무결점 보증 등 경쟁사와 차별화된 품질 요소를 부각한다. 고객 피드백은 마케팅 전략뿐 아니라 제품 개선에도 적극 반영되며, 사용자 리뷰와 사례를 통해 품질 우수성을 효과적으로 홍보하는 데 활용된다.

이러한 품질 마케팅은 다양한 글로벌 기업들에서도 실천된다. 애플 사는 "Designed by Apple in California(캘리포니아에서 디자인된 애플 제품)"이라는 슬로건을 통해 제품의 정교함과 품질을 강조하며, 기술력과 디자인을 통해 고유한 브랜드 가치를 전달한다. 렉서스는 "The Pursuit of Perfection(완벽을 향한 추구)"라는 메시지를 통해 완벽을 향한 끊임없는 품질 개선 의지를 보여주며, 신뢰성 있는 프리미엄 브랜드 이미지를 구축한다. 나이키는 "Just Do It"이라는 슬로건과 함께 제품 성능과 품질을 강조하는 동시에, 고객의 삶의 질을 높이는 감성적 메시지를 전달한다. 삼성전자는 갤럭시 스마트폰의 기술력과 내구성, 혁신성을 전면에 내세워 소비자 신뢰를 확보하고 있으며, 특히 폴더블폰(Foldable Phone) 등 차별화된 품질 요소를 강조하여 시장을 선도하고 있다.

이들 기업이 공통적으로 실천하는 요소 중 하나는 품질 보증 및 사후 관리의 강화이다. 긴 보증 기간, 철저한 A/S 정책, VOC 기반의 지속적 품질 개선 등은 모두 고객 경험(Customer Experience, CX) 향상을 위한 전략적 접근이다. 고객 경험은 브랜드, 제품, 서비스와의 모든 상호작용에서 느끼는 총체적 인상이다. 구매 초기부터 사용, A/S에 이르기까지 모든 접점에서 발생하는 긍정적 경험이 브랜드 충성도와 재구매율을 높인다. 반면 부정적인 경험은 부정적 입소문과 고객 이탈로 이어질 수 있다.

품질 마케팅은 단순히 좋은 제품을 알리는 것을 넘어서, 기업이 어떻게 품질을 정의하고, 어떤 방식으로 관리하며, 이를 고객에게 어떤 가치로 전달하는지를 설명하는 과정이다. 품질의 철학과 실행 결과가 고객에게 신뢰와 감동으로 전달되는 마지막 단계인 것이다.

오늘날 소비자는 단순히 제품을 구매하는 것이 아니라 '경험'을 소비한다. 따라서 품질 중심의 마케팅은 고객 만족을 넘어 고객의 삶 전반에 긍정적 영향을 주는 브랜드로 자리 잡고 지속 가능한 성장의 기반을 마련하는 핵심 전략으로 기능한다. 즉 품질 마케팅은 품질을 통해 기업의 철학을 시장에 전달하고, 신뢰를 기반으로 한 고객과의 장기적 관계를 구축하는 데서 점점 더 중요한 수단이 되어가고 있다.

03

품질 최우선 전략 추진

'품질 최우선' 전략은 글로벌 시장에서 제품, 서비스, 기술, 운영 등 모든 부문에서 최고 수준에 도달하는 것을 목표로 하는 포괄적인 기업 전략이다. 단순한 매출 확대나 점유율 확보를 넘어, 품질을 중심에 두고 혁신과 고객 만족, 브랜드 신뢰를 강화하여 기업의 전반적인 경쟁력을 높이는 데 초점을 맞춘다.

우수한 품질을 가진 제품은 소비자에게 높은 신뢰감을 제공하고, 만족도를 증대시켜 재구매는 물론 입소문 마케팅을 촉진한다. 이는 브랜드에 대한 긍정적인 이미지를 형성하고 고객의 충성도를 높이는 결과로 이어지며, 장기적인 매출 성장의 기반이 된다. 품질의 우수성은 단순히 경쟁력을 확보하는 것을 넘어, 소비자가 더 높은 가격을 지불할 의향을 갖게 만들고, 타 브랜드와의 명확한 차별화를 가능하게 한다. 결과적으로 품질은 고객과의 신뢰 관계를 구축하고 시장에서의 입지를 공고히 하여 실질적인 판매 증가로 이어진다.

이 전략의 대표적인 사례로 삼성전자와 LG전자를 들 수 있다.

삼성전자는 기술력, 서비스, 고객 신뢰 등 다양한 측면에서 '세계 최고'를 목표로 설정하고, 실제로 반도체, 스마트폰, 디스플레이 등 다양한 분야에서 탁월한 성과를 거두고 있다. 반도체 시장에서는 점유율 1위를 기록하고 있으며, 스마트폰 부문에서는 글로벌 선도기업으로서의 위상을 공고히 하고 있다. 또한 OLED와 QLED 기술을 앞세워 TV와 스마트폰 디스플레이 시장에서 기술적 우위를 확보하고 있다.

삼성전자는 1990년대 후반부터 SCM(공급망 관리)을 도입하여 이를 사업부와 협력사까지 확대하며 글로벌 공급망을 최적화해왔다. 동시에 그룹 차원에서 통합 ERP 시스템을 구축하여 업무 효율성과 데이터 통합을 강화하고, 자원 관리를 체계화했다. 이러한 디지털 기반의 품질 관리 체계는 '선(先) 시스템 구축, 후(後) 운영'이라는 전략에 따라 전개되었으며, 전사적 품질 혁신과 공급망 연계, 지속적 개선 활동을 통해 Quality Chain 경영의 강점을 뚜렷하게 보여준다.

삼성전자의 '품질 최우선' 전략은 단순한 구호나 선언을 넘어 실질적인 실행력을 갖춘 경영 철학으로 자리 잡고 있다. 이는 초정밀, 초연결, 선제적 품질 관리 체계를 바탕으로 경쟁사와의 뚜렷한 차별성을 보여주는 전략적 기반이다.

이 전략의 강점은 실시간으로 글로벌 제조, 물류, 유통, 재고 상태를 모니터링하고 모든 공급망 참여자들이 하나의 통합 플랫폼에서 데이터를 공유함으로써 지연이나 과잉 재고를 방지하는 데 있다. PLM, MES, ERP 등 다양한 시스템을 연동하여 개발 단계부터 생산·유통·서비스까지 제품 관련 데이터를 실시간으로 연계하고, IoT·AI·빅데이터 기술을 접목하여 전 공정에서 품질 이상 징후를 조기에 감지한다.

제품 설계 단계부터 잠재적인 불량 요소를 시뮬레이션하고 제거하며, AI 기반의 디지털트윈 기술을 활용해 실제 생산에 앞서 가상 환경에서 품질을 검증한다. 또한 양산 이전에는 수십만 시간 이상의 가혹 테스트를 시행해 제품 품질을 사전에 확보한다. 삼성전자는 전 세계 생산기지와 R&D센터에 품질 전담 조직을 운영하고, 정기적인 글로벌 품질 회의를 개최하며, 국가별 품질 수준을 관리하기 위한 글로벌 품질 지수(GQI)를 도입해 통제력을 높이고 있다. 협력사에 대해서도 엄격한 품질 인증제도를 운영하여 기준에 미달할 경우 공급을 중단하는 조치를 취한다. 고객과의 접점에서는 서비스센터, 온라인 리뷰, SNS 등 다양한 채널을 통해 수집된 VOC를 실시간으로 분석하고, 이 데이터를 제품 개선에 반영하여 펌웨어 업데이트나 생산 라인 수정 등을 신속히 실행한다.

LG전자는 '품질은 곧 고객 신뢰의 기반'이라는 철학 아래 품질 최우선 전략을 전사적으로 추진해왔다. 이 전략은 단순한 제품 경쟁력 확보를 넘어서, 고객 감동 실현과 브랜드 신뢰도 제고를 목표로 하는 장기적이고 체계적인 품질 경영 접근 방식이다. LG전자는 제품 개발 초기 단계부터 고객의 기대와 요구를 철저히 분석하고, 이를 반영해 선제적 품질 설계와 검증 시스템을 강화해 왔다.

특히 글로벌 시장에서 프리미엄 브랜드로서의 입지를 확고히 하기 위해 고장 없는 제품, 조용하고 효율적인 성능, 직관적인 사용자 경험(UX) 등을 품질의 핵심 기준으로 삼는다. 이를 위해 전 세계 생산기지 및 연구개발 조직에 품질 전담 인력을 배치하고, 제품별로 특화된 품질 기준을 적용하여 철저히 관리한다.

또한 품질 문제의 조기 감지와 선제 대응을 위해 AI 기반의 고장 예측 시스템, 빅데이터 분석, IoT 연계 품질 모니터링 체계를 도입하여 실시간으로 품질 이상 징후를 살핀다. 이러한 디지털 품질 관리 시스템은 생산 라인뿐만 아니라 사후 서비스와 고객 피드백 분석에도 적극 활용된다.

LG전자는 '고객의 목소리(VOC)'를 최우선으로 반영하는 품질 개선 체계를 구축하고 있으며, 이를 통해 수집된 다양한 고객 의견은 제품 설계 및 성능 개선뿐 아니라 고객 응대 서비스의 품질 향상에도 활용된다. 나아가 제품 수명 전반에 걸쳐 일관된 품질 경험을 제공하기 위해 긴 보증 기간, 신속한 서비스 대응, 글로벌 품질 인증 확보 등 사후 품질 관리에도 총력을 기울이고 있다.

이와 같은 LG전자의 품질 최우선 전략은 고객 중심 경영과 프리미엄 브랜드 가치 실현이라는 경영 철학과 맞닿아 있다. 실제로 LG전자는 가전, 디스플레이, 모바일 등 다양한 사업 부문에서 글로벌 시장에서의 신뢰성과 제품 만족도 측면에서 높은 평가를 받고 있으며, 이는 지속적인 품질 혁신의 결과이자 '품질이 곧 미래 성장의 열쇠'라는 LG전자의 철학을 반영한 것이다.

'품질 최우선' 전략은 지속적 기술 혁신과 품질 개선을 이끌며, 스마트 제조와 디지털 생산 시스템을 통해 효율성을 높이고 글로벌 품질을 확보하며 환경 지속 가능성을 반영한다. 고객 중심의 서비스 강화를 통해 브랜드 신뢰를 구축하고 프리미엄 브랜드 이미지를 정립한다. 이 전략은 단기적인 시장점유율 확대를 넘어, 장기적으로 고객과의 신뢰를 구축하고 지속 가능한 경쟁력을 확보하여 글로벌 시장에서의 리더십을 강화한다.

품질 선도기업은 품질을 단순한 생산 결과가 아닌 전략적 자산으로 인식한다. 이들은 Quality Chain 전 과정과 유기적으로 연계하여 품질을 핵심 가치로 내재화하고, 기획부터 개발, 생산, 물류, 고객 서비스, 피드백 수집에 이르기까지 모든 단계에서 품질을 관리한다. 각 부서와 공급망 참여자들이 동일한 품질 목표와 데이터를 공유하며, 실시간 품질 정보와 고객의 VOC가 초기 단계부터 반영되어 선제적인 품질 개선이 가능하다. 즉 품질 선도기업은 Quality Chain 경영을 통해 품질, 신뢰, 고객 만족, 브랜드 가치를 연결하는 선순환 구조를 실현하고, 이를 바탕으로 지속 가능한 경쟁우위를 확보한다.

04

품질 리더에서 벗어나 파이오니어 되기

Quality Chain 경영에서 리더와 파이오니어는 각기 다른 역할과 관점을 가지고 품질 경영을 이끌어간다. 리더(Leader)는 기존의 품질 시스템과 프로세스를 안정적으로 운영하고 강화하는 역할을 맡아, 전사적인 품질 목표를 설정하고, 표준화된 절차와 규정을 엄수하며 Quality Chain 경영의 연속성과 신뢰성을 유지한다. 이를 통해 품질 문제가 발생하지 않도록 예방하고, 발생 시에는 신속하게 대응하여 품질 수준을 꾸준히 향상시키는 데 집중한다.

파이오니어(Pioneer)는 기존의 품질 관리 방식을 뛰어넘어 새로운 기술과 혁신적 방법을 도입하여 Quality Chain 경영의 경계를 확장하고 미래 지향적인 품질 관리를 추구한다. AI, 빅데이터, IoT와 같은 최신 디지털 기술을 활용해 품질 예측 및 사전 관리 체계를 구축하고, 품질 혁신을 위한 실험과 도전을 주도한다. 파이오니어는 실패를 두려워하지 않고 새로운 품질 패러다임을 탐색하며, 혁신적 시도가 조직 내 품질 문화와 프로세스 전반에 긍정적인 변화를 일으키도록 이끈다.

결국 리더는 Quality Chain 경영을 안정적으로 유지하고 강화하는 '지키는 자'로서 역할을 수행하며, 파이오니어는 Quality Chain 경영의 미래를 열어가는 '개척자'로서 혁신과 변화를 선도한다. 두 역할은 상호 보완적이며, 품질 경영의 지속 가능성과 경쟁력 확보를 위해서는 리더의 체계적 운영력과 파이오니어의 혁신적 추진력이 함께 조화를 이루어야 한다.

리더와 파이오니어는 변화와 혁신을 주도하는 방식에서 차이가 난다. 두 역할은 종종 겹치지만 초점과 접근 방식, 전략 등에서 뚜렷한 차이를 보인다.

예를 들어, 리더는 품질 KPI를 바탕으로 공정 불량률을 낮추고, 전사 품질 목표를 달성하기 위해 품질 교육을 강화하며 QMS 인증을 유지하는 등 품질 관리 체계를 안정적으로 운영하는 데 집중한다. 이때 품질 책임자는 품질 리더로서 품질 관리 체계와 실행을 책임지며 조직의 품질 목표가 효과적으로 달성되도록 관리한다.

한편 파이오니어는 기존 품질 대응 방식에서 벗어나 혁신적인 접근을 시도한다. 예를 들어, 엔지니어들과 함께 품질 데이터를 분석하고, AI 기반 예측 유지보수 모델을 파일럿으로 운영하여 공정에서 발생할 수 있는 문제를 예측하고 사전에 대응할 수 있는 시스템을 실험한다. 이들은 기존의 품질 관리 방식을 개선하기 위해 선도적인 접근법을 시도하며, 품질 개혁에 나선다.

결국 리더와 파이오니어는 각자 중요한 기능을 수행하며, 리더가 품질 관리 체계를 유지하고 강화하는 동안 파이오니어는 그 체계를 확장하고 혁신적으로 발전시킨다. 이 두 역할이 잘 결합될 때 조직은 품질 관리 시스템을 더욱 강력하고 효율적으로 운영할 수 있다.

리더는 프로세스가 끊기지 않고 원활하게 작동하도록 흐름을 지키고 다리 역할을 하며, 파이오니어는 기존 프로세스 경계를 넘어서서 새로운 연결 고리를 찾고 혁신적 통합을 일구는 역할을 한다.

구분	리더	파이오니어
정의	조직 내에서 품질 경영 방향을 설정하고, 시스템적으로 이끌어가는 책임자	새로운 품질 기준을 정립하고 혁신을 선도하는 책임자
초점	관리와 실행 주도	변화와 도전 주도
전략	기존 시스템의 안정적 운영과 성과 창출	미래 품질 트렌드 개척과 실험

Leader와 Pioneer 정의 비교

파이오니어의 역할

파이오니어는 AI, 빅데이터 분석, IoT, 디지털트윈 등 첨단 기술을 활용하여 기존 품질 관리 체계를 혁신한다. 이를 통해 제품과 공정의 품질을 실시간으로 예측하고 관리할 수 있는 능력을 강화한다. 경험과 직관에 의존했던 전통적인 품질 관리 방식을 데이터와 분석 기반의 체계로 전환하고, 대규모 품질 데이터를 수집·분석하여 문제의 원인을 보다 정확히 파악한다. 이를 바탕으로 예측 가능한 품질 관리 시스템을 구축한다.

기존의 분절된 품질 관리 프로세스를 통합하고 자동화하여 생산 과정에서 발생할 수 있는 오류와 불량을 사전에 예방하고, 무결점 공정을 지향한다. 실패를 두려워하지 않고 다양한 품질 개선 방안을 시도하며 혁신적인 품질 문화를 조성하고, 조직 내에서 변화를 받아들이고 새로운 시도를 장려하는 분위기를 만든다. 혁신적 품질 관리 방법이나 기술이 성공적으로 검증되면 이를 조직 내 다른 부서나 공장으로 확산시키고, 장기적으로 Quality Chain 경영 전반의 경쟁력을 강화한다.

파이오니어는 품질 관리의 일상적 운영을 넘어 미래 지향적인 품질 혁신을 이끄는 개척자 역할을 한다. 첨단 기술과 데이터 분석을 활용

구분	리더	파이오니어
주요 역할	기존 프로세스의 안정적 운영과 연속성 유지	새로운 프로세스, 기술, 방법론을 도입하여 프로세스 경계 확장 및 통합
프로세스 연결 방식	프로세스 간 소통과 협업을 강화하여 단절 없는 흐름 보장	분절된 프로세스 간 데이터·정보 연결을 위한 혁신적 솔루션 개발 및 적용
문제 대응 방식	프로세스 내 문제 발생 시 신속한 조정과 표준 절차 강화로 단절 최소화	새로운 문제 해결 방식을 실험하며, 기존 분절 구조를 획기적으로 개선하는 역할
조직 문화 기여	조직 구성원들이 프로세스 연계와 협업을 자연스럽게 수행하도록 문화 조성	도전과 혁신을 장려하여 프로세스 혁신 및 디지털 전환 촉진

Quality Chain 경영의 리더와 파이오니어 역할 비교

하여 새로운 품질 관리 방안을 개척하고, 혁신 문화를 촉진하며, 기업의 품질 경쟁력을 높인다.

전통적인 품질 관리 방식은 개별 공정이나 부서 단위에서 독립적으로 진행되어 프로세스 간 정보와 책임의 단절을 초래했다. 그리하여 품질 문제를 신속하게 파악하고 대응하는 데 한계가 있었고, 전사적인 품질 성과와 수익성 개선으로 연결되지 않았다. 이를 극복하려면 Quality Chain 경영으로 전환해야 한다. 프로세스 간 단절을 없애고 실시간 데이터 공유와 협업을 통해 품질 정보를 전사적으로 활용하여 신속한 문제 인지와 대응에 나서야 한다.

결국 Quality Chain 경영은 전체 가치 흐름을 아우르는 통합적 품질 관리를 실현하고 품질 수준을 지속적으로 향상시키며, 생산성과 수익성을 동시에 확보할 수 있는 기반이 된다. 이를 위해서는 프로세스 간 경계를 허물고 리더와 파이오니어가 협력하여 안정적 운영과 혁신적 품질 개선을 동시에 추진해야 한다. 파이오니어의 양성을 통해 Quality Chain 경영의 패러다임 변화를 이끌어내는 것이 중요하다.

참고문헌

ABinBev, Voyager Plant Optimisation, https://www.signnow.com, 2015

ABinBev, Investor Seminar, ab-inbev.com, 2018

ABITA LLC&MARKETING JAPAN, ネスレとAI: 逆転の発想で成功する5つの事例, https://1xmarketing.com/2024

ABITA LLC&MARKETING, JAPANネスレ成功事例とイノベーションの未来: 逆境とAIが切り拓く新時代, https://1xmarketing.com/,2024.

Allen Avery, Schneider Electric's Smart Factory: A Model for Digital Transformation, ARC Advisory Group, 2019.

AIsmiley, 品質管理とは? 手法や種類AIの活用事例とメリット・デメリット, https://aismiley.co.jp/, 2024.

AMS, Audi is transforming vehicle production with AI-powered image processing, eliminating errors and setting new standards for quality control and smart factory innovation, https://www.Automotivemanufacturingsolutions.com/smart-factory/, 2025.

AWSHow, Volkswagen Autoeuropa built a data solution with a robust governance framework, simplifying access to quality data using Amazon DataZone, https://aws.amazon.com/ko/blogs/big-data/how-volkswagen-autoeuropa-built-a-data-solution-with-a-robust-governance-framework-simplifying-access-to-quality-data-using-amazon-datazone, 2024.

AWS, Volkswagen Works with AWS to Build Industrial, Cloud, https://aws.amazon.com/ko/solutions/case-studies/vw-industrial-cloud/?utm_source=chatgpt.com, 2019.

Brain-Tech, 品質管理とは | 基礎知識: AI活用による品質改善・安定化の事例. https://www.brains-tech.co.jp, 2023.

SBクリエイティブ株式会社, MES(製造実行システム)導入で失敗するのは…誰のせい? 題が多いRFPの作り方, https://www.sbbit.jp/article/st/152403, 2024

Fujielectric, 공장에서 데이터 수집의 중요성, https://www.fujielectric.co.jp, 2025.

Fujielectric, 제조업에서의 데이터 활용이란?, https://www.fujielectric.co.jp, 2025.

GE, GE Aviation achieves maximum efficiency with a OneMES Roadmap, http://www.ge.com, 2025.

Gertler, M., The Toyota Recall Crisis: What Went Wrong and What Needs to Be Done to Prevent It?, Harvard Business Review, 2010.

GE VERNOVA, GE Aerospace achieves maximum efficiency with Proficy MES Software, https://www.gevernova.com/software/customer-stories/ge-aviation-improves-efficiency-with-mes-software, 2025.

Industry Week, Four Machine-Vision Trends Opening New Manufacturing Doors, https://www.industryweek.com/technology-and-iiot/article/21245912/four-machine-vision-trends-opening-new-manufacturing-doors?utm_source=chatgpt.com, 2022.

J-Net21, AIは、工場ではどのように活用できますか, https://j-net21.smrj.go.jp, 2025

Just Food, Nestlé invests in AI, digital tech at KitKat factory in Australia, Retrieved from, https://www.just-food.com/news/nestle-ai-kitkat-factory-investment, 2023.

Laboro, 品質管理AIの違和感.その役目は人にある, https://laboro.ai, 2022.

Nestlé Australia, Nestlé invests $30 million to transform Campbellfield factory with AI and advanced manufacturing, https://www.nestle.com.au/en/media/news/kitkat-factory-receives-30-million-break, 2023.

Philip B. Crosby, Quality Is Free: The Art of Making Quality Certain, McGraw-Hill, 1979.

Schmidt, J., The GM Ignition Switch Defect Crisis: A Case Study of Organizational Failure, Journal of Business Research, 2015.

Siemens, Siemens and Audi are taking the shop floor to the next level with AI and IT-empowered automation at scale, https://press.siemens.com/global, 2025.

Six Sigma Institute, Critical to Quality: CTQ Tree and VOC Implementation Guide, New York: Six Sigma Press, 2018.

Throughput Consulting Inc., GE Aviation's Additive Technology Center & Bluestreak Bright AM™, https://www.go-bluestreak.com/ge-case-study?utm_source=chatgpt.com, 2023.

Toyota Global Official Website, 도요타 품질 혁신 사례, https://global.toyota/en/, 2025.

UPR, 製造業のデータ活用事例15選! 他社事例から学ぶ成功のポイント, https://www.upr-net.co.jp/articles/knowledge/iot/case-study-manufacturing-industry/, 2022.

가현, VPS 24 Module in 5 Principle, 홈페이지.

고두균, 안병진, 김상익, 서한손, 6시그마 경영 이해와 적용, 한국생산성본부, 1999

나두팜, OB맥주 공장 AB인베브 VPO People Pillar, 2021.

김정욱, '가장 사고 싶은 차' 10년 내 만들겠다, 매일경제, 2009.

김연성, 다시 살펴보는 삼성 신경영 30주년: 질 위주 경영, 진정한 품질 전환, KSAMmagazine, 2023.

박영택, 품질경영론, KSAM(한국표준협회미디어), 2018.

백익현, 6시그마 경영성과 제고를 위한 표준 프로세스 구축에 관한 사례연구, 성균관대학교 과학기술대학원, 2003.

삼성전자, 삼성전자가 지켜나갈 약속, https://www.samsung.com/sec/about-us/company-info/, 2025.

손욱, 기업 리더 50인의 신년 에세이: K-ESG가 만들 행복한 지구공동체, https://jmagazine.joins.com/forbes/view/335119, 2021.

안병진, 김상익, 서한손, 고두균, 화이트칼라 6시그마 경영혁신, 한언출판사, 2000.

조원상, 현대자동차의 글로벌 브랜드 전략: "New Thinking, New Possibilities"와 "Live Brilliant" 캠페인을 중심으로, 동아비즈니스리뷰(DBR) Vol. 113, 45~55, 2012.

전상현, 삼성전자 '품질 최우선 경영' 선언, 머니투데이, 2009.

현내사동차, CSR 보고서 '5스타제도', 2022.

현대자동차, SQ 인증 제도, 2022.

長谷部光雄, ㈱リコーの技術開発(品質工学適用事例), 第4回関西地区品質工学シンポジウム, 2006.

長沢正博, MONOist, 工場スマート化における日欧の製造現場の違いとは何か, https://monoist.itmedia.co.jp/mn/articles/2410/29/news028.html, 2024.

井上猛雄, 低収益性から脱するモノづくりイノベーション.ビジネス+IT, 2013.

ユーピーアール(株), 製造業のデータ活用事例15選! 他社事例から学ぶ成功のポイント, https://www.upr-net.co.jp/, 2022.

품질과 수익성 향상을 위한 돌파구
Quality Chain 경영

초판 1쇄 인쇄 2025년 9월 24일
초판 1쇄 발행 2025년 10월 13일

지 은 이 고두균
발 행 인 이창호

기　　획 스마트/PI본부
홍보·마케팅 이지완, 이동언, 김미미, 한정연
디 자 인 이든디자인
출판등록 1991년 10월 15일 제1991- 000016호
주　　소 서울 영등포구 여의공원로 101, 8층
문의전화 02-3786-0133 팩스 02-3786-0107
홈페이지 http://kmacbook.kmac.co.kr

ISBN 978-89-90701-66-4 03320

값 18,000원
잘못된 책은 구입처에서 바꾸어 드립니다.

이 책은 저작권법에 따라 보호받는 저작물이므로 무단 전재와 무단 복제를 금하며,
책 내용의 전부 또는 일부를 이용하려면 반드시 KMAMedia의 동의를 받아야 합니다.